퍼포먼스 마케팅의 정석

디지털 콘텐츠
실전 마케팅

PERFORMANCE MARKETING | 이원준 저 |

DIGITAL BOOKS
디지털북스

| 만든 사람들 |

기획 IT · CG 기획부 | **진행** 양종엽 · 김인희 | **집필** 이원준 | **책임편집** D.J.I books design studio
표지 디자인 D.J.I books design studio 원은영 | **편집 디자인** 디자인 숲 · 이기숙

| 책 내용 문의 |

도서 내용에 대해 궁금한 사항이 있으시면,
디지털북스 홈페이지의 게시판을 통해서 해결하실 수 있습니다.

디지털북스 홈페이지 : www.digitalbooks.co.kr
디지털북스 페이스북 : www.facebook.com/ithinkbook
디지털북스 카페 : cafe.naver.com/digitalbooks1999
디지털북스 이메일 : digital@digitalbooks.co.kr

| 각종 문의 |

영업관련 hi@digitalbooks.co.kr
기획관련 digital@digitalbooks.co.kr
전화번호 02 447-3157~8

글로벌 IT 기업과 이동통신 기업에서 다년간 마케팅 전략을 수립하였고, 대학과 산업체를 대상으로 포지셔닝, 브랜딩, 그리고 고객관계관리 중심의 마케팅 강의와 컨설팅을 진행하였다. 이처럼 전통적인 마케팅 생태계의 종사자가 디지털 시대에 적합한 퍼포먼스 마케팅 책까지 쓰게 된 계기 중 하나는 최근에 그로스 해킹과 퍼포먼스 마케팅에 대한 관심이 증대하면서 마케팅에 대한 시각과 접근 방법이 그 어느 때보다 분열되었기 때문이다.

코틀러(Kotler)부터 시작된 전통적인 마케팅을 배우고 활용하던 마케터들도 디지털 유목민으로 변모한 소비자들과 새로운 기술이 초래하고 있는 마케팅 업무의 질적 변화에 대해서는 예외 없이 피부로 체감하고 있다. 그러나 아직 본격적인 디지털 마케팅 체제로의 전환은 못하고 있다. 그 이유는 보통 마케팅 지식을 처음 접하는 통로인 대학에서 퍼포먼스 마케팅이나 그로스 해킹 관련 교육이 미처 제공되지 못하고 있기 때문이며, 수많은 개인이 분업화된 마케팅 사일로(silo)의 일부로 마케팅을 진행하는 대기업에서는 마케팅의 실행과 성과에 대한 책임이 명확하지 않은 경우가 많기 때문이다.

반면에 데이터 분석, 디지털 광고, 소셜 미디어의 활용에 능숙한 그로스 해커나 디지털 마케터들은 마케팅 기획과 실행에 대한 총체적인 업무와 책임을 모두 떠맡고 있는 경우가 많으며, 가시적인 성과 창출에 대한 단기적 압박이 일상인 경우가 많다. 특히 인적, 물적 자원이 항상 부족한 스타트업이나 중소 규모의 온라인 유통업에 종사하는 마케터들은 퍼포먼스에 대한 보증 없이 마케팅 자원을 소비하는 것이 쉽지 않기 때문에 단기적 성과에 더욱 치중하게 된다. 실시간으로 도출되는 어낼리틱스 데이터와 KPI 성과 지표들은 이런 성향을 더욱 가속화시켰으며, 장기적인 고객관계를 강조하는 전통적인 마케팅에 대한 무시나 불신을 불러왔다.

그러나, 전통적인 마케팅과 디지털 마케팅은 결코 배타적이지 않으며, 상호보완적인 역할을 맡고 있음을 이해하여야 한다. 전통적인 마케팅에서 제시하는 고객 세분화나 포지셔닝, 마케팅 믹스와 같은 개념들은 오늘날 마케팅에서도 여전히 경쟁사나 고객 환경을 이해하고 성공적인 전략을 수립하는 과정에 필수적인 소양이다. 또한, 디지털 마케팅에서 강조하는 콘텐츠 전략이나 퍼포먼스 중심의 실질적인 접근 방식은 보다 효과적인 마케팅 실행을 위한 최선의 도구이자 해결책이다. 양쪽 날개의 엔진 중 하나가 꺼져도 항공기는 날 수 있다. 다만 엔진 모두를 활용하는 풀 파워의 경쟁자를 압도할 수는 없다. 마찬가지로 전통적 마케팅 이론에 대한 이해를 초석으로 새로운 디지털 마케팅과 그로스 해킹의 방법론을 도입하는 것은 마케터 개인의 역량과 기업의 경쟁력을 높일 수 있는 최선의 방법일 것이다.

책을 쓰면서 가장 중점을 둔 부분도 이 지점이다. 전통적인 마케팅과 디지털 마케팅 간에 존재하는 명백한 캐즘(chasm)을 뛰어넘고 교량을 연결하기 위하여 노력하였다. 단순한 매뉴얼을 제공하는 것을 넘어서, 저자가 스스로 고민하고 정리하였던 내용을 전달하고자 하였다. 기존의 마케팅 이론을 바탕으로 디지털 환경에서의 시사점을 찾고자 하였고, 최신의 디지털 마케팅 이론을 그로스 해커가 아니더라도 누구나 이해하기 쉽도록 담기 위하여 노력하였다. 이를 통하여 책을 읽는 독자들의 그 출발이 전통적인 마케터인지 혹은 디지털 마케터인지와 무관하게 퍼포먼스의 향상에 도움이 되었으면 한다.

이를 위하여 본 책은 총 10개의 장으로 구성되어 있다. 1장과 2장은 변화하는 마케팅 환경과 디지털 환경의 도래를 다루고 있다. 3장은 디지털 마케팅에서 콘텐츠와 스토리텔링의 역할을 설명한다. 4장은 최근 부각하는 소셜 미디어의 특징과 마케팅 방안을 다루고 있다. 5장은 유튜브 등 1인 미디어의 제작과 방송 송출에 필요한 실무 지식을 전달한다. 6장은 고객 유입을 위한 사이트 최적화와 고성과 트래픽 육성 방안을 다루고 있다. 7장은 디지털 광고 집행을 통하여 실제 성과를 내는 방안에 관한 논의를 전개한다. 8장과 9장은 최신 웹 데이터 및 고객 분석 도구인 구글 어낼리틱스를 이용하여 고객 세분화, 성과 분석, AB 테스트를 진행하는 방식을 다룬다. 마지막 10장은 변화하는 디지털 에코 시스템에서의 경쟁과 협력에 관한 종합적인 시각을 제시한다.

이 책의 출간까지는 다양한 블로그와 유튜브 정보 등 디지털 미디어의 세례를 받았음을 잊을 수 없다. 공유의 정신을 바탕으로 아낌없이 지식과 영감을 나누어준 모든 이들에게 감사드리며, 다시 책으로 돌려드린다. 본 책의 완성도를 높이기 위하여 많은 도움과 조언을 제공해준 디지털북스의 양종엽 본부장, 김인희님께도 감사를 드린다. 마지막으로 이 책이 나오기까지 항상 옆에서 응원과 믿음으로 큰 힘을 주신 존경하는 아버님 이덕영님과 어머님 류순자님, 그리고 사랑하는 아내 정은승님과 꿈이 큰 아들 이진우에게도 글로 표현할 수 없는 감사의 마음을 드린다.

2020년 3월
이원준(meetme77@naver.com)

CONTENTS

PART 01

디지털 마케팅의 이해

/ 디지털 마케팅의 변화 /

디지털 마케팅의 도래

디지털(digital)이라는 용어가 소수의 엔지니어가 전유하던 개념을 넘어서 소비자 일상생활 속에서도 흔한 단어가 된 지도 20년 이상이 지났다. 디지털 기술 적용의 본격화는 기업의 연구개발과 생산뿐만 아니라 상품과 서비스의 본원적 특성까지 바꾸어 놓게 되었다. 이제 스마트폰은 물론이고, TV, 냉장고 등 인공지능과 정보기술이 융합된 제품을 보는 것은 매우 흔한 일이 되었고, 서비스 역시 온라인 쇼핑몰을 필두로 페이스북, 트위터 등 다양한 소셜 서비스와 개인화된 1인 미디어가 확산하는 등 전례 없는 발전 양상을 보인다.

이런 급격한 기업 마케팅 환경의 변화는 마케팅의 새로운 가능성을 확장한다는 점에서 긍정적인 사건임에는 분명하나 대학이나 기업에서 가르치고 통용되던 전통적인 마케팅 이론이 더욱 노후화되고 현실 세계에 대한 설명력이 불완전해 짐을 의미하기도 한다. 이런 현상은 기존의 마케팅이 축적해온 경험과 지식이 더 필요가 없어졌다기보다는 새로운 변화를 받아들이고 베스트 프랙티스의 발굴을 통하여 새로운 마케팅으로의 진화가 필요함을 의미한다.

디지털 마케팅 시대에도 환경분석, 시장 조사, 시장 세분화, 포지셔닝, 마케팅 4P 전략으로 요약되는 기존 마케팅 이론은 여전히 유효하며, 잘 작동할 것이다. 실제로 디지털 마케팅에서 화두가 되는 고객 퍼널(funnel)이나 고객관계관리(CRM) 등은 전통적 마케팅에서도 중요하게 다루었던 개념들이다. 그러나 새로운 마케팅 환경을 이해하기 위해서는 과거의 이론들만으로는 절대 충분하지 않음에 많은 연구자와 기업인들이 공감하고 있다. 그 결과 디지털 시대의 설명을 위한 새로운 마케팅 이론과 기법들이 속속 등장하고 있다. 이론적으로는 캐즘(chasm) 이론이나 탈중개화(disintermediation) 이론 등이 디지털 마케팅 초반에 시장을 보는 새로운 눈을 제시하였고, 최근에 등장하기 시작한 그로스 해킹(growth hacking) 등 실천적 기법들은 디지털 마케팅의 성과를 가시화할 것을 요구하고 있다. 이에 본 도서에서는 미래의 마케팅 혁신을 지향하는 기업과 마케터들을 위하여 디지털 마케팅에 대한 전반적 이해를 바탕으로 실무에 바로 적용할 수 있는 다양한 실무 기법들을 제시하고자 한다.

디지털 마케팅의 정의

디지털 마케팅에 대한 논의가 진전되고는 있으나, 무엇이 진정한 디지털 마케팅인가에 관한 논의는 여전히 모호하다. 협의의 이해로는 인터넷 기반의 장치를 통해 진행되는 온라인 광고라고 이해하기도 하며, 보다 광의로는 소비자들에게 메시지를 전달하기 위하여 이용 가능한 모든 형태의 디지털 미디어를 활용하는 통합적 커뮤니케이션으로 이해하기도 한다. 그러나 이런 일반적인 정의들은 디지털 마케팅의 영역을 광고 커뮤니케이션으로 국한한다는 점에서 차이가 없으며 다양하게 발전하는 현재의 모습을 설명하기에는 다소 부족함이 있다. 디지털이 소비자와 소통하는 커뮤니케이션 통로로서 기본적인 역할을 하는 것은 사실이지만 과거와 다른 디지털 융합 제품의 확산, 온라인 쇼핑몰과 같은 디지털 경로를 통한 소비자 구매 행동의 증가 등 단순한 의사소통 이상의 일들이 진행되고 있기 때문이다.

이런 최근의 변화를 반영한다면, 디지털 마케팅은 '디지털 기반으로 진행되는 모든 종류의 마케팅'으로 넓게 정의하는 것이 더 타당하다. 과거의 정의처럼 디지털 마케팅을 인터넷이나 디지털 기기처럼 특정 미디어의 성격으로 정의하기보다는 이런 미디어를 기반으로 어떤 종류의 상호작용이 일어날 것인가에 대한 관점 중심으로 정의하여야 한다. 이러한 관점에서 디지털 마케팅의 영역에 대하여 다음과 같이 제시할 수 있다.

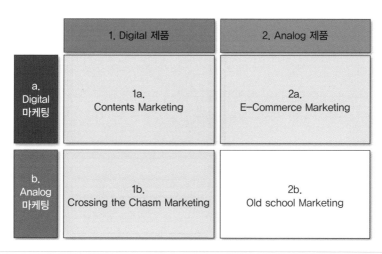

디지털 마케팅의 영역

디지털 마케팅의 기반은 크게 마케팅의 객체가 되는 제품과 서비스를 포함한 상품, 그리고 마케팅의 주체인 마케터가 수행하는 마케팅 방법으로 나누어서 설명할 수 있다. 즉 마케팅 기법이 디지털 도구에 의존하는 정도에 따라 디지털 마케팅과 전통적인 아날로그 마케팅으로 구분할 수 있다. 그리고 상품이 디지털 카테고리에 근접한 정도에 따라 디지털 상품과 아날로그 상품으로 나누어 볼 수 있다. 이 두 가지 영역을 교차하면 콘텐츠 마케팅, e커머스 마케팅, 캐즘 마케팅, 전통적 마케팅과 같은 4개의 하위 영역으로 현존하는 마케팅을 모두 구분할 수 있다.

1) 전통적 마케팅(old school marketing)

: 오프라인 기반의 시장 세분화와 마케팅 4P를 강조하는 전통적인 마케팅의 영역으로서 주로 우리가 일상에서 접하는 거의 모든 아날로그 제품과 전통적 서비스를 마케팅의 대상으로 한다. 과거 마케팅의 발전 토대가 되어왔던 영역으로서, 많은 효과적 마케팅 기법들이 검증되어 사용됐으며 기존의 마케팅 이론과 경험에 바탕을 둔 문제 해결이 가능하다. 그러나 전통적 마케팅의 참가자들도 온라인 채널에 진출하거나 소셜 미디어를 마케팅에 적극적으로 접목하기 시작하면서 해당 영역은 빠르게 축소되고 있다.

2) e커머스 마케팅(e-commerce marketing)

: 인터넷을 통한 탈중개화(disintermediation) 현상이 가속화되면서, 유통 채널로서 인터넷을 활용하는 마케팅이다. 상품 자체는 과거와 큰 변화가 없으나 유통망이 축소되고 기업-고객 간 직거래가 증가하는 유통 환경 변화 속에서 새로운 경쟁의 법칙을 추구하였다. 가격 등 비교 정보의 제공, 웹사이트의 개선, 소비자 구매 후기 등의 중요성이 강조되는 영역이다. 이들 연구는 e-SERVQUAL(해설: 온라인 서비스품질을 측정하는 지표) 같은 PC 및 모바일 쇼핑몰의 품질 특성이나 옴니 채널 같은 유통 전략을 중심으로 디지털 마케팅 시대를 이해했다.

3) 캐즘 마케팅(chasm marketing)

: 캐즘 마케팅은 주로 IT 기술에 기반을 둔 혁신적 신제품들이 주류 시장에 성공적으로 안착하지 못하고 시장 초반부에 실패하는 사례들을 분석하면서, 이들의 실패 원인을 분석하고

시상을 확대할 방안을 찾는 마케팅이다. 기존의 마케팅 이론을 수정하여 디지털 고객에 대한 새로운 이해, 특히 디지털 제품의 특성이나 플랫폼 전략 등에 관한 논의가 진행되는 영역이다.

캐즘 마케팅 영역을 개척한 대표적인 연구는 제프리 무어(Geoffrey A. Moore)가 1991년 저술한 캐즘 마케팅(원제: Crossing the Chasm: Marketing and Selling High-Tech Products to Mainstream Customers)이다. 이 책은 저술 당시의 스타트업 기술기업들의 흥망성쇠에 주목하면서 초기 시장의 성공을 주류 시장으로 이어가기 위한 마케팅 전략으로 캐즘 전후의 소비자 차이를 인식하여야 한다고 주장하였다. 신기술 제품을 열성적으로 지지하는 선도 수용자층에 만족하고 안주해서는 안 되며, 결함이 없는 완전완비제품(whole product)을 통하여 주류 시장으로 넘어갈 것을 권한다. 캐즘 이론에 기반을 둔 디지털 소비자의 이해와 전략은 현재까지 많은 마케팅 도서에서 복제되어 다뤄지고 있다.

캐즘 마케팅 도서

4) 콘텐츠 마케팅(contents marketing)

: 콘텐츠 마케팅은 콘텐츠, 웹페이지, 동영상 채널, 소셜 미디어 등 최근 중요성이 강조되는 콘텐츠를 하나의 판매 가능한 상품으로 이해하고 다양한 최신의 디지털 마케팅 기법을 활용하여 고객 전환을 추구하는 영역이라고 할 수 있다. 판매 상품 자체가 디지털 상품이라는 점은 다양한 디지털 마케팅을 시도할 수 있게 해준다. 대부분 콘텐츠는 초기 생성 이후 무한 복제가 가능하고 온라인을 통하여 온전하게 상품을 전달할 수 있으며, 콘텐츠 사용자의 인구통계정보, 사용환경, 위치 등에 대한 정확한 정보의 추적이 가능하다. 더욱이 이런 과정에서 소요되는 추가 비용은 거의 존재하지 않는 정보재의 특성을 고스란히 갖는다. 오프라인의 매장, 고객과의 직접적인 대면 등이 필요한 아날로그 마케팅과 다른 과업 환경을 바탕으로 마케팅 활동의 효율성을 높이는 것이 비교적 수월하며, 이는 디지털 마케팅의 큰 자산이 되고 있다.

이상의 분류를 보았을 때, 엄밀한 협의로는 콘텐츠 마케팅 영역만을 디지털 마케팅 혹은 최근에 회자하는 퍼포먼스 마케팅의 주 영역으로 볼 수도 있다. 그러나 최근 다수의 오프라인 기업들이 본격적으로 디지털 마케팅에 관심을 두고 적극적인 투자를 아끼지 않고 있음을 고려할 때 캐즘 마케팅이나 e커머스 마케팅 역시 보다 넓은 의미의 디지털 마케팅으로 이해하는 것이 타당할 것이다.

마케팅 교육의 변화

전통적인 아날로그 마케팅의 영역이 급속히 축소되면서 대학이나 기업의 마케팅에 관한 교육도 큰 변화를 맞이하고 있다. 여전히 대학에서는 전통적 마케팅에 기반을 두어 마케팅원론, 광고론, 시장 조사론, 신제품개발론 등의 강의가 이루어지고 있지만 이런 교과목 구성만으로는 최근의 디지털 마케팅 트렌드를 이해하고 현장에 적용할 수 있는 실용적 지식을 키워주는 것은 한계가 있다. 그 결과, 경영학을 공부한 대다수 학생은 사회에 진출하는 순간 자신들이 배워왔던 경영학의 제반 이론들과 기업이 요구하는 실무 역량 사이에 절대 적지 않은 간격이 존재한다는 것을 깨닫게 된다. 대학의 마케팅 교육이 급격한 디지털 마케팅 기술 변화를 따라가기에 역부족이 있으며, 그 간격은 줄어들기는커녕 계속 확대되고 있으므로 당연한 결과이다.

이런 틈을 메우기 위해서는 마케팅원론, 소비자 행동론, 시장 조사론 등 전통적 마케팅 교과목에 대한 충실한 이해를 바탕으로 최신 디지털 마케팅 이론과 사례들이 접목됨으로써 디지털 마케팅 기법들에 대하여 이해할 필요성이 매우 크다. 즉, 디지털 시대의 마케팅 공용어인 그로스 해킹(growth hacking), 구글 어낼리틱스(Goggle Analytics), 페이스북, 인스타그램 등 다양한 소셜 미디어의 광고관리, 검색엔진 최적화(search engine optimization), 온라인 서베이(online survey), 블로그 마케팅(Blog marketing), 캠페인 자동화(campaign automation), AB 테스트(AB test) 등이 추가로 마케팅 교육의 경계로 들어와야만 한다.

그러나, 이런 통합적 마케팅 교육을 하는 대학이 국내에는 거의 없으며, 관련된 참고서적 역시 거의 존재하지 않는다. 본 글의 저자 본인도 학사나 석사, 박사 학위과정 중에서는 이런 실무적인 디지털 마케팅 관련 교육을 받아본 적도 없고, 대학 연구자 대부분이 기업에서 근무한 실무 경험이 없으니 이런 교육을 요구받아본 적도 없으므로 어찌 보면 당연한 결과로 보인다.

하이테크 제품의 등장

디지털이 불러온 시장 변화

최근 기술의 발전 속도는 과거 그 어느 때보다도 빨라지고 있으며, 증강현실, VR(virtual reality), 5G 네트워크, 스트리밍 등 다소 생소한 기술 용어들이 뉴스나 인터넷 등에 일상적으로 등장하고 있다. 그만큼 현재 진행 중인 기술 혁신의 양상은 복잡하고 광범위할 뿐만 아니라 융합을 통하여 다양한 기술들이 서로 연동되고 있기 때문에 디지털 생태계의 복잡성이 증가하고 있으며, 전례가 없는 새로운 발전 국면에 들어서고 있다. 최근의 변화를 설명하기 위하여 빅데이터와 인공지능이 주도하는 4차 산업혁명이 시작되었다는 주장이 한때 큰 힘을 받기도 하였다.

기술과 상품의 변화는 연쇄적으로 기업 간 협력이나 경쟁의 양상도 변모시키고 있다. 특히 IT 기술 기반의 전자제품이나 온라인 콘텐츠와 같은 정보재를 생산하는 하이테크 기업들은 전통적인 굴뚝 산업보다 변화에 더 민감할 수 밖에 없다. 흔히 카지노 경쟁 혹은 승자독식(winner takes all) 경쟁으로 비유되듯이 향후 글로벌 시장의 미래에는 각 분야에서 선도적 위치를 가진 한 두 개 소수의 기업만이 살아남으며, 나머지는 도태될 것이라는 예측이 현실화되고 있기 때문이다. 실제로 2020년 현재 한국의 삼성, 하이닉스 두 기업이 점유한 반도체 D램 시장의 점유율은 과점 수준인 70%를 초과하고 있으며, 반도체 산업에서는 경쟁력 향상을 위한 인수합병이나 생산시설 증설도 빈번하게 이루어지고 있다.

이와 같은 기술과 상품, 산업의 변화는 궁극적으로 소비자에게도 영향을 주고 있다. 과거 혈연, 지연으로 국한되었던 좁은 인적 관계가 해체되고 글로벌 단위의 새로운 가상 세계와 즉흥적인 공동체가 빠르게 형성되고 있다는 점이다. 세계에서 유래를 찾을 수 없을 정도로 빠른 초고속 인터넷과 이동통신 서비스 확산은 기존의 수직적, 정적인 공동체의 의미를 수평적, 역동적인 공동체 즉 가치 지향적인 커뮤니티로 변모시켜나갔다. 새롭게 등장한 1인 미디어 시장의 예를 보면 적어도 온라인상에서는 나이와 지위 등 현실에 존재하는 벽이 없이 남녀노소가 비교적 대등한 관계를 형성하고 있는 것을 발견할 수 있다. 나이가 어린 학생도 자기 관심 분야에서는 인플루언서로서 큰 영향력을 행사하기도 한다. 시장의 주도권도 기업에서 점차 고객으로 이동하고 있다.

고객 이해의 어려움

고객의 변화는 기업의 시장 대응을 더 어렵게 만드는 요인이다. 다양해지는 고객의 욕구를 적절하게 충족시켜주는 제품과 서비스를 가질 수 있다면 그 기업은 경쟁 기업보다 우위를 가지고 있다고 할 수 있으나 실제로 그런 경쟁 우위를 달성한 기업은 극소수에 불과할 뿐이다. 그 이유는 무엇일까? 다양한 이유를 찾을 수 있지만 가장 먼저 장애가 되는 점은 욕구 충족 단계의 처음이라고 할 수 있는 문제 정의의 어려움이 가중되고 있다는 점이다. 마케팅적 관점에서 고객의 문제를 정의하기 위해서는 먼저 기업의 관심 고객은 누구이며, 최종적인 목표 고객이 누구인지에 대한 명확한 설정이 필요하다. 이런 집중적인 노력을 통해 최소의 노력으로도 고객의 문제에 대한 집중적인 성찰이 가능하고 체계적인 고객의 소리(VOC: voice of customer) 수집이 가능해진다. 그러나, 실제로는 이런 고객의 소리를 수집하는 것이 쉬운 일은 아니다. 관련하여 몇 가지 난관들이 존재한다.

첫째, 흔히 발생하는 경우로 고객의 소리에 대한 이해 부족이다. 제품 담당자는 고객과 시장에 대하여 이미 충분히 잘 알고 있다고 생각하지만 그들의 시장 이해가 실제 고객의 요구와 일치하지 않는 경우가 흔히 발생한다. 특히 기술 지향적인 일부 기업들은 하이테크 제품에 고객의 소리는 불필요하다고 생각한다. 우수한 제품이 나오면 집중적인 홍보와 광고 등을 통하여 고객들을 구매로 연결할 수 있다고 자신하고 있다. 이런 주장은 대부분 고객이 제품이나 기술에 대해서 알지 못하기 때문에 일견 타당하게 들리기도 한다. 그러나 제품 확산에 결정적인 역할을 하는 시장 선도자나 기술애호가 집단과의 면접이나 시장 조사, 사용행위 관찰 등 고객을 이해하기 위한 노력을 통하여 기업은 보다 시장 지향적인 제품을 만들 수 있을 것이다.

둘째, 손쉽게 발견되는 현상으로서 하이테크 제품의 경우 실제로 고객들이 자신들이 무엇을 원하는지에 대해 구두로 제대로 표현하지 못하곤 한다. 막연한 제품에 대한 불만이나 더 좋은 제품이 나올 수 없을까에 대한 의구심은 가지고 있지만 이를 손쉽게 시장조사자들에게 표현하지는 못한다. 이런 잠재된 고객의 욕구를 찾아내는 것이 고객 문제 해결을 넘어서 고객에게 새로운 가치를 제공하는 첫걸음이 될 것이다.

이런 어려움을 극복하고 제품의 목표 시장이 될 대상 고객으로부터 그들이 원하는 표면적인 욕구와 표현하지 못하는 잠재적인 욕구를 해결해 준다면 고객들의 자신들의 문제 해결에 유용한 솔루션으로 제품을 인식하게 되고 그 제품은 시장에서 환영받게 될 것이다.

고객 욕구의 이해

하이테크 제품과 관련해서 고객들이 느끼는 표현된 혹은 잠재된 욕구는 실로 다양하다. 이들은 제품에 대한 신뢰, 납기의 정확성, 포장, 설치, 사용 편리성, 요금, 판매 후 관리 등 실로 다양한 욕구를 내면에 가지고 있다. 이러한 욕구들을 크게 나누어 정리하면 품질, 가격, 기업의 반응 속도, 지각된 가치의 네 가지 측면으로 볼 수 있다.

첫째, 품질이다. 품질 전문가인 가노(Kano)가 제시한 품질 모형에 따르면 고객 처지에서의 품질은 크게 당연 품질, 성과 품질, 환상 품질로 구분될 수 있다. 당연 품질은 너무나 당연해서 고객들이 기업에 요구하거나 표현하지도 않는다. 그 결과 제대로 품질이 제공되더라도 만족도에는 별다른 영향을 미치지 않는다. 그러나 만일 요구 수준을 제대로 달성하지 못했을 때는 불만이 급속도로 고조되는 기본적인 품질이다. 에어컨에서 냉풍이 나와도 고객은 당연하다고 생각하겠지만, 만일 더운 바람만 나온다면 매우 큰 불만족을 하게 될 것이다. 성과품질은 제공되었을 때는 만족도가 올라가고 미제공시에는 만족도가 내려가는 품질 요인이다. 만족도의 등락에 영향을 미친다. 세탁기가 절전 기능이 뛰어나다면 만족도가 올라가지만 그렇지 못하면 만족도가 내려갈 것이다. 반면에 환상 품질은 고객이 인지하지 못하는 잠재적 욕구를 충족시켜 줄 수 있는 혁신적인 가치를 제공함으로써 고객 만족의 극대화가 가능한 품질 요인이다. 에어컨에 대해 고객이 보통 표현하는 욕구는 냉방력, 공기정화 정도일 것이지만 공조기라는 특성을 고려하여 기분 좋은 향기를 뿜어내어 스트레스를 줄일 수 있는 기능을 개발하였다고 가정하자. 고객들은 예상 못했던 새로운 기능에 감탄하며 급격한 만족도를 느낄 수 있다. 고객들이 느끼는 품질에 대한 기대 수준은 시간이 지남에 따라 높아지게 된다. 결국 환상품질은 성과품질로, 성과 품질은 당연 품질로 인식하게 된다. 기업들이 만족도 제고를 위한 지속적인 가치 혁신을 추진해야 하는 이유이다.

둘째, 가격의 문제이다. 과거 기업이 당면하였던 가격 문제는 비교적 단순한 고민이었다. 즉, 제품 원가의 산정 혹은 판매가격의 결정 등이 주된 고민이었다. 그러나 하이테크 상품에서 가격과 관련하여 제기되는 중요한 이슈는 시간의 흐름 속에서 달라질 수 있는 총 소유비용(TCO: total cost of ownership)이다. 구매력이 큰 기업은 물론이고 개인도 점차 단순 구매가격보다는 총 소유비용의 관점에서 가격을 바라보는 시각이 많아지고 있다. 실제로 인터넷 서비스를 제공하는 서버 제품군을 판매하는 IBM이나 HP 같은 대형 IT 기업들은 서버 같은 장비의 판매보다는 유지보수, S.I(system integration) 등 고객이 사용하면서 발생하는 시장에서 더 큰 수익을 올리고 있다. 일반 소비재도 프린터, 정수기, 공기청정기 등 기기 자체의 가격보다는 총 소유비용과 관련한 의사 결정이 더욱 타당한 제품들이 늘고 있다. 그 결과 최종 소비자에게 총 소유비용을 제시하고, 절감 방안을 제공하는 것이 중요한 가격 전략의 일부가 되고 있다.

셋째, 요구에의 반응 속도이다. 제품의 기획단계에서 제품 개발, 판매, 사후 관리의 모든 과정에 걸쳐 면밀한 고객 요구 관리가 필요해졌다. 시장의 다양한 고객 요구에 효과적으로 대처하는 기업을 시장 지향적(market-driven) 기업이라고 할 수 있을 것이다. 손쉽게 기업과 상호작용할 수 있는 인터넷의 등장으로 고객의 요구가 양적으로 증가하고 있으며, 프로슈머 등 전문가 못지않은 고객들이 등장하면서 질적으로도 고객 요구는 진화하고 있다. 이런 다양한 고객 요구에 대하여 재빠르게 확인하고 대응할 수 있는 시장대응력은 기업의 경쟁력 촉진의 방안이 되고 있다.

넷째, 총체적인 가치의 제공이다. 총체적이란 앞서 언급한 주요 고객 욕구인 품질, 가격, 반응 속도가 모두 적절한 수준에서 만족스러운 경험을 제공하는 것이 고객이 느끼는 가치를 결정한다는 의미이다. 이는 고객과 기업이 상호작용하는 과정에서 파생되는 기업의 제반 활동들이 가치 지향적으로 재구성되어야 함을 의미한다. 디지털 마케팅 환경에서 고객 개개인의 문제는 일회성의 개인 문제로 끝나지 않으며, 구전을 통한 확산을 통하여 고객 전체의 문제로 쉽게 옮겨간다. 고객에 관한 관심이 바로 기업의 기회이자 위기 요인이 될 수 있다.

경쟁 전략의 변화

플랫폼 전략

디지털 제품이 증가하고 온라인 시대가 도입되면서 기업의 경쟁 전략 역시 큰 변화를 겪게 되었다. 즉 경쟁의 양상이 플랫폼 전략, 표준화 전략을 중심으로 변화하게 되었고, 이에 따라 기업의 비즈니스 모델에게도 변화를 초래하였다.

우선 제품의 플랫폼 전략은 공통된 기술 요소를 바탕으로 다양한 복수의 제품을 생산하는 디지털 지향 기업의 기본적인 제품 전략이며, 플랫폼의 적용 여부는 최종적으로 시장에 나오는 제품의 원가구조, 제품 성과, 그리고 차별화 성과에 영향을 미치게 된다. 기업의 핵심 플랫폼은 단순한 개별적 제품들의 집합체와는 다르며 다양한 제품이나 서비스의 범위에 걸쳐 구현된 기반 결정기술(defining technology)의 공통적 구성 요소를 의미한다. 플랫폼 전략을 활용함으로써, 상품과 서비스 개발에 들어가는 연구개발비, 광고비 등 내부 비용의 절감이 가능하며, 브랜드의 자산을 더 크게 키우고, 고객의 학습 필요성을 최소화하는 등의 이점을 누릴 수 있으며, 이런 특성은 경쟁사에 대한 강력한 진입 장벽으로 작동한다. 하이테크 기업의 실패는 많은 경우 기업이 플랫폼 관리에 대하여 잘못된 의사 결정을 내리거나 중요한 플랫폼 구성 요소에 대한 인식 부족이나 무지 등에서 발행하는 경우가 많다. 심지어 많은 기업은 자신의 경쟁하는 시장 환경에서 플랫폼의 역할에 대하여 잘 모르는 경우도 많으며, 단순한 제품 라인 각각의 관리나 품질 제고에만 치중하는 경우가 많다.

이러한 무지의 원인은 플랫폼의 다양성에 일부 귀인 한다. 플랫폼의 속성은 각 산업과 제품별로 다양한 형태로 존재한다. 예를 들어서 자동차에서의 플랫폼 전략은 동일 차대를 기반으로 얼마나 다양한 차종과 수량을 제작하는가를 의미한다. 반면에 PC 제품의 플랫폼은 애플이나 윈텔(윈도 + 인텔)과 같이 마이크로프로세서와 운영체계(OS)를 의미하기도 한다. AirB&B 같은 숙박공유 앱에서 플랫폼은 고객과 숙박시설을 중개하는 소프트웨어이다.

종종 콘텐츠 기업에서의 플랫폼 전략은 OSMU(one source multi use) 전략으로 발현되기도 한다. 핵심 콘텐츠를 중심으로 다양한 관련 인접 산업으로 접근하는 과정에서 콘텐츠를 효과적인 지렛대로 활용하고 마케팅 성과를 극대화하고 있다. 히어로물로 유명한 마블 코믹스는 만화 판권을 바탕으로 영화, 게임, 캐릭터 산업 등 전방위로 성공적 사업확장을 하고 있다.

표준화 전략

디지털 및 하이테크 산업의 경쟁에서 자사의 제품이나 서비스를 해당 시장에서 통용되는 사실상의 표준(standard de facto)으로 정착시키는 노력은 기업의 성패와 미래 경쟁력을 결정하는 핵심적 노력이다. 표준화의 중요성을 이해하기 위해서는 우선 새로운 디지털 경제 기반의 산업이 타 산업과 다른 차별점들을 알아보아야 한다. 일예로 디지털 산업의 경쟁에서 가장 큰 특징은 바로 '신경제' 이른바 뉴 이코노미(new economy)에서 찾아 볼 수 있다. 과거의 전통적인 경제학적 관점에서 볼 때 기업 환경은 수확 체감의 환경이었다. 수확 체감이란 시간이 지날수록 기업이 획득할 수 있는 이익은 점차 줄어든다는 개념으로 알프레드 마셜(Alfred Marshall)이 주창한 경제학의 기본적인 개념이었다. 대표적인 산업은 광산업일 것이다. 제한된 자원을 계속 채굴하다 보면 결국 광물 부존량이 바닥을 드러내게 되고 획득 가능한 광물의 양은 점차 줄어들게 된다. 제조업도 마찬가지이다. 처음에는 신제품을 개발하여 독점적인 지위를 누리고 시장 판매량도 증가하지만, 경쟁이 치열해짐에 따라 시장 점유율이 감소하게 된다. 결국에는 경쟁으로 인해 경쟁에 참여하는 모든 기업이 수익이 감소하게 되는 제로섬(zero sum) 게임에 직면하게 되는 것이다.

이런 이론은 과거 전통적인 굴뚝 산업이 주력 산업이었던 시기에는 매우 통찰력 있는 법칙이었다. 그러나 디지털 산업에서는 그 반대인 수확체증의 법칙을 주장한다. 수확체증 세계의 가장 큰 특징은 선도기업의 이점이라고 할 수 있을 것이다. 과거에는 선도기업이라고 하더라도 더욱 높은 효율과 생산성을 가지고 있는 후발 기업이 등장하여 시장을 빼앗긴 사례가 많이 있었다. 과거 VTR이나 브라운관 방식의 TV 시장을 후발 업체인 일본기업들이 선발 기업인 미국 기업들을 제치고 전 세계 시장을 석권하였고, 그 이후 일본기업들은 한국과 중국 기업들에 시장을 내주었다.

그러나 최근에는 구조적으로 후발 기업들이 선발기업을 따라잡기가 어려워진 경우가 빈번하게 발생하고 있다. 대표적인 경우가 구글의 영향력이다. 신생 기업들이 구글과 대적할 수 있는 인공지능, 브라우저 등을 개발하는 등 노력을 기울이고 있지만, 구글의 독점적 시장 지위는 굳건하게 유지되고 있으며, 오히려 더 지배력은 커지고 있다. 이처럼 수확체증의 법칙은 자주 발견되는데, 그 원동력에 대하여 궁금증을 가질 수 있다. 디지털, 하이테크 시장 분야에서 수확체증이 발생하는 원인은 다음과 같다.

첫째, 시설이나 연구개발에 드는 과중한 초기 투자 비용 때문에 후발 기업들이 손쉽게 시장에 들어오기 어려운 점을 들 수 있다. 과거 단순한 TV 조립 공장을 만드는 비용에 비해 반도체나 LCD 생산 공장의 건설비용은 천문학적인 투자를 요구한다. 후발 기업으로서는 선도기업을 따라잡을 수 있다는 상당한 확신 없이는 회사의 운명을 건 이런 대규모 투자를 감행하는 것이 점차 곤란해지고 있다.

둘째, 학습효과의 발생이다. 숙련된 노동자나 기술자일수록 제품 한 개를 만드는데 필요한 시간인 제조단위당 시간이나 제조단위당 원가가 현저하게 적다. 따라서 생산 경험이 많은 선도기업은 학습 효과에서 파생된 비교적 높은 원가 우위를 가질 수 있으며 이를 이용한 가격 전략이나 물량 조절로 경쟁사를 적절하게 관리할 수 있는 우위를 가지게 된다.

셋째, 네트워크 외부성 효과의 발생이다. 같은 제품을 사용하는 고객이 많을수록 제품의 가치가 증대한다. 비록 애플의 iOS가 MS 윈도우 보다 뛰어나다고 인정하지만 만일 기존 PC 사용자가 애플 컴퓨터로 전환한다면 그는 자기가 만든 워드 파일이나 파워포인트를 회사 내에서 동료들과 공유할 수 없을지도 모른다. 제품의 가치가 얼마나 많이 팔렸는가에 따라 달라지는 것이 외부성 효과이다. 사용자가 그 제품을 구성해서 제품을 사용하는 네트워크에 참여함으로써 전체 네트워크의 가치는 순증하는 경제 체제에서 선도자는 강력한 이점을 갖게 된다.

넷째, 정보재의 수확체증 특성이다. 인터넷 콘텐츠나 게임 등을 처음 개발하는 작업에는 상당한 비용이 들지만 일단 개발이 완료된 이후 복사를 하거나 새로운 가입자 계정을 만드는 등 추가로 생산하는데 드는 비용은 사실상 거의 0에 가깝다. 이런 제품을 먼저 시장에 내놓고 지배력을 장악한 기업은 경쟁사가 도저히 경쟁할 수 없는 저렴한 가격으로 제품이나 서비스를 공급할 수 있으며, 이런 상황에도 수익을 창출하는 것이 가능하다.

다섯째. 기술의 연관성이다. 제품의 디지털 진화와 컨버전스 현상은 제품 상호 간에 관련성을 증대시켰다. 따라서 이미 A라는 제품을 성공적으로 시장에 내놓았던 기업은 관련 기술을 활용하여 매우 유사한 A-1이나 다소 다른 특성의 B라는 새로운 제품도 더욱 저렴한 비용으로 개발, 생산할 수 있으며, 고객 역시 관련 제품에 대하여 더욱 친밀하게 반응할 수 있다. 결과적으로 네이버는 포탈 시장에서의 강력한 국내 점유율을 바탕으로 손쉽게 네이버 쇼핑이나 커뮤니티 서비스까지 석권할 수 있었다.

카지노 경쟁의 승자

디지털 경쟁체제에서 이런 수확체증의 원리는 시장에서의 경쟁을 일종의 카지노 방식으로 변모해 놓았다. 즉 초기 시장을 누구보다 먼저 석권하기 위해 기업들이 전력투구하는 시간 기반의 경쟁체제를 초래하였다. 수익성을 무시한 무리한 가입자 유치 전쟁, 무료를 불사하는 가격 정책, 위험성이 높은 투자와 제품 개발이 더욱 빈번하게 이루어지게 되었으며, 누가 시장의 표준을 장악하느냐가 성패를 결정하게 되었다. 표준을 더 잘 이해하는 기업, 표준을 석권하는데 유리한 기업들이 속속 승자로 등장하고 있다. 최근에 등장한 표준화 경쟁의 승자들을 보면 구글, 네이버 등의 기업들이 손꼽히는데, 이들처럼 변화를 수용하고 성공한 기업들은 몇 가지 공통적인 특징들을 가지고 있다.

첫째, 이들 성공한 기업들은 완벽보다는 속도를 중시하는 기업들이다. 완벽한 제품을 출시하기 위하여 오랜 시간을 사용하고, 결과를 기다리기 보다는 먼저 제품을 출시하여 시장을 장악하는 데 관심을 보인다. 물론 서두르는 과성에서 다소 제품의 완성도가 미흡할 수는 있지만, 제품이 지닌 미비점들은 향후 더 높은 버전으로의 업그레이드나 사용자의 이용 경험을 활용하여 해결하려는 기업들이 늘고 있다. 삼성전자는 다른 기업들이 시장 포화를 이유로 주저할 때 가장 먼저 반도체 시장에 대규모 투자를 집행하였고, 구글 안드로이드 운영체제는 매년 새로운 버전의 기능 업그레이드를 한다.

둘째, 폐쇄보다는 개방적인 플랫폼을 가지고 있는 기업들이 선전하고 있다. 표준이 되기 위해서는 더욱 많은 사람이 관심을 둘수록 유리하기 때문이다. 일 예로 애플은 아이팟 등 자사의 제품에 관한 기술을 상당 부분 개방하여 많은 프로그래머가 스스로 필요한 프로그램이나 애플리케이션을 개발할 수 있도록 앱 마켓을 활성화하였다. 구글의 안드로이드 폰 역시 이런 앱 스토어를 모방하여 구글 플레이라는 앱 스토어를 활성화했다.

셋째, 혁신에 대한 집념이다. 시간 기반 경쟁이나 개방성은 중요한 경쟁 전략이지만, 지속적인 혁신을 할 만한 충분한 기술력의 뒷받침 없이는 효과를 보기가 어렵다. 특히 하이테크 상품은 시장에 처음 출시될 경우, 이를 구매하는 계층은 매우 제한적이다. 캐즘 이론에서 주장하던 기술애호자 혹은 테키(techy)라고 불리는 계층들이 구매를 시작하고 이들의 호의적인 구전이나 추천에 의하여 다른 대중에까지 상품이 확산된다. 이처럼 중요한 역할을 수행하는 테키들을 만족시키는 것은 결코 쉬운 일이 아니다. 기술적인 우월성은 물론이고 뛰어난 디자인, 혁신적인 상품 컨셉의 제시 등이 요구된다. 그 결과 하이테크 시장에서 경쟁사보다 먼저 진입하여 경쟁 우위를 구축하기 위해서는 무엇보다도 높은 혁신 능력이 요구된다.

넷째, 디지털 경제하에서 기업이 경쟁하고 수익을 창출하는 방식, 즉 비즈니스 모델도 큰 변화를 겪고 있다. 카지노 경쟁이나 수확체증의 방식은 기업들이 단기적 수익보다 장기적 생존과 향후 시장 독점 가능성에 더 큰 무게를 두고 사업을 운영하게 하고 있으며, 이에 따라 단기적 성과를 과감하게 포기하는 경우가 자주 발생한다. 콘텐츠나 게임 등 소프트웨어 산업은 무료 배포 후 유료 아이템을 판매하는 과금 방식이 이미 일반화되었고, 온라인 유통 업체는 더 신선하고 빠르게 배송하기 위하여 기꺼이 손해를 감수하며 신선 배송 시스템을 갖추어 가고 있다. 이들은 경쟁자와 일종의 치킨 게임(chicken game)을 벌이고 있으며, 승리를 통한 미래 시장의 독식을 꿈꾸고 있다.

디지털화의 진전에 따라 거의 모든 산업 분야에서 가치 사슬이 재구성되면서 전통적인 업종의 비즈니스 모델도 전면적 사업 구조 재편을 진행하고 있는데, 이 과정에서 아날로그적 관점에서는 아무런 경쟁 우위를 가지고 있지 않은 기업이 새로운 비즈니스의 승자가 되는 모습이 목격된다. 숙박시설 하나 없는 에어비앤비는 호텔 시장의 승자이며, 차량 하나 없는 우버는 렌터카 시장의 승자가 되었다. 이 현상은 디지털로 변화되는 전환기에 자사의 강점에 유리하도록 비즈니스 모델을 재구성하고, 그 핵심 지위를 선점한 기업의 힘이라고 볼 수 있다. 과거 힐튼 호텔은 힐튼 이라는 브랜드명을 지렛대로 호텔 산업의 비즈니스 모델을 장악했지만, 디지털 시대에 에어비앤비는 예약시스템이라는 자산을 기반으로 숙박 산업의 전면 재개편에 성공한 것이다. 새로운 비즈니스 전쟁의 승자는 덩치 큰 공룡들이 아니라 비즈니스 모델을 자사에 유리하도록 발 빠른 재구축에 성공한 기업들이다.

에자일 시대의 마케터

에자일 경영

최근 성공한 스타트업의 조직 특성에서 시작해서 대기업에서도 적극 도입을 추진하는 조직 형태로 에자일 팀(agile team)이 화두다. '민첩함'으로 번역되는 에자일 방식은 2000년 초반부터 등장하기 시작한 새로운 소프트웨어 개발방식이며, 그 이후 조직 전반의 사업 운영 방식으로 확대되고 있다. 과거의 소프트웨어 개발방식은 다수의 개발자가 오랫동안 개발하는 길고도 험난한 방식이었다. 특히 대규모 소프트웨어 개발을 위해서는 철저한 사전계획과 준수해야 하는 대량의 매뉴얼을 사전에 준비하여야만 했다. 이를 기반으로 원격지에 있는 다수의 사람이 협업하는 형태로 진행되었으며, 당연히 개발 완료에 이르기까지 수년에서 십 년 이상 걸리는 경우도 다반사였다.

그러나, 이런 철저한 계획하에 수행되는 대규모 개발방식은 스타트업이나 소규모 프로젝트에는 적합하지 않은 것이었다. 문제점을 인식한 일련의 독립적인 소프트웨어 개발자들이 '에자일 연합'을 구성하면서 더욱 빠르고, 상황에 적합하고 유연한 개발방식에 대한 논의가 시작되었다. 이들은 소프트웨어 개발에 있어서 개발속도, 지속적인 제공, 요구 사항의 반영, 개발자와 담당자의 적극적인 참여와 의사소통, 실행 가능성, 피드백을 강조하였다. 이후 그 효과성이 인정되면서 구글, 페이스북, 아마존, 자라, 유니클로 등 경쟁 속도와 환경에의 적응성을 중시하는 현대의 기업들이 에자일의 도입을 확대하기 시작하였다. 에자일 조직을 도입하기 시작하면서 소규모로 팀을 꾸리고 구성원 각자에게 오너쉽과 의사결정의 자율성을 부여하는 것이 일반화되고 있다.

디지털 마케팅의 인재

에자일 경영이 성공하기 위해서 가장 필요한 것은 에자일 경영에 적합한 인재를 확보하는 것이며, 디지털 마케팅 역시 예외 일 수 없다. 에자일 시대에 적합한 인재란 무엇인가? 이와 관련하여 케니 루빈(Kenny Rubin)은 T자형 인재의 중요성을 강조하였다(www.innolution.com). T자형 인재란 T자형 지식과 공동체를 위한 희생정신을 갖춘 사람을 의미하는데, 특히 T자형 지식이란 전문 분야에서의 심층적인 수직 스킬을 갖추었을 뿐만 아니라, 관련 타 분야에서도 광범위한 이해가 있는 인재이다. 기술과 마케팅이 교차하고 협업이 필수적인 현대의 기업에서 T자형 인재의 중요성은 강조되고 있고, 삼성전자 등 국내 다국적 기업들 역시 T자형 인재의 확보에 열을 올리고 있다. 디지털 마케터 역시 다양한 역량을 요구받는다는 점에서 T자형 인재로 육성될 필요가 크다. 최근의 디지털 마케터 혹은 그로스 마케터의 모집 공고는 기업이 얼마나 다양한 역량을 요구하는지 잘 보여주고 있다. 기업은 한 사람의 디지털 마케터에게 논리적이고 전략적인 사고, 고객 경험에 기반한 제품 및 서비스 기획 역량, 브랜드 및 마케팅 전략 수립, 시장 조사, 트래픽 데이터 기반의 분석과 의사결정 능력, 사용자 경험 디자인, 환경 대응력, 효과적인 커뮤니케이션 능력, 시각적 크리에이티브 제작 관리, 타 부서와의 협업 능력 등 다양한 역량을 요구한다.

이에 따라 디지털 마케팅의 교육 역시 마케팅 수직 스킬을 갖춘 마케터의 양성에서 벗어나 수평적인 디지털 스킬에 대한 광범위한 이해를 갖춘 T자형 인재 양성이 목표가 되어야 한다. 각 대학마다 다소 차이는 있지만, 기존의 마케팅 교육은 전형적인 I자 인력 양성에 불과하였다. 그러나 기업에서 마케터가 핵심적인 임무를 수행하기 위해서는 자신이 판매하고 있는 상품과 기반 기술에 대한 이해와 더불어 디지털 마케팅의 새로운 로직과 운용에 대한 이해가 필요한 시대가 도래하였다. 디지털 마케터는 T자형 지식을 갖춤으로써 제품 개발, 판매, 마케팅, 성과 측정 전반에 걸쳐서 더 빠르고 효율적이고 유연한 고성과 마케팅 업무의 수행이 가능할 것이다.

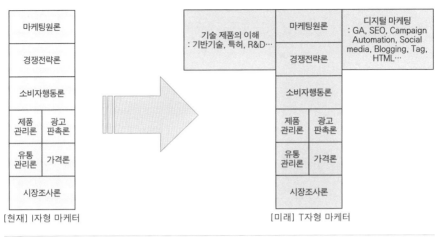

마케팅원론		
경쟁전략론		
소비자행동론		
제품관리론	광고판촉론	
유통관리론	가격론	
시장조사론		

[현재] I자형 마케터

기술 제품의 이해 : 기반기술, 특허, R&D…	마케팅원론	디지털 마케팅 : GA, SEO, Campaign Automation, Social media, Blogging, Tag, HTML…
	경쟁전략론	
	소비자행동론	
	제품관리론	광고판촉론
	유통관리론	가격론
	시장조사론	

[미래] T자형 마케터

T자형 인재

과거에는 마케터가 제품 개발에 가서 협력하고 싶어도 개발팀이 사용하는 기초적인 전문 언어(jargon)를 모르거나 상대방에 대한 이해도가 낮아서 오히려 장애 요인이 되는 경우도 빈번하였다. 연구개발 부서의 입장에서는 개발이나 기술에 관하여 아무것도 모르는 마케터가 와서 이것저것 물어보는 것이 오히려 번거로웠으며 개발 속도를 늦출 뿐이라고 생각하였을 것이다.

최근의 디지털 마케팅 분야 역시 전통적인 I자형 교육을 받은 마케터가 점차 설 자리를 잃어가고 있다. 데이터베이스나 SQL 언어에 대한 기본적인 이해, HTML이나 각종 다양한 광고관리 도구에 대한 이해 없이 디지털 마케팅 시대에 마케터가 주역이 되는 것은 어불성설이기 때문이다. 지금도 오히려 많은 프로그래머가 디지털 마케팅 도구를 운용하면서 마케터의 역할을 대신하고 있다. 그러나 프로그래머들 역시 전반적인 마케팅에 대한 기본적 지식이나 경험의 결여로 지나치게 데이터에만 의존하거나 마케팅 현상이나 원인에 대한 이해도 없이 산출된 결과 값만을 추종하고 기계적 결정을 내리는 경우도 종종 발견된다. 균형 있는 지식과 경험을 갖춘 T자형 마케터의 시대가 열려야 한다.

퍼포먼스 타깃팅과 고객 페르소나

시장 세분화와 시장 리드

기본적으로 이미 우리가 마케팅을 통하여 익숙한 개념인 시장 세분화 전략, 즉 STP(segmentation, targeting, positioning) 콘셉트는 디지털 마케팅에서도 더 중요하다. 바뀐 것은 없다. 일반적인 오해와 달리 마케팅 전략의 기본은 고객을 '많이 확보하는 것'이 아니라 바로 '잘 버리는 것'이다. 디지털 마케팅은 데이터에 기반을 두어 수익성이 없는 고객들을 더 잘 버리는 것이다. 즉 모든 사람을 우리의 고객이라고 생각하는 매스 마케팅(mass marketing)에서 벗어나 목표가 아닌 고객들을 추려내어 빼버리는 작업이다. 말은 쉽지만, 눈앞의 고객 한명 한명이 다 돈으로만 보일 때 버리는 작업은 미션 임파서블이 된다. 그래서 망한다.

디지털 퍼포먼스 마케팅의 고객 관리 역시 버리거나 유지하거나에 대하여 명확한 기준을 세우고 실천하여야만 성공한다. 목표 고객만을 잘 추려내서 설정한 이후 한 단계, 한 단계씩 수익 창출이라는 최종 목표까지 인도해나가는 길잡이 역할을 해야 한다. 즉 디지털 마케터는 고객의 소비 여행(consumer journey)을 도와주는 여행 안내자와 같다.

퍼포먼스 마케팅에서는 잠재고객을 종종 '리드(lead)'라는 다소 한국어로 번역하기 어려운 단어로 표현한다. 처음 실무에서 리드라는 단어를 들은 것은 과거 소비재 기업에서 마케팅을 하다가 직장을 옮긴 후 본격적인 B2B 마케팅을 하게 되었을 때로 기억한다. 간단하게는 리드 고객은 잠재고객과 동의어로 이해되기도 한다. 하지만 보다 넓은 의미로는 구매 등 기업의 의도하는 최종적인 행동 단계에는 아직 들어가지는 않았지만, 기업의 제품이나 서비스에 상당한 관심이 있는 구매 가능성이 있는 고객들이다. 또한 리드는 어떠한 형태이든 앞으로 기업이 연락이 가능한 수단(contact point)이 확보된 고객을 의미하기도 한다. 즉, 리드 고객이란 우리 사이트를 방문하여 IP 등 방문기록이 남아있거나, 이메일, 전화번호 등 향후 접촉이 가능한 수단이 회원 가입이나 설문 응답 등을 통하여 확보된 미래의 고객을 통칭한다고 생각한다.

고객 페르소나의 이해

이들 리드 고객에 대하여 디지털 마케팅 전략에 반영할 수 있도록 보다 상세하게 프로파일을 정리한 것이 바로 고객 페르소나(persona)라고 할 수 있다. 고객 페르소나는 종종 고객 아바타(avatar)로 불리기도 한다. 고객 페르소나를 잘 정리할 수 있다면 우리는 목표가 되는 고객을 더욱 확실하게 그려내고, 이해할 수 있다.

고객 페르소나 정의하기

퍼포먼스 마케팅에서 고객 페르소나를 정의하려면 관련된 다양한 인구통계 및 행동 관련 정보들이 필요하다. 인터넷 검색 시 브라우저에 은밀하게 삽입되는 쿠키(cookie)의 사용이 일상화되고 구글, 네이버 등 각 사이트의 고객 추적 방법들이 발전하면서 이제 고객 페르소나에 필요한 정보들은 자동으로 수집되고 제공되고 있다. 물론 우수한 고객 페르소나를 작성하기 위해서는 여전히 전통적인 시장 조사나 고객 관찰 등 질적인 연구 방법들도 필요하다. 오프라인과 온라인의 고객 이해 방식이 갖는 장점들을 모두 취하는 이른바 옴니(omni)적인 접근법이 필요하다. 기업마다 구체적인 방법론은 차이가 있지만, 고객 페르소나를 잘 정리하기 위해서 포함될 내용은 어느 정도 일정하게 요구된다.

1) 유입 경로

: 고객은 어떤 채널이나 웹사이트, 접속 기기들을 통하여 접근하는가? 일반적인 검색, 유료광고, 소셜 미디어, 특정 블로그 등 고객들이 사용하는 접근 채널을 확인한다.

2) 이용 행동

: 사이트에 방문한 고객은 어떤 방문 행동을 하는가? 자주 이용하는 웹 페이지나 검색어를 확인하고, 사이트 체류 시간과 전환 행동 등을 확인한다.

3) 가치(value)

: 특정 고객들이 소비 행동을 통하여 달성하고자 하는 궁극적인 목적은 무엇이며, 구매 동기나 상품에 부여하는 가치는 무엇인가? 이들 정보는 심리적 정보로 데이터를 통하여 즉각적으로 이해되기 어려운 부분이기 때문에 소비자 관찰이나 직관을 사용하는 전통적인 마케팅 조사를 병행하여 파악한다.

4) 이탈(bounce)

: 특정 고객들이 자사의 제품 구매를 거부하거나 사이트 방문을 중단하고 회피하는 이유는 무엇인가? 때로는 구매 이유보다 거부 이유가 고객의 이해와 기업의 문제 해결에 직접적인 도움을 줄 수 있다.

5) 데모그래픽 정보

: 고객의 인구 통계적 배경은 어떠한가? 보통 성별, 나이, 직업, 거주 지역 등의 정보를 활용한다. 이들 정보는 쿠키나 회원 가입 시의 정보를 통하여 직접 확보하기도 하지만, 최근에는 머쉰 러닝으로 학습된 인공지능(AI)을 통하여 통계적으로 추정된 정보로 없는 정보들을 대체하기도 한다. 구글의 수집하여 제공하는 인구통계정보의 상당 부분은 추정된 정보지만. 그 정확성은 증가하고 있다.

적절한 고객 페르소나의 이해는 디지털 마케팅의 거의 전 분야에 강력한 지렛대를 제공한다. 일 예로 기업이 검색 엔진 키워드를 활용한 검색 엔진 마케팅을 시행할 때

고객들이 어떤 문제점들을 해결하려고 네이버나 다음에서 검색하는가에 대한 이해는 성과를 좌우하며, 키워드 최적화(SEO)에 필요한 해답을 제공한다. 유튜브 마케팅의 경우 어떤 콘텐츠를 제공할 경우 고객들이 반응하는가? 인스타그램 같은 소셜 미디어에서 고객이 이탈하지 않고 방문하는 사진은 어떤 장면을 담아야 하는가? 블로그 마케팅에서 방문자를 매혹하는 강렬한 문구는 어떤 내용이 되어야 하는가? 와 같은 많은 디지털 마케팅의 질문들에 대하여 명확하게 설정된 고객 페르소나는 답을 줄 수 있다.

퍼널(funnel)과 고객의 여정

마케팅 미디어의 중심 이동

마케팅의 기본은 모든 고객을 모아서 상대하기보다는 얼치기 고객들은 정리하고, 알짜배기 고객 중심으로 역량을 집중하는 과정에 더 가깝다. 이는 전통적인 마케팅에서 주장하는 차별화(differentiation)와 맥이 닿는 노력이다. 크거나 작든지 간에 모든 기업은 제한된 마케팅 예산이라는 원죄를 어깨에 짊어진 채 운영하여야 하고, 마케팅 활동은 차별화를 통하여 효율성을 높여야만 한다.

그러나 전통적 마케팅에서 사실 차별화 노력이 효과를 보는 것은 생각보다는 어려운 일이었다. 가장 큰 이유 중 하나는 고객을 만나는 대표적인 수단인 광고나 판촉이 태생적으로 차별화에 적합하지 않았기 때문이다. 특히 고객 단가가 비싼 미디어인 TV 광고의 경우 그렇다. 밤 11시에 엄마와 두 자녀가 맥주 광고에 노출될 수는 있지만, 이들은 전혀 맥주를 마시지 않는다. 그렇다면 이 광고비는 어떻게 보상받거나 합리화될 수 있을 것인가?

이런 점에서 지난 2017년은 광고업계에서 기념비적인 해였다. 그동안 BTL(below the line) 매체로 치부되던 온라인 광고의 집행 금액이 ATL(above the line)의 대표적 매체인 TV 광고를 추월해 버린 것이다. 다만, BTL에서도 2080 법칙이 작동하며, 집행된 온라인 광고비의 90% 이상은 구글 애즈와 페이스북 광고에 집중되어 있다고 한다. 이런 통계치가 시사하는 점은 더 기업들은 성과를 추적할 수 없는 광고 미디어에는 흥미를 잃고 있으며, 이른바 그로스 해킹(growth hacking)에 기반을 둔 퍼포먼스 마케팅(performance marketing)으로 급속하게 무게 중심을 이동하고 있음을 보여준다.

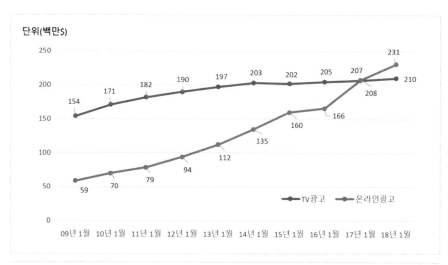

전 세계 온라인 광고의 성장   출처: Zenith Optimeida

고객 퍼널

퍼포먼스 마케팅 노력의 적절한 성과 측정을 이해하기 위하여 반드시 등장하는 개념이 바로 고객 퍼널(customer funnel)이라는 개념이다. 퍼널은 '깔때기'로 번역되며, 고객이 최초로 유입되어서 기업이 목표로 하는 최종 행동 단계에 이르기까지의 전 여정을 보여준다. 고객 퍼널은 대부분 유사하지만, 기업의 목표나 상품 특성에 따라서 조금씩 달라지기도 한다. 예를 들어서, 보험회사가 운영하는 퍼널의 최종 목표는 보험 가입이 될 수 있으며, 블로그 등 단순한 웹사이트의 경우에는 회원 가입이나 북마크 하게 만들기가 최종 목표가 될 수 있다. 그러나 이런 차이점에도 불구하고 공통으로 모든 퍼널들은 상단은 매우 넓고 하단으로 갈수록 점점 좁아지는 흡사 깔때기의 형태를 가지고 있다. 이는 초기의 잠재 고객(lead)이 가망고객(prospect), 그리고 최종 고객 고객(customer) 단으로 내려가면서 점점 많은 다수가 이탈하게 됨을 의미한다. 퍼널은 보통 TOFU(top of funnel), MOFU(middle of funnel), LOFU(low of funnel)로 나누어 지는데, 각각 TOFU는 리드창출 단계, MOFU는 가망고객 창출단계, LOFU는 최종의 수익창출 단계를 의미한다. 퍼널 모델이 환영받는 이유는 각 단계별 기업이 지향해야되는 디지털 마케팅의 목표와 수단들을 손쉽게 이해할 수 있도록 도와준다는 점이다. 퍼널의 주요 단계는 다음과 같다.

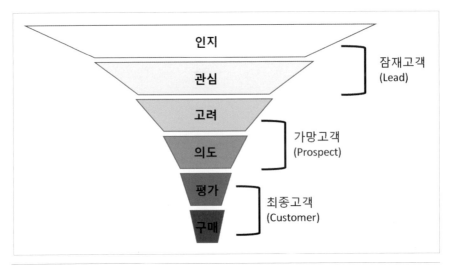

고객 funnel의 예

1) 인지 단계(awareness)

: 최초의 퍼널이며 대다수 소비자가 해당 기업의 상품이나 기업의 존재조차 전혀 모르고 있다. 고객의 여정이 시작되는 부분이며 가장 큰 기업 마케터의 과제는 상품이나 브랜드의 존재 자체를 다수에게 알려야 한다. 적합한 디지털 마케팅 도구는 보통 일반적인 광고, 소셜 미디어를 통한 홍보, 검색 엔진 상단에 위치하는 배너 광고 집행하기 등이 된다.

2) 관심 단계(interest)

: 이제 퍼널에 들어온 고객 중 일부가 기업이나 상품에 추가적인 관심을 두게 된다. 물론 이 단계에 도달하기 전에 일부는 관심을 느끼지 못하고 이탈한다. 이들의 관심에 대하여 비로소 기업은 자신의 가진 장단점을 보다 적극적으로 알리고, 이들이 궁금해하는 사항에 대하여 더욱 정확한 정보를 제공하여야 한다. 보통 정보 전달에 적합한 매체인 유튜브, 페이스북 페이지, 블로그 등의 활용이 필요하다. 또한 회원 가입이나 반복적 방문을 하는 관심 고객의 이메일, 주소 등 개인 정보를 확보할 기회가 제공된다.

3) 고려 단계(consideration)

: 고객을 잠재적인 고객으로 변환시키는 단계이다. 아직 구매까지는 이루어지지 않았지만, 고객과의 관계를 심화시켜야 한다. 즉, 페이스북이나 트위터 같은 소셜 미디어를 통하여 더욱 친밀감 있는 관계를 구축하고, 유튜브 채널을 운영한다면 '좋아요'를 누르고 구독하게 만들어야 하며, 웨비나(webinar)를 통하여 적극적으로 정보제공이나 상품 교육의 기회도 제공하여야 한다.

4) 의도 단계(intent)

: 고객이 구매 의도를 더욱 확고히 할 수 있도록 노력하여야 한다. 기존의 관계를 더욱 심화시키고, 기업-고객 간 상호작용이 자주 일어나도록 유도하여야 한다. 커뮤니티를 통한 소속감 강화 역시 한 방법이다.

5) 평가 단계(evaluation)

: 기업이 제안하는 상품, 핵심 가치를 적극적으로 부각하여야 한다. 일단 이 단계까지 오는 것은 고객이 복수의 후보 안을 가지고 있다는 의미이며, 우리 기업의 브랜드가 선택되거나 타 기업의 경쟁 브랜드가 선택될 수 있는 단계이다. 기존의 소셜 미디어 등의 디지털 마케팅 노력도 중요하지만, 온라인 프로모션의 시행, 혹은 경쟁사로 이탈 가능성이 큰 고객을 대상으로 하는 리마켓팅(remarketing) 등이 고려된다.

6) 구매 단계(purchase)

: 최종적으로 고객이 구매가 이루어지는 지점이며, 일반적으로 대다수 고객의 구매 여정이 종료하는 시점이다. 그러나 상품 배송, A/S, 사용, 사용 후 폐기 등 실제로 고객의 경험은 구매 이후에도 계속된다. 따라서 마케팅에 능숙한 기업은 그 이후 단계에 더 좁은 퍼널들을 추가로 설정한다. 이후의 단계에서는 구매자를 대상으로 만족도 제고, 브랜드 지지자 확대, 브랜드 앰베서더로의 전환, 재구매 촉진, 입소문 강화 등의 더 달성하기 어려운 퍼널들이 추가 설정되어야만 한다.

퍼널과 퍼포먼스 관리

퍼널의 개념은 마케팅 일반뿐만 아니라 디지털 마케팅의 이해에서도 중요한 개념이다. 구글 광고, 네이버 광고, 페이스북 페이지 등 주요한 디지털 광고 도구들은 자신들이 제공하는 광고의 효과성을 보여주기 위하여 대부분 이와 유사한 퍼널 모델을 수립하고, 성과를 요약해서 보여주고 있다. 또한 퍼포먼스 마케팅의 도구에서 사용하는 퍼널 설정은 기업에 적합하게 직접 개별화하는 것도 가능하므로 퍼널 개념은 꼭 적용해보자.

아래는 향후 배우게될 구글 애널리틱스의 데모 계정의 '전환' 메뉴에서 유입경로 시각화를 하였을 경우 보여주는 퍼널의 예시를 보여주고 있다. 향후 자신의 사업 특성과 목적에 적합하게 자신만의 퍼널을 설정하고 관리하는 법을 습득하여야 한다.

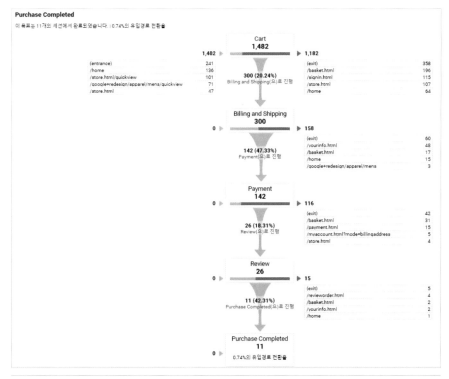

구글 애널리틱스(GA) 데모 퍼널

📝 그로스 해킹과 채널 믹스 📝

그로스 해킹의 이해

그로스 해킹(growth hacking)은 해커라는 단어 때문에 컴퓨터 관련 용어로 오해되기 쉬우나, 실제로는 새롭게 주목받은 디지털 마케팅의 기법을 의미한다. 디지털 마케팅 환경 아래서 고객의 이용 행동과 방문 행동을 손쉽게 확보할 수 있게 되면서 양질의 데이터를 대량으로 수집하는 것이 가능해졌고, 이 데이터를 이용한 새로운 마케팅 기법이 등장하게 되었다. 그로스(growth)는 성장을 의미하며, 해킹(hacking)은 정당한 허가를 받지 않은 컴퓨터나 시스템의 불법적 침입을 의미한다. 그러나 실제로는 해킹에 이런 부정적인 의미는 없으며 단기간에 큰 성과를 이루는 기술을 의미한다. 전통적인 마케팅 방법을 통한 성장보다는 다양한 디지털 자산과 데이터 분석을 기반으로 투자 대비 효과성을 추구하는 마케팅이라고 생각하면 적절할 것이다.

위키피디아에 알려진 바에 의하면, 그로스 해킹은 2010년 션 엘리스(Sean Ellis)가 운영하는 블로그에서 'Find your growth hacker for your startup'이라는 문서의 내용으로 처음 알려졌으며, 상품 판매와 노출이라는 직접적인 마케팅 목표 달성을 목적으로 기술 스타트업 등에 의해 계발된 창의성과 분석적 사고, 소셜 분석을 활용하는 데이터 지향적인 마케팅 기법이다. 그 결과, 관련 데이터의 수집과 분석에는 기술적 요소가 필요하다. 진정한 그로스 해커의 의미는 마케터의 창의적 역량과 엔지니어의 기술적 역량 간의 T자형 융합을 전제로 한다. 그로스 해커는 '우리 제품의 고객을 어떻게 확보할 것인가?'라는 명제를 가지고 소위 AB 테스트나 랜딩 페이지, 도달률 등의 새로운 정량적 지표 등을 중심으로 답을 구하는 방법을 사용한다.

페이스북, 에어비앤비, 링크드인 등 실리콘 밸리의 유망 기업들이 속속들이 그로스 해킹을 도입하여 성과를 보고 있다. 일 예로 드롭박스(Dropbox)는 신규 사용자가 서비스를 인지하게 되는 경로의 대부분이 추천(referral)을 통해서임을 확인하게 되었고, 지인이나 친구의 추천으로 드롭박스를 사용하게 될 경우, 신규가입자와 추천인 모두에게 500MB의 무료 용량을 추가 제공하는 프로모션을 진행하였으며, 회원 가입률을 60% 이상 증가시켰다.

그로스 해킹의 도입은 기존 마케팅의 성장 방법과 다소 결이 다르다. 기존 마케팅은 기업 성장을 위해서 고객과의 정성적 관계 구축, 고객 충성도, 브랜드의 이미지 개선, 유통 파트너의 확보 등을 추진하여왔다. 이들 전통적 방법들은 기업의 기초 체력을 다진다는 점에서 그 중요성이 간과될 수 없지만, 대부분이 장기적인 목표이며 즉각적인 효과의 측정이 어렵다는 단점 역시 존재하였다. 이런 단점은 시장이나 고객의 반응을 즉각적으로 상품개발이나 마케팅 캠페인 운영에 반영하는 것이 어렵다는 점을 의미한다. 전통적인 마케팅 기법들은 이미 안정 기반에 접어든 기업들에는 필요한 영역이지만, 특히 이제 갓 시작한 스타트업이나 마케팅 여력이 부족한 중소기업들이 실제 전략으로 받아들이기에는 실용적인 부분에서 난관이 존재하고 있음을 인정해야 한다.

그로스 해킹과 채널 믹스(mix) 집행

이런 단점을 극복하려는 방법으로 그로스 해킹은 축적된 고객 데이터를 자동화된 방식으로 수집하여 분석하고, 이를 기반으로 목표수익률(ROI: return on investment)이나 고객 유입 및 구매 패턴 등 구체적인 지표의 분석을 추구한다. 예를 들어 쇼핑몰을 운영하는 스타트업의 경우에는 웹사이트 접속 기록을 자동으로 축적 및 분석하여, 고객 체류 시간, 장바구니 구매횟수, 고객의 이탈률, 재방문율 등의 구체적인 수치를 분석한다. 그리고 그 이후 그 분석을 통하여 적용 가능한 가설(예: 광고 모델이 BTS인지 트와이스인지에 따라 매출액이 달라진다)을 수립하고, 데이터 분석과 실험을 통하여 검증한다. 검증된 결과는 바로 즉각 사업에 반영하여, 기업이 매출을 곧바로 증가시키게 된다. 대표적인 그로스 해킹의 실험은 UI/UX 테스트나 AB 테스트 등이 있다.

그로스 해킹의 대표적인 방법의 하나로, 미국의 스타트업 기업가인 데이브 맥클루어(Dave McClure)는 'AARRR'이라는 퍼널의 사용을 권장한다. 이 퍼널은 고객의 유입과 최종 목표의 달성 단계를 5단계로 구분하고 있으며, 각 퍼널의 단계로 진입할 때마다 적절한 분석 기법과 측정 지표를 적용할 것을 권하고 있다. 이 퍼널의 이해와 적용을 기반으로 적절한 채널 믹스를 운영할 수 있다.

1) 획득(acquisition) 단계

: 퍼널의 첫 번째다. 고객이 우리 기업을 찾아내는 것이 그로스 해킹의 최선의 목적이며, 이를 위하여 소셜 네트워크, 검색 엔진 최적화(SEO), PR 등이 사용된다.

2) 활성화(activation) 단계

: 방문 고객에게 감탄의 순간(A-ha moment), 즉 최초의 만족감을 주는 것이 목적이다. 이를 위하여 잘 구축된 랜딩 페이지, 그리고 상품 본연의 매력성 강화가 필요하다. UI/UX 테스트나 AB테스트를 통하여 이런 목적의 달성을 촉진할 수 있다.

3) 유지 단계(retention)

: 일단 활성화된 고객이 지속적인 재방문을 할 수 있도록 유도한다. 이메일을 통한 고지, 시간 한정 이벤트, 지속적인 흡인력을 갖춘 블로그 콘텐츠 등이 이용된다.

4) 소개(referral) 단계

: 고객이 지인이나 친구들에게 소개를 통하여 확산하도록 한다. 리퍼럴 강화를 위한 방안으로 친구 추천 캠페인, 이메일, 고객 만족도 향상 등이 필요하다.

5) 수익 단계(revenue)

: 최종 단계로서, 실질적인 구매와 수익 창출을 연결한다. 리드 창출, 구독 확대, 투자 유치 등이 이루어져야 한다.

그로스 해킹의 주요 지표

KPI 설정

모든 기업의 마케팅 활동들은 달성해야 하는 목표가 있다. 일반적으로 매출액, 점유율, 고객 만족도, 충성도, 브랜드 인지도, 브랜드 선호도 등은 마케팅 활동에서 광범위하게 사용되어온 목표이다. 이런 목표들은 종종 핵심 성과지표(KPI: key performance index)라고도 불린다. 기업의 성공을 보장하는 핵심적인 주요 지표이며, 이들 지표 위주로 관리가 필요함을 의미한다.

디지털 마케팅 역시 이런 전통적인 목표 혹은 KPI를 중요하게 여긴다. 그러나, 대부분의 디지털 기업들이 앱이나 웹 페이지를 중심으로 사업이 전개되기 때문에 디지털 기업에 더욱 특화된 혹은 더욱 강조되는 별도의 목표 혹은 지표들이 존재한다. 이는 전통적인 오프라인 기업들도 마찬가지인데, 일 예로 백화점이나 마트와 같은 오프라인 유통 중심 기업들은 매장 회전율, 재고율, 고객 체류 시간, 객단가, 매대 점유율 등의 고유한 유통 관련 지표들을 추가로 갖는다.

디지털 마케팅 기업 역시 이들 목표와 관련된 지표들을 가지고 있으며, 이에 대한 이해가 필요하다. 이들 지표는 앞으로 그로스 해킹이나 웹사이트 관리, 캠페인 관리 등의 부분에서 반복적으로 나오는 부분이므로 숙지가 필요하다. 'Digital marketing for dummies'라는 도서를 저술한 라이언 다이스(Ryan Deiss)와 러스 헨벤리(Russ Henneberry)는 디지털 마케팅의 일반적인 6가지 목표를 제시하였다. 즉, 자사의 인지도 올리기, 새로운 리드와 고객 확보, 리드 및 고객 활성화, 리드 및 고객을 통한 수익 창출, 신규 리드 및 고객 온보딩(onboarding: 고객의 적응을 돕는 과정), 커뮤니티와 지지자 구축 등이다.

KPI 지표의 이해

디지털 마케팅에서는 이들 주요 목표들을 약어 형태로 구체적으로 제시하고 있으며, 실제 캠페인 성과의 측정과 개선에 활용하고 있다. 특히 이들 용어는 영어 약자 형태 그대로 현업에서 사용되는 경우가 대부분이므로 단어들을 숙지하고, 정확하게 의미를 사전에 파악할 필요가 있다. 실제로 다음이나 네이버 등의 검색 엔진에서 광고를 운영하면 이들 지표를 통하여 요약된 성과를 보여준다. 중요한 핵심 지표들을 소개하면 다음과 같다.

1) 인상(impression)

: 보통은 광고에 노출된 총횟수를 의미한다. 중복 노출을 포함한다.

2) 도달(reach)

: 중복 방문자를 1명의 방문으로 계산하는(중복 방문은 제외) 순 방문자 수를 의미한다. 특히 인상이나 도달은 페이스북 광고 등에서 주요 지표로 사용되므로 명확하게 차이점을 인지하여야 한다.

3) CPC(cost per click)

: 클릭당 비용으로서, 클릭할 때마다 광고비가 지급되는 형태이다. 보통 1클릭당 단가가 정해진다. 구글이나 네이버의 유료 광고(paid search)가 예이다.

4) CPM(cost per mile)

: 1,000회 광고를 노출하는데 사용된 비용을 의미하며, (광고 단가 / 광고 노출 횟수) X 1,000으로 계산한다.

5) CPT(cost per time)

: 기간당 비용으로, 일정 기간을 정한 후 그동안 고정된 광고비를 소진하는 광고 형태이다. 페이스북 광고나 구글 애즈 등에서 선택할 수 있다.

6) CTR(click through rate)

: 배너 등의 노출 대비 클릭률이다. (클릭 수/impression) * 100으로 계산한다. 예컨대 인터넷 배너가 1백 번 노출되었을 때 2번 클릭이 되면, CTR은 2%로 계산된다.

7) CLV(customer lifetime value)

: 고객의 총 생애 동안 발생 가능한 가치를 산정한 값이다.

8) 전환율(conversion rate)

: 구매전환율을 의미하며, 고객이 퍼널에서 최종적으로 구매까지 간 비율이다.

9) 이탈률(bounce rate)

: 고객 이탈률을 의미하며, 랜딩 페이지나 웹사이트의 초기 화면을 방문한 고객이 아무런 행동(예: 클릭) 없이 해당 사이트를 떠난 비율이다.

10) 해지율(churn rate)

: 구독 취소 등으로 브랜드를 이탈한 비율이다.

11) PIS(post interaction score)

: 사후 상호작용 점수로서, 주로 페이스북, 유튜브 등 소셜 미디어에 게시글에 달린 공감, 댓글, 공유를 합산한 점수이다. 주로 기업용 소셜 미디어 서비스에 특화된 분석 서비스를 제공하는 기업인 빅풋(bigfoot9.com) 서비스가 사용하는 지표이다.

12) ROI(return on investment)

: 투자 대비 수익률을 의미하며, 수익/투자액으로 산출한다.

13) ROAS(return on Ad spending)

: 광고 집행 비용 대비 수익률을 의미하며, 수익/광고비 집행액으로 산출한다.

14) 고객 만족 점수(CSAT: customer satisfaction score)

: 보통 설문조사를 통해 얻은 고객 만족도 점수이다.

15) 순 추천 점수(NPS: net promoter score)

: 순 추천지수이며, 브랜드 충성도를 측정하기 위하여 10점 만점에서 7점 이상을 준 경우의 비율만을 측정한다.

그 외 다양한 정량, 정성적 지표들이 존재하며, 사업 목적과 특성에 따라 추가적인 KPI의 도입이 이루어지고 있다.

✏ 퍼포먼스 마케팅의 가치 제안 ✏

새로운 마케팅 가치 제안

시간, 노력 그리고 자금은 누구에게나 매우 유한하고 귀중한 자원이다. 그래서 사람들은 본능적으로 가치가 없는 일에는 자신의 자원을 낭비하고 싶어하지 않는다. 고등학교를 졸업하고 전공 학과나 직업 진로를 결정할 때, 그리고 결혼 파트너를 구할 때 신중해지는 것은 당연한 일이다. 그날 날씨나 기분 등 즉흥적인 기분으로 진로나 결혼 파트너를 결정하는 경우는 없으며 대부분 오랜 시간의 정보 수집과 심사숙고 후에 결정할 것이다.

그러나, 대부분의 온라인 기업들은 오늘 처음 만나는 사람에게도 그들의 지갑을 열고 구매할 것을 요구한다. 아니 요구해야 한다. 왜냐하면, 온라인상에서 처음 만난 고객을 다시 만날 확률은 매우 낮으며, 같은 고객을 다시 만날 진실의 순간(MOT: moment of truth)은 단 한 번일 수도 있기 때문이다. 그렇다면 디지털 마케팅 하에서 기업은 고객에게 어떤 가치 제안(value proposition)을 해야만 고객 획득과 수익 창출이 가능할 것인가?

일반적으로 웹사이트나 쇼핑몰 등 온라인에서 가치 제안을 하는 것은 오프라인 비즈니스에서의 가치 제안과 유사점도 크지만, 다른 부분도 존재한다. 오프라인 거래 체결단계에서의 가치 제안은 더욱 쉽게 최종 거래로까지 성사될 가능성이 크다. 고객은 이미 방문 전에 상당 부분 판매자가 누구이며, 그들의 상품이 무엇인지 잘 이해하고 있으며, 오프라인 매장의 방문에 드는 시간과 노력을 감수할 만한 가치가 있다는 판단이 먼저 이루어진 이후에야 비로소 방문할 가능성이 크기 때문이다. 그러나 누구나 손쉽게 방문하고, 제품과 가격을 비교하고, 쉽게 이탈할 수 있는 온라인 환경에서는 최초의 만남부터 관계 형성의 유혹을 성공적으로 할 수 없다면 같은 고객을 다시 만나기는 어려울지도 모른다.

효과적인 EPO

온라인 환경하에서도 마찬가지로 궁극적인 고객 관계의 기반은 신뢰이지만, 신뢰의 형성은 보통 다수의 거래 경험과 상당한 시간이 필요하므로 처음 고객을 획득하는 단계에서는 더욱 이해하기 쉽고, 즉각적으로 반응을 끌어낼 수 있는 초기 제안이 필요하다. 즉, 기업이 궁극적으로 추구하는 고객 가치로 이끌 수 있는 첫 관문, 즉 진입 시점의 강력한 가치제안(EPO: entry-point offer)이 필요하다. EPO 제안은 처음 미팅에서 만난 상대방이 꿈꾸던 이상형이라 결혼까지 가고 싶지만 이런 마음은 잠시 접어두고 우선 커피 한잔부터 같이할 것을 정중하고 인상 깊은 예의로 청하는 것과 같다.

EPO는 결국 고객을 유입시키는 유혹의 제안이다. 보통 첫 만남에서 너무 많은 정보를 캐묻거나 요구 사항이 과다하면 관계 이전에 질려 버릴 수 있다. 마찬가지로 EPO 제안의 기본은 보통 무조건적 제안이 주를 이룬다. 무조건 제안은 일반적으로 고객의 개인 정보나 구매 행동을 요구하지 않으며 단지 광고나 배너를 보아줄 것, 혹은 웹사이트를 방문해줄 것 등 매우 쉬운 행동을 요청한다. 때로는 무조건적 제안은 즐거운 유튜브 동영상, 스토리텔링, 매력적인 옹호인(endorser) 모델의 활용을 통하여 감성이나 즐거움 등에 호소하기도 한다. 국내에서는 다수의 쇼핑 앱들이 광고 속에서 저렴한 가격의 판매 상품을 보여주고, 상품에 흥미가 생겨서 클릭할 경우 상품 안내 상세 페이지가 아니라 앱 설치를 하도록 유도하는데, 이런 제안은 우연한 방문자 처지에서는 쉽사리 받아들이기 어려운 것이다.

예외적인 경우에 따라서는 조건적 제안이 이루어지기도 하는데, 조건적 제안은 고객들에게 어느 정도의 가치가 있는 것들을(예: 특별한 정보, 가격할인 기회, 경품 당첨 참여 등)의 제공을 조건으로 앞으로 이들을 리드로 이끌 수 있는 개인 연락처 정도를 확보하기도 한다. 조건적 제안은 회원 등록카드를 사용하거나, FAQ 형태의 고객 문제 해결, 특별한 할인 제공, 무료 시장분석 보고서나 웨비나(webinar), 무료 소프트웨어 다운로드 교육 정보 등 목적성이 분명한 콘텐츠 제공 등의 방식이 자주 사용된다. 웨비나는 웹(web)으로 진행되는 세미나(seminar)이며, 보통 기술 업체들이 정보제공이나 고객 교육의 목적으로 많이 사용한다.

EPO 상의 가치 제안은 함축적, 창의적이며, 고객의 시선을 강렬하게 끌어 관심을 유도하는 캐치(catchy) 요소가 필요하다. EPO로 시선을 사로잡는 것이 승패의 관건이 되는 CPC 운영 방식의 네이버 파워링크 유료광고의 규정을 보면, 허용되는 광고의 양식과 글자 수가 엄격하게 지정되어 있다. 제목으로 허용하는 글자 수는 15자 이하이며, 본격적인 광고 설명에 해당하는 본문의 글자 수 역시 45자로 제한되어 있다. 실제로 고객이 주목하는 글자 수는 이보다 더 적을 것이다. 이 제한된 글자 수 안에 상품의 브랜드, 특성, 장점을 효과적으로 알려야 한다. 디지털 마케팅의 효과적 가치 제안은 광고 콘셉트 개발이나 카피 작성의 원칙과 같다. 따라서 광고나 카피(copy) 제작의 원리는 EPO 작성에도 효과적 도움을 준다.

네이버 파워링크 광고의 제작 기준

EPO 제안과 카피 개발

보통 광고의 개발은 차례로 진행된다. 제공 가치를 기반으로 광고가 전달하고자 하는 핵심적인 콘셉트(concept)를 먼저 구축하고 나서, 그 콘셉트를 소비자에게 효과적으로 전달할 수 있는 구체화한 광고 카피(copy)를 만들게 된다. 먼저 광고 콘셉트는 '고객에게 무엇을 말할 것인가?', 즉 What to say와 관계된 내용이라면, 광고 카피는 '고객에게 어떻게 말할 것인가?', 즉 How to say를 의미한다.

광고 콘셉트는 배너나 광고 자체에는 그대로 드러나지는 않지만, 광고가 전달하고자 하는 바를 함축적으로 요약한 내용이다. 이렇게 작성된 효과적인 광고 콘셉트는 자기 웹사이트나 마이크로 블로그 등을 홍보하는 안내글 혹은 대표 이미지의 홍보 문구로도 사용될 수 있다. 한국에서 방영되는 일련의 아이폰 광고는 아무런 자막이나 대화 없이 화면만 송출하지만, 우리는 손쉽게 아이폰이 얼마나 감성적인 제품이라는 것을 이해하게 된다. 콘셉트의 전달이다.

효과적인 광고 콘셉트가 되기 위해서는 여러 가지 방법이 있지만, 가장 중요한 것은 S.E.S원칙, 즉 단일함(single), 직관적 이해(easy), 단순함(simple)이다. 콘셉트는 한 가지에 집중해야 하며, 고객이 이해하기 쉽고, 단순하여야 한다. 고객이 기본적으로 광고를 좋아하지 않거나 회피하고자 함을 고려할 때, 여러 메시지를 동시에 전달하거나 복잡한 정보를 욱여넣으려는 것은 기업의 무의미한 욕심일 뿐이다.

일단 광고 콘셉트가 결정된 다음에는 이 콘셉트를 어떻게 잘 전달할지, 즉 카피를 만들게 된다. 광고 카피와 그 카피를 보조 설명하는 서브 카피는 우리가 흔히 네이버나 기타 웹사이트에서 보는 키워드 광고, 배너 광고에 구현된다. 콘셉트가 광고의 원칙적인 메시지라면, 카피는 고객을 호객하는 힘이 있어야 한다. 보통 핵심 카피의 역할을 하는 광고의 제목과 서브 카피인 보충 설명들이 고객의 눈과 귀를 캐치하는 집객력을 갖추려면 어떻게 해야 할까? 핵심 컨셉을 효과적으로 전달하기 위하여 적절한 표현이나 상징물을 사용할 수 있으며, 색상이나 비쥬얼 요소의 결합을 통하여 주목을 끌고, 내용적으로는 소비자가 이해하기 쉬워야 함은 물론이다. 좋은 카피들이 보이는 주요한 유형 몇 가지를 소개하면 다음과 같다.

1) 뉴스형

: 뉴스의 헤드라인 기사와 같은 형태로 시선을 잡는다.

2) 편익형

: 상품이 가진 장점을 구체적으로 부각한다.

3) 질문형

: 오히려 고객에게 질문을 던져서 고객이 생각하게 한다.

4) 경고형

: 강력한 문구로 고객의 지각된 위험도를 높여 상기시킨다.

5) 명령형

: 큰 고민 없이 따라 할 수 있도록 유도한다.

이와 같은 카피의 작성 요령은 항상 모든 상품에 맞는 것은 아니며, 상품과 고객의 특성을 고려하여 결정하여야 한다. 예를 들어서, 수천만 원대의 금융 상품을 광고할 때 명령형은 쉽게 이해할 수 없을 것이며, 경쟁사 대비 뚜렷한 편익이 없는데도 불구하고 시행되는 편익형 카피는 주목받지 못할 것이다. 여러분이 웹사이트의 제한된 글자 수에 맞추어 광고 카피를 만들면 어떻게 할지는 끊임없는 시행착오와 노력이 결과물을 가른다. 그리고 한가지 간과하기 힘든 사실은 좋은 광고 카피는 번뜩이는 창의력의 산물인 경우가 많으며, 창의력은 대부분 타고나거나, 오랜 시간 축적되어온 훈련의 결과물이라는 점이다. 본인의 창의력이 부족하다고 생각한다면, 응당 전문가에게 도움의 손길을 내미는 것도 훌륭한 네트워킹 능력임을 잊지 말자.

PART 03

콘텐츠 기획과
활용

/ 콘텐츠와 고객 여정 /

콘텐츠의 중요성

90년대 한국의 기업들이 반도체 산업에 투자할 때, 기업인들은 반도체는 IT 산업의 쌀이라고 믿었다. 오늘날 콘텐츠는 디지털 산업의 쌀이라고 믿어도 무방하며 좋은 콘텐츠를 확보하는 것은 디지털 마케팅 활동의 핵심이다. 일반적인 마케팅 활동이 마케팅 활동의 4P중 첫 번째 요소인 상품(product)에서 시작한다면 디지털 마케팅은 콘텐츠에서 시작한다. 콘텐츠는 디지털 마케팅의 핵심적인 상품인 동시에 홍보 및 광고의 수단이며, 강력한 고객 관계의 기반이 되는 자산이기도 하다.

콘텐츠는 단순히 블로그에 한정된 것은 아니며, 쇼핑몰, 기업 홈페이지, 소셜 미디어, 아프리카TV, 유튜브 등 모든 사이트에서 제공된다. 종종 블로그나 웹사이트만이 콘텐츠를 의미하는 것으로 오해할 수도 있으나 콘텐츠의 범위는 글, 사진, 동영상, 웹툰, 이모티콘, 카드뉴스 등 광범위하다. 좋은 콘텐츠가 없거나 부실하다면, 구글이나 네이버 검색 포털에서 절대 검색되지 않을 것이며, 페이스북이나 인스타그램은 공유할 내용이 없다면 설사 유료광고를 통해서 블로그나 쇼핑몰로 고객이 유입되더라도 방문자들은 주저 없이 바로 이탈할 것이다.

사람들이 가상의 공간에 모여서 상호작용을 하는 인터넷은 콘텐츠를 생성하고, 전파 및 공유하고, 소비하는 공간으로 귀결된다. 인터넷이 공간이라면 콘텐츠는 그 공간을 채우는 상품이다. 좋은 상품은 고객이 원하는 가치를 제공해야 하는 것처럼 좋은 콘텐츠의 여부는 제공하는 가치에 달려있다. 사람들이 자주 방문하고 구독하는 채널은 내가 결핍한 것들을 잘 채워주는 채널들이다. 연이은 전세살이로 내 집 마련이 꿈인 사람들은 유튜브의 부동산 채널을 보며 내 집 마련에 필요한 정보를 채워가고, 다이어트와 과로로 심신이 피로한 사람들은 유튜브 먹방 채널의 BJ들이 벌이는 상상초월의 먹방을 보며 희열과 대리 만족을 느낀다. 사람들은 필요한 정보를 제공하거나 감성을 자극하는 콘텐츠에 매혹되며 이러한 콘텐츠를 공유하고, 구전을 통하여 퍼트린다.

세계에서 가장 인기 있는 유튜브 채널 중 하나인 라이언 토이즈(Ryan Toys)가 2018년 한 해 동안 개인방송으로 벌어들인 수입은 250억 원에 육박하며, 2019년 겨우 6세에 불과하던 국내의 한 유튜버는 자신의 광고 수입을 기반으로 100억 원에 육박하는 강남 건물을 매입하여 화제가 되었다. 좋은 콘텐츠가 곧 돈이 된다는 것은 동영상 자본주의 사회에서는 이제 더 새삼스러운 일도 아니다.

먹방 방송

최근에는 콘텐츠 제공 플랫폼이 더 쉽고 다양하게 진화하면서 누구나 콘텐츠 창작자가 될 수 있게 되었다. 대표적인 예로는 워드프레스(Wordpress), 윅스(Wix) 같이 손쉬운 홈페이지 제작을 돕는 저작 플랫폼, 유튜브(Youtube), 트위치(Twitch) 등 1인 방송의 플랫폼, 네이버 블로그, 티스토리와 같은 블로그 기반의 도구들이 무료 혹은 매우 저렴한 비용으로 개인이나 스타트업, 소규모 기업들도 빠르고 손쉽게 콘텐츠 제작에 참여할 수 있도록 도와주고 있다. 그러나 이런 변화로 콘텐츠 사업에의 신규 진입은 쉬워졌지만, 오히려 콘텐츠 간의 경쟁은 더욱 심화하는 양면성이 주목받게 되었다.

사이트 제작지원 사이트

고객 퍼널과 콘텐츠

이미 무한증식하고 있는 이용 가능한 콘텐츠의 개수를 추측하는 것은 불가능할지도 모른다. 근접한 자료로 한국콘텐츠진흥원이 발간한 '2018 콘텐츠산업 통계조사 보고서'에 의하면 국내 콘텐츠산업의 사업체 수는 10만 5,475개에 달하며, 종사자 수는 총 64만 4,847명, 매출액은 113조 2,165억 원으로 나타났다. 콘텐츠산업의 영역은 출판, 만화, 음악, 게임, 영화, 애니메이션, 방송, 광고, 캐릭터, 지식정보, 콘텐츠 솔루션 등 방대하게 성장하였으며, 콘텐츠 기업 간 생존을 위한 경쟁 역시 격화되고 있다. 그 결과 오늘날의 콘텐츠들은 소비자의 니즈(needs)와 시장 트렌드를 반영하여 더 신속하고 특색있게 제작되어야 하며, 구체적인 육성 전략과 마케팅 계획 없이는 실패를 면하기 어려운 상황이다.

성공적인 콘텐츠 마케팅을 위해서는 마케팅 퍼널(funnel)에 어떤 고객들이 유입되며 어떤 콘텐츠를 소비하는지를 다시 한번 상기할 필요가 있다. 마케팅 퍼널은 기업이나 상품 특성에 따라 각각 다르게 정의될 수 있지만 크게는 소비자가 처음 제품을 접하고 인지하게 되는 상단의 퍼널(TOFU: top of funnel), 그리고 일단 유입된 고객이 선택 대안 간의 비교와 평가를 하게 되는 중단의 퍼널(MOFU: middle of funnel), 그리고 기업의 최종 목표인 구매나 전환(conversion)까지 유도되는 하단의 퍼널(LOFU: low of funnel)로 구성된다. 퍼널마다 지향해야 하는 마케팅 목표가 각각 다르며, 이들 목표에 부합하게 콘텐츠 마케팅도 각각 다른 방향으로 진행되어야 한다.

1) TOFU의 콘텐츠

: TOFU 콘텐츠의 목적은 노출을 통하여 기업이나 브랜드를 인지하고, 고객을 유인하는 것이다. 최초로 유입되는 아직 진정한 우리 고객이라고 하기 어려운 일반 소비자들은 자신이 처한 문제점들을 모르거나, 문제 해결이 필요한 것조차도 모르는 경우가 많다. 타 사이트로부터 클릭을 통하여 우연히 들어왔거나 단지 무료한 시간을 보내기 위한 흥미 목적으로 접근한 사람들이 대부분이다. 이들에게는 민감한 개인 정보의 제공을 요청해서는 안 되며, 심각함이나 큰 부담 없이 자유롭게 접근할 수 있는 콘텐츠 제공이 필요하다. 일반 포탈의 검색을 통하여 쉽게 노출이 되는 기업의 블로그 게시물, 소셜 미디어(페이스북 페이지, 트위터 등)의 업데이트, 카드뉴스나 인포그래픽스(infographics)의 제공, 핀터레스트 등 사진 공유 앱

을 통한 흥미로운 사진 제공, 마이크로 사이트(micro site)의 활용이 효과적인 수단이 된다.

특히 노출이나 우연한 방문(visit)을 최대화하기 위해서는 검색 엔진 최적화(SEO: search engine optimization)나 네이버, 구글의 키워드 광고를 적극적으로 고려해야 한다. 최근 카드뉴스나 마이크로 사이트의 활용이 증대하고 있는데, 마이크로 사이트는 기업이나 브랜드를 위한 전통적인 사이트와는 별개로 특정한 소주제만을 다루는 보조 블로그이다. 마이크로 사이트는 유입된 고객을 퍼널의 다음 단계, 즉 MOFU로 여행을 보내기 위한 유인 장치로 활용되며, 마이크로 사이트를 통하여 흥미로운 무료 정보 등을 제공한다. 특정 주제에 집중할수 있어서, 기존 브랜드나 기업 사이트가 제공하지 못하는 독특한 브랜드 개성과 칼라의 표출이 가능한 장점이 있다.

2) MOFU의 콘텐츠

: MOFU의 콘텐츠의 목적은 일단 퍼널로 유입된 고객에게 자사의 장점을 적극적으로 설득하여 경쟁 제품과 비교할 수 있도록 고려 상품군(consideration set)에 포함하는 것이다. 즉, 일반 소비자를 보다 확고한 리드(lead)로 전환하는 것을 목적으로 한다. 리드 고객으로 전환하기 위한 가장 기본적인 전제조건은 이들 고객과 다시 만나거나 접촉할 수 있는 수단, 즉 연락처, 주소, 이메일 정보, 소속된 기업 정보 등을 얻는 것이기 때문에 이 단계에서는 콘텐츠 마케팅은 이런 값진 정보의 교환을 대가로 보다 가치가 높은 콘텐츠를 공급하는 것이다.

리드 정보와 콘텐츠의 등가 교환이 성립되기 위하여, 제공되는 콘텐츠의 양과 질이 높아야 함은 물론이고, 고객 개개인의 요구를 반영한 맞춤 콘텐츠의 중요성이 강조된다. 효과적인 수단으로는 관련 산업계의 무료 보고서 제공, 관심 분야의 웨비나 개최, 무료 강좌 제공과 같은 교육 콘텐츠를 제공하는 것이다. 또한 구매에 따른 가격적 위험을 감소시키기 위하여 평가판 s/w나 체험판 게임을 제공하여 구매 이전 단계에서 충분히 검토할 기회를 제공하는 방법, 혹은 더 적극적으로 할인(discount)이나 리베이트(rebate) 제공도 자주 사용된다. 구매에 따른 경제적 부담이 종종 낯선 콘텐츠를 구입하는데 있어서 가장 큰 위험요인으로 지목됨에 따라 장애요인을 완화시키는 것이다. 다만 반품, 환불이 손쉬운 유형제품에 비하여 무형제품인 소프트웨어는 이용 즉시 소비나 복사가 가능하기 때문에 반품, 환불보다는 체험판 이용이 더 선호된다. 그 이외에 적절한 보상을 제공하는 간단한 설문조사 역시 1차 데이터 수집이 아닌 순전한 마케팅 목적으로 사용되기도 한다. 오프라인에서 종교나 구호단체들이 지나가는 사람들에게 설문조사가 목적이라며 접근하는 마케팅 방식과 동일하다.

3) LOFU의 콘텐츠

: 이제 최종 단계, 엔드 게임(end game)에 진입하였다. 고객의 장바구니 담기와 결제로 이어지는 몇 번의 마지막 클릭만이 남았다. LOFU의 콘텐츠 마케팅은 리드를 실제 구매로 전환하고, 가능하다면 고객이 더 많은 상품을 사도록 크로스셀링(cross-selling), 더 마진이 큰 상품을 사도록 업셀링(up-selling)을 자극하여야만 한다. 이처럼 고객 행동까지 유도하기 위해서는 도움이 되는 콘텐츠들을 제공하여야 한다. 효과적인 수단으로는 고객의 성공 사례나 벤치마킹이 가능한 업계의 모범 사례(best practice)를 사이트를 통하여 제공하는 것이다. 가장 대표적인 고객 사례는 별점으로 대변되는 기존 구매고객의 평가 및 리뷰 내용이다. 고객 리뷰는 기업이 만든 광고나 홍보가 아니라 고객 스스로 만든 평가이기 때문에 더 설득력 있고 강하게 어필할 수 있다. 고객 평가와 더불어 기업이 제공할 수 있는 콘텐츠들로는 경쟁사와의 가격, 성능, TCO(total cost of ownership)를 일목 요연하게 비교하는 견적 사이트도 효과적이다.

또한, 구매를 통하여 소유하게 된 상품들을 편리하게 사용할 수 있다는 확신을 심어주기 위하여 사용법 등에 대한 온라인 웨비나, 오프라인 세미나, 교육 기회의 제공도 강력한 수단이 된다. 웨비나는 보통 기술 제품에 대한 상세한 설명이나 제품 사용법, 솔루션 안내 등이 주를 이루며 기업 간 B2B 마케팅에 자주 사용된다. 오프라인상의 교육도 많이 이루어지고 있는데, 삼성 갤럭시폰은 노령층 구매자를 위하여 별도의 오프라인 교육센터에서 교육을 제공하고 있으며, 네이버는 자사의 검색 광고 구매자를 위하여 웹을 통한 웨비나와 현장 오프라인 무료 강의를 병행하여 제공하고 있다.

네이버 광고 교육 프로그램

콘텐츠와 스토리텔링

콘텐츠 마케팅의 특색

본 장에서는 비즈니스에서 사용되는 콘텐츠 마케팅의 주요 매체들을 중심으로 각 매체의 특성과 장단점, 디지털 마케팅의 적용방안을 주제로 논의가 전개된다. 콘텐츠 마케팅의 매체별 특성의 이해가 필요하며, 비즈니스 블로깅, 마이크로 사이트, 카드뉴스 등 최근 활용도가 증가하고 있는 매체에 대한 활용법을 익힐 필요가 있다. 그리고, 그 이외 게이미피케이션(gamification)과 오락 기능을 부가한 브랜드 게임이나 브랜드 웹툰 등 주목할 만한 매체들이 계속 포맷을 확장하여 등장하고 있는 점도 흥미롭다.

이와 관련하여, 콘텐츠 마케팅이라는 주제는 깊이 살펴볼 필요가 있다. 의외로 콘텐츠 마케팅의 역사는 길다고 보는 것이 타당하다. 디지털 혁명 이전에도 대중의 관심을 끄는 아날로그 콘텐츠는 항상 존재했기 때문이다. 우리 한국의 예를 보더라도 신라 시대의 춤과 노래인 처용가, 고려 시대의 가사인 쌍화점이 일반 서민의 애정을 받아왔고, 조선 시대에는 홍길동전 같은 한글 소설은 물론이고, 중세의 포르노인 춘화의 유통도 매우 흔한 일이었다고 전해진다. 실제로 단원 김홍도가 그린 춘화도 여러 점 전해지고 있다. 스토리텔링은 전달하고자 하는 메시지를 효과적으로 커뮤니케이션하기 위하여 고안된 콘텐츠이며, 매력적인 콘텐츠들은 시간과 민족, 언어를 초월하면서 세대를 통하여 구전됐다.

디지털 환경에서도 스토리텔링이 여전히 강력한 도구가 되는 이유는 스토리 자체가 갖는 매력 때문이다. 사람들이 자신의 기억이나 정보를 효과적으로 정리하는 방식 자체가 스토리텔링과 유사하며, 기업의 마케팅이나 브랜드 활동들이 소비자의 의식 속에 존재하는 신화나 역사 같은 인류 공통이 가진 보편적인 스토리의 원형(archtype)을 차용하고 있기 때문이다. 나이키의 니케 여신이 상징성이 승리를 보장하는 것처럼 말이다. 그러나 스토리텔링이 주목받는 가장 큰 이유는 단지 읽고 듣는 것만으로도 소비자들에게 즐거운 경험을 줄 수 있는 스토리 자체가 갖는 감성적인 몰입의 힘이다.

콘텐츠와 스토리텔링

콘텐츠가 디지털인지 아날로그인지 아닌지는 콘텐츠 자체의 매력을 결정짓는 핵심적 요인은 아니라고 생각된다. 좋은 콘텐츠는 흥미로운 스토리텔링과 화제성이 결정하는 것이지 기술적 플랫폼의 유형이 결정하는 것은 아니다. 그럼에도 불구하고, 콘텐츠는 오늘날 가장 강력한 디지털 마케팅 도구의 하나이다. 잘 구축된 콘텐츠는 기업의 브랜드 파워를 향상시키고, 고객의 인지도를 높이며, 재방문이나 전환, 구매행동 같은 긍정적 행동을 유발한다. 따라서 비지니스를 지향하는 블로그는 얼마나 매력적인 콘텐츠를 담고 있는가가 승부를 결정한다.

디지털 콘텐츠의 스토리텔링 강화를 위하여 고려해야 할 몇 가지 지침들이 존재한다. 첫째, 기업 자신이 가지고 있는 가치 있는 콘텐츠가 무엇인지 파악하고, 이를 기반으로 고객에게 어필할 수 있는 소구점을 찾아야 한다.

'보랏빛 소가 온다' 등 다양한 마케팅 서적의 저술로 명성이 높은 세스 고딘(Seth Godin)은 일관되고 진정성이 있으며, 고객에게 신뢰를 받을 수 있고, 추가로 소비자의 상상력을 자극할 수 있어야 좋은 스토리라고 주장하였다. 둘째, 누가 우리 콘텐츠를 보고, 듣고, 확산시켜줄 것인지 목표 대상과 그 페르소나를 명확하게 파악하여야 한다. 효과적인 콘텐츠는 소비자 니즈에 부합하여야 한다. 셋째, 좋은 콘텐츠는 소비자를 끄는 힘이 있지만, 그 흡입력을 극대화하기 위해서는 적극적으로 고객에게 전달하기 위한 노력들이 필요하다. 좋은 스토리를 가진 콘텐츠가 고객을 흡인하는 풀(pull) 마케팅이라면, 그 콘텐츠를 웹사이트나 소셜 미디어, 오프라인과 결합한 온라인 이벤트 등 다양한 매체를 통하여 적극적으로 전달하는 푸시(push) 마케팅 역시 병행되어야 한다.

웹상에서 기업이 가진 고유한 콘텐츠를 전달하는 비교적 오래된 수단은 기업의 웹사이트와 비즈니스 목적의 블로그들이다. 이들 사이트가 콘텐츠를 효과적으로 전달하기 위해서는 스토리텔링의 기본 원리를 잘 이해하고 적응하는 것이 필요하다. 아울러, 디자인적 측면에서 UI나 UX도 고객의 체류 시간을 늘리는 효과적 수단이 된다. 사용자 인터페이스(UI: user interface)는 디지털 기기나 서비스를 작동시키는 명령어나 사용법을 포함하는 이용 환경을 의미하며, 사용자 경험(UX: user experience)은 제품이나 서비스를 직, 간접으로 이용하면서 느끼고 생각하게 되는 지각, 반응, 행동 등 총체적 경험을 의미한다.

UI나 UX의 강화 측면에서 블로그의 전반적인 색상, 톤, 사진, 디자인과 같은 외형적 요소의 중요성도 무시될 수 없다. 다행히 최근에 등장하는 사용자 위주의 간편한 블로그 솔루션들은 다양한 템플릿 제공으로 초보자도 전문가 못지않은 사이트를 손쉽게 만들게 도와준다. 개인은 물론이고 다양한 브랜드의 기업들, 올림픽 같은 국제 이벤트를 위한 블로그들도 이들 무료 솔루션을 적용하는 경우가 증가하고 있다. 그러나 미적인 요소의 완성도를 높이기 위해서는 적절한 외부 전문가의 도움이 큰 효과가 있을 수 있음을 기억하자. 비용에 대한 감수만 가능하다면, 디자인 전문가의 도움은 전반적인 디자인 품질에 큰 개선을 가져온다.

콘텐츠 니즈의 파악

디지털 마케팅의 기획자로서 더욱 면밀하게 고민할 과제는 외형적인 웹 디자인보다는 어떤 콘텐츠를 누구에게 전달할 것인가의 문제이다. 누구에게 전달할 것인가는 사실 콘텐츠 작성 이전에 결정되어야 하는 더 상위의 의사 결정 사항으로서, 목표 고객의 설정과 그 결과에 따라 도출되는 고객 페르소나를 지칭한다고 해도 무방하다. 특정 페르소나의 고객을 유인하고 전환하기 위하여 이들이 콘텐츠 이용 행동의 목표와 가치, 랜딩 페이지로 도달하는 과정의 접근 경로, 나이, 성별, 직업 등의 데모그래픽 정보, 그리고 숨겨진 니즈와 표출하지 못하는 불만 등을 먼저 이해하여야 한다. 이런 이해를 바탕으로 고객이 원하는 콘텐츠에 대한 영감을 얻을 필요가 있다.

이처럼 고객에 대한 정보를 수집하고, 이들의 콘텐츠 관련 니즈를 이해하기 위해서는 경쟁 전략에서 사용하는 3C 분석의 프레임워크가 유용하게 작용한다. 3C 분석에서는 기업의 경쟁환경을 이해하기 위해서는 우선 기업 자신(company)의 역량을 충분하고 냉정하게 판단하고, 고객(customer)과 경쟁자(competitor)를 분석하기를 권한다.

우선 고객을 분석하기 위해서는 자신의 웹사이트나 블로그에 쌓여가는 데이터를 모니터링하거나, 필요한 경우 고객과의 직접적인 인터뷰도 진행될 수 있다. 유능한 디지털 마케터는 사이트에 유입되거나 이탈되는 데이터를 점검하면서 고객들이 콘텐츠에 어떻게 반응하는지 살펴본다. 이 방법은 매우 효과적인 것으로 검증되었고, 그리고 대부분 무료 이용이 가능하다. 구글은 물론이고, 네이버, 페이스북, 인스타그램 그리고 각종 콘텐츠 플랫폼들은 사용자의 웹사이트 이용에 대한 애널리틱스(analytics)나 인사이트(insight) 등 분석 보고서를 열람 권한을 갖춘 정당한 관리자에게는 모두 공개한다.

이를 통하여 사람들이 많이 찾아보는 페이지는 무엇이며, 얼마나 오래 머무는지, 그리고 이들이 우리 사이트에 오기 이전에 어떤 사이트나 소셜 미디어로부터 유입되었는 등에 대한 상세한 정보를 제공한다. 자동 유입되는 웹사이트 로그 데이터로 알기 힘든 고객의 내면(예: 진정한 방문 동기나 숨겨진 욕구)을 확인할 필요가 있을 때는 FGI(focus-group interview), 심층 인터뷰(in-depth interview) 혹은 온라인 서베이를 진행함으로서 더 깊은 이해를 얻을 수 있다.

상대적으로 경쟁사에 대한 이해는 생각보다 어려울 수 있다. 네이버나 구글처럼 시장 주도적인 콘텐츠 기업들은 극히 소수의 경쟁 상대를 가지며, 이들 몇몇 경쟁자들은 충분히 집중적으로 분석될 수 있을 것이다. 그러나 본 글의 주요 독자들처럼 스타트업이나 특정 콘텐츠 시장의 특정 틈새(niche)에서만 활동하는 경우 누가 경쟁자인지 확인하는 것도 버겁다. 무수하게 많은 경쟁 기업들이 국내 및 해외 세계 시장에서 존재하고 사라지고 다시 탄생하고 있으며, 콘텐츠의 특성상 많은 팔로워나 독자를 가진 개인 블로거도 경쟁자가 되기 때문이다.

이런 경우에는 기업을 중심으로 경쟁을 정의하기보다는 콘텐츠가 어떤 주제를 다루고 있는지 콘텐츠를 중심으로 경쟁을 이해하는 편이 더 빠를 수 있다. 일례로 맥주를 매주 배송해주는 맥주 배송 서비스를 운영하는 사업자라면 소셜 미디어의 해시태그(#)를 이용하여 #맥주, #맥주구독, #맥주배송 #강남맥주 등의 해쉬 키워드로 검색하고, 인기 있는 해당 콘텐츠를 중심으로 경쟁자를 식별할 수 있다. 해시태그로 확인된 키워드를 공유하는 기업을 경쟁 상대로 인식하는 것은 무리가 없다.

추가로 맥주와 관련된 연관 키워드나 유사 키워드, 검색량 대비 콘텐츠 발행량 등을 파악함으로써, 직접적 경쟁자와 간접적 경쟁자, 경쟁의 정도 등을 직관적으로 이해할 수 있다. 현재 많은 키워드 검색 서비스들이 이런 유사한 서비스들을 제공하고 있는데, 이 중 하나인 블랙 키위(blackkiwi.net) 서비스를 이용해볼 수 있다. 맥주로 검색하였을 경우, 함께 언급되는 기업이나 브랜드명, 관련 이벤트 등이 무엇인지 확인할 수 있고, 더 나아가 콘텐츠의 검색량이나 콘텐츠 발행량 등에 대한 개별화된 보고서를 볼 수 있다. 그 외 네이버 광고관리시스템이 제공하는 '키워드 도구'에서도 연관 키워드 검색이 가능하며, 전 세계 20억 개 이상의 게시글을 분석하고 해시태그별 지표를 수치화하여 분석 정보를 제공하는 스타태그(startag.io), 업종별 최신 인기 태그를 보여주는 모바일 앱인 '태그야 놀자' 등을 이용할 수도 있다.

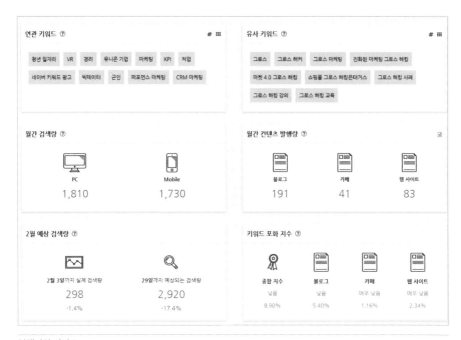

연관 키워드 ⑦	# ▦	유사 키워드 ⑦	# ▦

연관 키워드 ⑦   # ▦

청년 일자리   VR   경리   유니콘 기업   마케팅   KPI   직업

네이버 키워드 광고   빅데이터   근임   퍼포먼스 마케팅   CRM 마케팅

유사 키워드 ⑦   # ▦

그로스   그로스 해커   그로스 마케팅   진화된 마케팅 그로스 해킹

마켓 4.0 그로스 해킹   쇼핑몰 그로스 해킹은태거스   그로스 해킹 사례

그로스 해킹 강의   그로스 해킹 교육

월간 검색량 ⑦

PC	Mobile
1,810	1,730

월간 컨텐츠 발행량 ⑦

블로그	카페	웹 사이트
191	41	83

2월 예상 검색량 ⑦

2월 3일까지 실제 검색량	29일까지 예상되는 검색량
298	2,920
-1.4%	-17.4%

키워드 포화 지수 ⑦

종합 지수	블로그	카페	웹 사이트
낮음	낮음	매우 낮음	매우 낮음
8.90%	5.40%	1.16%	2.34%

블랙키위 서비스

콘텐츠 역량의 강화

마지막으로 기업 자신의 콘텐츠 역량을 파악하여야 한다. 현실적으로 기업 내부의 인력만으로 충분히 매력적인 콘텐츠를 만드는 것은 어려운 일이다. 기업 내부보다는 외부의 콘텐츠 제작자를 확보함으로써, 기업의 콘텐츠는 더 다양하고 다채로워지며, 지나친 상업적 색깔을 덜어낼 수 있어 더 많은 고객의 유입을 촉진할 수 있다. 또한 보통 전문 실행사, 혹은 부티크로 불리는 외부 콘텐츠 제작 전문 작가 혹은 외부 하청 기업의 전문성을 활용할 수 있다. 과거에도 대부분의 기업들이 광고를 자체 제작하기보다는 인하우스 혹은 독립 광고대행사에게 맡긴 것도 같은 이유이며, 콘텐츠 제작도 예외는 아니다.

맛집 게시글 작가 모집

우수한 콘텐츠 제작자가 누구인지를 확인하는 것은 생각보다 간단할 수 있다. 우수한 크레에이터는 대부분 이미 많은 구독자 혹은 팔로워들을 가지고 있으며, 자신의 활동하는 영역에서 강력한 영향을 미치는 인플루언서의 위치를 차지하고 있기 때문이다. 기업은 자신이 운영하고자 하는 콘텐츠 주제를 단지 네이버, 구글과 같은 검색엔진, 혹은 페이스북, 인스타그램 등 소셜 미디어 플랫폼의 검색 기능에 입력하는 것만으로도 우수한 콘텐츠 제작자를 확보할 수 있다. 만일 뷰티 관련 업종의 기업이라면, 구글에 '뷰티 블로그', 페이스북에 '#뷰티'를 입력하는 것만으로도 찾을 수 있다.

콘텐츠 제작에 필요한 인력을 확보하기 위해서는 프리랜서를 고용할 수 있으며, 최근에는 이들 프리랜서와 매칭해 주는 다양한 서비스들이 등장하였다. 관련하여 크몽(kmong.com)과 같은 프리랜서 마켓을 활용할 수도 있고, 셀프모아(www.selfmoa.com)와 같은 콘텐츠 작가 매칭 사이트도 증가하고 있다. 이런 개인 프리랜서의 활용 이외에 더욱 체계화된 서비스를 이용할 수도 있다. 최근에는 다수의 독립적인 크리에이터들이 연합하여 콘텐츠 서비스를 제공하는 기획사 형태의 기업인 MCN(multi channel network)이 급격히 성장하면서, 이런 작업은 더욱 조직적이고 전문적으로 변모하고 있다. 샌드박스 네트워크(sandbox.co.kr)는 이런 MCN의 사례이자 선두 기업 중 하나이다. 이들 MCN은 다수의 콘텐츠 제작자인 크리에이터를 관리하면서 고객사와의 협력을 통한 다양한 제휴 사업을 전개하고 있다.

MCN 샌드박스네트웍스

우수한 콘텐츠 크리에이터나 MCN을 경쟁자로 생각하기보다는 우리의 협력 파트너로 만들어서 기업의 역량을 강화하여야만 한다. 다만 이들 외부 콘텐츠 크리에이터는 기업의 흥망에는 사실 큰 관심이 없으며, 협력을 통한 재정적 보답이나 노출 기회 확대를 통한 명성 구축을 위하여 단지 협력할 뿐이라는 냉철한 현실을 잊어서는 안 된다. 외부 콘텐츠 제작을 위한 충분한 예산을 사전에 수립하여야 하며, 당연히 대가 없는 부탁에 응하는 경우도 거의 없을 것이다. 많은 소기업이나 자영업자들이 상품 샘플이나 무료 시식 등 작은 선물을 제공하면 무료 홍보가 가능할 것이라고 막연히 기대하고 시작하지만 여기에 응답하는 크레에이터들은 거의 없거나 그런 대우에 상응하는 정도에 불과할 것이다.

블로그 운영전략

블로그 개요

지금은 유튜버의 활약에 밀려 다소 주춤하지만, 과거 인터넷상의 대표적인 개인 콘텐츠 플랫폼은 블로그(blog)였다. 1997년 처음 등장한 블로그는 웹 로그(web log)의 약자로서 시스템의 로그 파일처럼 새로 올리는 글이 맨 위로 올라가는 일지나 일기 형태로 운영되는 것이 보통이어서 이런 이름이 붙었다. 1999년 대표적인 블로그 사이트인 블로거닷컴(Blogger.com)이 설립되었고, 이후 2002년 유명 IT 기업인 구글에 인수되어 큰 이슈가 되었다.

블로거(blogger)는 블로그상에서 자신의 관심사에 따라서 다양한 주제의 콘텐츠를 올리는 사람이라는 뜻으로 특히 영향력이 큰 블로그들을 파워 블로거라고 부른다. 이들 블로거는 자신의 관심사에 따라 개인적인 일상은 물론, 칼럼, 기사, 여행기 등을 자유롭게 올릴 수 있으며, 다소 어렵게 여겨지는 HTML 프로그래밍이나 웹 페이지 제작에 대한 프로그래밍, 코딩 지식이 전혀 없어도 자신만의 공간을 쉽게 만들 수 있다는 장점이 있다. 국내에서도 맛집, 여행, 취미 등 다양한 주제의 개인 블로그의 인기는 계속 증가하고 있으며, 이제는 기업이나 미디어 언론들도 고객에게 더 친근하게 다가가기 위한 웹 마케팅 수단의 하나로 비즈니스 블로그를 운영하는 경우를 쉽게 볼 수 있다.

블로거닷컴

국내의 주요한 블로그 플랫폼은 네이버, 구글 등 대형 포탈이 운영하는 자체 블로그 서비스가 있으며, 이외 티스토리 등 다양한 서비스들이 존재한다. 이들은 대부분 무료 이용이 가능하며, 최근에는 RSS(rich site summary: 업데이트가 빈번한 웹사이트의 정보를 더욱 쉽게 제공할 목적으로 만들어진 XML 기반의 콘텐츠 배포 표준으로서, 수많은 인터넷 정보 중에 본인이 원하는 정보만 구독할 수 있도록 도와줌) 기능이 추가되어 작성된 글이 PC뿐만 아니라 자신의 스마트폰, 스마트패드 등 개인 이동 단말로 바로 전달하는 것도 가능해졌다. 자사의 블로그를 먼저 노출하는 포탈의 묵시적 정책 때문에 국내에서는 최대 사용자를 보유한 블로그인 네이버 블로그에 개설하는 것이 노출 강화의 측면에서는 다소 더 유리할 수 있다. 해외 시장이 타깃이라면 구글이 운영하는 블로거닷컴이 더 효과적일 것이다.

비즈니스를 위한 블로깅

비교적 역사가 긴 매체이며, 사용하기 쉬운 만큼 블로그를 이용하는 개인이나 기업 역시 상당히 많은 편이다. 그 결과 블로그의 기능은 꾸준히 개선되어서 이를 이용하는 것은 매우 수월한 편이지만, 개설된 블로그로 독자를 유입하는 것은 더 어려운 일이 되었다. 특히 비즈니스 블로그의 주요 목적은 잠재고객을 리드나 전환으로 촉진하기 위하여 제품과 서비스를 알리고, 고객의 블로그 방문을 확대하는 것이다. 블로그의 특성상 직접적인 판매와 같은 소비자 행동을 변화시키는 것을 목표로 삼는 것은 적합하지 않을 수 있다.

보통 비즈니스 블로그는 고객 퍼널 중 TOFU나 MOFU로의 유입을 관리하는 데 있어 보다 적합한 매체이다. 최근에는 글 이외에 사진, 동영상 등의 삽입이 더욱 자유로워졌지만, 개인의 일기로 시작한 만큼 다른 온라인 미디어들보다 여전히 글이 차지하는 비중과 영향력이 상대적으로 더 크다. 고객을 흡인하는 좋은 블로그의 특성에는 블로그 디자인, UX/UI 등도 영향을 미치지만, 이들의 영향력은 좋은 글의 흡인력에 비하면 미미하다.

성공적인 블로그 전략 중 전통적인 정석은 매력적인 잡지의 구성과 닮았다. 강렬하고 인상적인 블로그의 제목(헤드라인)으로 스쳐 지나가는 독자들을 잡아끌고, 일단 관심을 보인 이후에는 블로그 게시물(본문)을 통하여 만족스러운 콘텐츠를 제공하여야 한다. 그리고, 이들이 구독(subscription)할 수 있도록 지속적인 관계를 쌓아야 하며, 최근 사용이 활발한 해시태그 기능을 이용하여 우연한 방문자(accidental tourist)의 유입이 활발하도록 퍼널의 입구를 늘려야 한다.

우선 방문과 유입을 증대시키는 블로그의 헤드라인을 만들어낼 수 있을까에 대한 고민이 필요하다. 이와 관련하여 정답은 없지만, 몇 가지 유용한 팁은 제공할 수 있다.

1) 관심사를 반영한 헤드라인

: 가장 확실한 헤드라인 작성 방법은 고객의 관심사를 그대로 투영한 헤드라인을 작성하는

것이다. 좋은 헤드라인은 고객이 블로그를 구독함으로서 어떤 정보나 혜택을 얻을 수 있는지를 제목만으로도 충분히 보여줄 수 있어야 한다. 일 예로 파리 여행을 계획 중인 고객들에게 '해외 여행 비법' 보다는 '파리지엔의 숨겨놓은 맛집'이 더 효과적이다.

2) 호기심을 유발하는 헤드라인

: 관심사를 반영한 헤드라인이 고객으로부터 자신이 원하는 정보가 바로 거기 있다는 확신을 주는 것과 달리, 호기심을 반영한 헤드라인은 궁금증을 유발하여 관심을 증대시킨다. 일 예로, 자신에게 적합한 생산성 앱의 사용을 찾고 있는 고객에게 'r 소프트웨어로만 할 수 있는 10가지'는 매우 효과적으로 궁금증을 유발할 것이다(참조: r은 오픈소스 기반의 통계 프로그램). 그러나 이런 호기심 전략은 보물찾기와 같아서 찾고난 이후에 정작 보물이 기대에 미치지 못하면 실망한 고객의 반발을 불러일으킬 수 있다. 과대 홍보가 되지 않도록 충분히 좋은 콘텐츠를 마련해놓아야 한다.

3) 희소성을 강조한 헤드라인

: 누구나 흔한 것에는 관심을 두지 않으며, 구하기 힘든 것에 더 큰 매력을 느끼는 희소성의 원칙을 헤드라인에 이용한다. 희소성에 기반을 둔 헤드라인은 시간이 지남에 따라 구하기 어려워질 수 있음을 암시하거나, 매우 드문 기회임을 강조하여 주목을 받는다. 보통 마감 기한이나 제공 수량이 정해진 상품을 비즈니스 블로그를 통하여 알릴 때 효과적인 방법이다. 예로, BTS가 한정판 음반을 발매할 때, 'BTS 열성 팬용 상품 내일까지만'이라는 헤드라인은 고객에게 이성적인 판단보다는 즉각적인 행동을 먼저 촉구하게 될 것이다.

4) 경고를 통하여 환기하는 헤드라인

: 경고는 오래전부터 공익 광고에서 많이 사용되어온 헤드라인 기법이다. 본 블로그의 콘텐츠에 주목하지 않을 때 예상되는 부정적인 결과들을 제시함으로써 소비자의 주의를 쉽게 환기한다. 경영 교육을 제공하는 기업의 블로그는 '당신이 올해도 승진 못 하는 이유'라는 강렬한 경고를 통하여 독자의 관심을 즉각적으로 사로잡을 수 있을 것이다.

5) 사회적 권위를 강조한 헤드라인

: 특정 분야의 전문가나 잘 알려진 유명인, 혹은 다수 대중의 힘을 활용하는 것은 날아가는 호랑이 등에 앉아가는 것과 같다. 인간의 심리는 근본적으로 혼자 외롭게 결정하는 것보다는 타인, 특히 성공한 타인이나 다수의 의견을 따라감으로써 위험을 줄이는 방식에 익숙하다. 해당 분야의 유명인이나 다수가 특정 상품을 이용하고 있다는 정보를 헤드라인에 함축함으로써, 사회적인 영향력을 설득의 지렛대로 삼는다. '중견 탤런트 A씨가 동안인 이유'는 탤런트의 이미지를 활용한 헤드라인의 예이다.

매력 있는 블로그 글쓰기

이처럼, 관심사나 권위, 경고 등을 활용하여 효과적인 헤드라인을 작성하고 사람들을 유입할 수는 있지만, 이들이 내 블로그의 콘텐츠를 잘 읽고 공감하도록 하기 위해서는 블로그 본문에서 충분히 공감할 수 있는 방식으로 글의 가치를 제공하여야만 한다. 기본적으로 블로그 글쓰기도 글쓰기 활동의 일종이므로, 책, 자료, 인터넷, 유튜브를 망라하고 타인의 좋은 글을 읽고 이해하는 노력은 절대 배신하지 않는다. 좋은 글을 많이 보고 많이 따라 쓰고, 또 혼자 써보는 연습이 필요하다. 그리고 이런 기본적인 글쓰기의 자세 이외에 추가로 활용 가능한 팁들이 몇 가지 있다.

1) 흡인력 있는 도입부

: 글의 도입부(서론)는 강력한 힘이 실려야 한다. 일반적인 독서를 할 때는 서론이 다소 지루하더라도 본문을 기대하며 독서를 이어 나가지만, 블로그는 그렇지 않다. 도입부는 가능한 한 짧은 글로 구성될 필요가 있으며, 사람을 끌어들이고, 다음 내용에 대하여 충분히 호기심을 갖도록 작성되어야 한다.

2) 가독성

: 가독성을 높여야 한다. 일반적인 책처럼 문자만이 가득 찬 빡빡한 편집은 금물이다. 특히 블로그가 PC의 큰 모니터뿐만 아니라 채 5인치도 안 되는 작은 스마트폰에서도 동시에 읽힌다는 사실을 잊지 말자. 문장 단위는 가능하면 단락을 끊어서 읽기 쉽게 해주고, 지루함을 덜어낼 수 있는 시각적 장치나 도구들을 적극적으로 활용하는 것이 필요하다. 곳곳에 적합한 사진을 삽입하거나 동영상을 삽입하고, 적절한 인포그래픽스의 배치, 그리고 광고 배너를 유치하는 것도 단조로움을 덜어주는 방편이 된다. 음악, 동영상, 사진 등을 삽입할 때는 가능한 한 고화질, 고선명의 양질의 자료를 삽입하는 것이 필요하다. 이 과정에서 자료 저작권에 대한 문제는 상시 조심할 필요가 있다.

3) 가치 제공

: 방문 목적에 부합하는 가치 있는 내용을 제공한다. 블로그에 방문하는 사람들의 목표는 두 가지 중의 하나이다. 필요한 정보를 찾아 들어오거나, 아니면 단순히 무료한 시간을 보내

기 위해서이다. 그들이 목표가 무엇이든 충족시키지 않으면 떠나갈 것이다. 특히 목적 지향적인 방문객들에게 만족감을 주기 위해서는 본문의 내용이 블로그의 카테고리 명칭, 헤드라인 내용과 적합성이 높아야 한다. 예로 식물 키우기 카테고리에 속한 블로그가 맛집 내용을 주로 다루고 있다면 유입된 고객의 관심을 끄는 것은 어려울 것이다.

4) 명쾌한 마무리

: 결론으로 좋은 마무리를 하여야 한다. 적절한 결론이 없이 끝나는 글은 용두사미처럼 당혹감을 줄 수 있다. 모든 게시글에서는 간략한 결론을 내주는 것이 필요하다. 결론은 본론에서 이야기한 내용을 요약하거나, 앞으로 어떤 글이 이어질지 암시하는 방식으로 작성할 수 있다. 그리고 독자들이 이 블로그를 정기 구독하거나, 자신의 소셜 미디어에 글을 퍼 나르거나, 주변에 추천할 수 있도록 유도하여야 한다. 최근 대부분의 블로그 플랫폼들은 소셜 미디어 공유하기 버튼을 제공하고 있는데, 통상적으로 글의 마지막인 결론 하단에 이런 버튼들이 존재하고 있다. 결론까지 마음에 들어야 내 글이 확산될 수 있음을 보여주는 것이다.

5) 공유의 권유

: 마음에 드는 게시글을 확대하는 방안을 적극적으로 사용하라. 예로 해시태그의 사용이다. 글의 말미에 해시태그를 설정할 수 있는 경우라면 본인의 글을 잘 설명하는 키워드 중심으로 해시태그를 달고, 포탈 등 검색에서 포함될 수 있도록 주제와 관련 있는 인기 있는 해시태그를 함께 적을 필요가 있다. 그러나 해시태그가 너무 많으면, 글 자체가 산만해 보일 수 있으므로 주의가 필요하다. 또한 소셜 미디어의 공유를 허용하는 연결 버튼 등이 있다면 적극적으로 활용하라.

이상의 내용을 중심으로 블로그가 글로써 갖는 매혹스러운 힘을 강화하는 방안을 살펴보았다. 분명히 좋은 글, 좋은 콘텐츠는 성공하는 블로그의 가장 기본적인 조건이다. 그러나, 과연 기본기만 탄탄하면 내 블로그는 성공할 수 있을까? 노래나 연기를 잘하는 천재적인 자질을 타고난 사람들은 있지만, 그들 모두가 자신의 분야에서 합당하게 명성을 얻게 되는 것은 아니다. 좋은 콘텐츠를 가진 블로그 역시 같은 운명을 타고난다.

무엇인가 양질의 콘텐츠 그 이상의 관리적인 노력도 필요하다. 블로그 마케팅에서 특히 성공을 위해 필요한 추가적인 역량은 자신의 블로그가 더 쉽고 빠르고 강력하게 셀 수 없이 많은 다수의 대중에게 읽힐 수 있도록 최적화하는 것이다. 즉, 검색 엔진에서 주식이나 건강 등 특정한 주제로 사람들이 검색하였을 경우, 경쟁하는 수천 개의 블로그보다 내 블로그의 글이 먼저 검색될 수 있도록 관리하는 노력이 필요하다. 이러한 노력을 블로그 최적화 혹은 검색 엔진 최적화라고 부르며, 내 게시물의 검색되는 순위를 높여 잠재적인 고객에게 블로그 게시물의 노출 가능성을 높이려는 노력 역시 필요하다.

✏ 마이크로 사이트의 운영 ✏

마이크로 사이트의 개념

최근에는 기존에 운영하는 기업의 공식 홈페이지 이외에 마케팅 목표를 달성하기 위하여 별도의 마이크로 사이트(micro site)를 제작, 운영하는 기업이 증가하고 있다. 마이크로 사이트는 작은 미니 홈페이지로 이해될 수 있으며, 간혹 미니 사이트(mini site)나 웨블릿(weblet) 같은 다른 이름으로 불리기도 한다. 일반적으로 기업이 운영하는 대형 웹사이트와 동일한 웹 서버 장비를 공유하고 있지만, 웹 주소는 대형 웹 사이트에서 분리되어 독자적으로 부여되는 것이 보통이다.

마이크로 사이트는 기업의 온라인 마케팅 전략이 매스 마케팅(mass marketing)에서 타깃 마케팅에 기반을 둔 마이크로 컨버전(conversion)으로 빠르게 전환되고 있는 것과 유관하다. 디지털 마케팅에서는 구매나 행동 변화 등 직접적인 퍼포먼스를 지향하기 때문에 목표 고객이 구매나 구전 확산처럼 기업이 의도한 최종적 행동을 하도록 유도하기 위한 도구로서 기존의 대형 웹사이트가 갖는 한계를 인식하게 되었다. 기존의 기업을 대표하는 대형 웹사이트는 기업 홍보나 기업이 판매하는 상품과 서비스 전체를 모두 소개하는 광범위한 종합 콘텐츠 플랫폼의 형태로 운영되는데, 특정 브랜드나 제품에만 관심이 있는 고객의 경우 이런 목적이 불분명한 사이트에서 원하는 깊이 있는 정보를 찾거나 콘텐츠에 만족하는 것은 어려우며 고객의 이탈 가능성 역시 커진다.

마이크로 사이트 운영전략은 기존의 기업 브랜드 전략과 유사하다. 기존의 기업들 역시 하나의 핵심 브랜드를 중심으로 다양한 상품에 동일 브랜드를 부착하는 엄브렐러 브랜드 전략을 이용하거나 상품 개개별로 별도의 브랜드를 개발하여 독자적 아이덴터티를 구축하는 개별 브랜드 전략을 선택하기도 하는데, 하나의 기업 웹사이트만을 운영하는 것이 일반적인 엄브렐러 브랜드 전략이라면, 각각의 마이크로 사이트 운영은 개별적인 브랜드에 특화된 최적화 전략으로 비견될 수 있다.

판매하는 상품이 다양할수록 기업은 고객이 원하는 특정 상품이나 브랜드만을 별도로 집중적으로 정보를 제공하는 마이크로 사이트의 필요성을 직감하게 되었고, 그 용도와 중요성은 증가하는 추세이다. 마케팅에서 당연하게 생각하는 시장 차별화 개념이 웹사이트에 본격적으로 적용된 개념이다. 보통 마이크로 사이트는 브랜드 기반의 블로그 형태나 독립된 미니 웹사이트 형태로 운영되는 것이 일반적이지만 무엇인 마이크로 사이트인가에 대한 구분은 다소 모호하다. 브랜드에 특화되어 운영되고 있는 기업의 페이스북 페이지, 트위터, 핀터레스트도 브랜드 특화된 마케팅 기능을 수행한다면 넓은 의미에서 마이크로 사이트 운영의 하나로 보아도 무방할 것이다. 그러나 좁은 의미에서 보통 마이크로 사이트는 특정 브랜드 중심의 웹사이트나 블로그 사이트를 지칭한다.

우리가 흔히 접하는 기업의 대표적인 웹사이트들은 인사말, 기업 정보, 구인정보, 각종 홍보 정보들을 제공하면서, 하위 메뉴의 일부로서 종합적인 상품 정보를 제공하는 형태가 보통이다. 당연히 모든 상품을 나열하는 형태이며, 그 정보는 사양, 가격, 브랜드 소개 등 피상적인 정보에 머무를 수밖에 없다. 그러나 마이크로 블로그는 오직 특정 한 가지 브랜드나 상품에 집중하여 정보를 제공하며, 그와 관련된 다양한 스토리나 배경 지식, 소비자의 사용 경험 등을 깊이 있게 다룰 수 있다. 험로 주행에 특화된 지프(Jeep)는 같은 모 기업인 크라이슬러(www.chrysler.com)에서 만들고 있지만, 자신만의 독특한 브랜드 정체성을 강조하기 위하여 별도의 브랜드 사이트를 개설하여 운영하고 있다(www.jeepwrangler.co.kr).

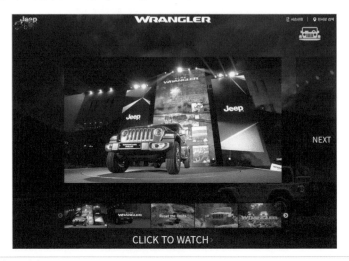

지프의 마이크로 사이트

마이크로 사이트 활성화 방안

사례에서 본 것처럼 마이크로 사이트는 온전히 하나의 제한된 브랜드, 제한된 주제로 콘텐츠를 채워야 하는 경우가 대부분이다. 얇고 넓은 정보로 손쉽게 채울 수 있는 일반적인 웹사이트보다 더 깊이 있고 세밀한 자료들을 요구하기 때문에 빈 화면을 채우는 노력이나 새로운 아이디어를 내놓는 것이 더 어려운 일이 될 수 있다. 마이크로 사이트 게시물의 아이디어가 떨어지거나 노후화되지 않도록 최고의 콘텐츠를 빠르고 지속적으로 공급할 수 있는 능력과 노력이 필요하다. 콘텐츠의 구성은 온전히 브랜드 관리자의 전략이나 의도에 달려 있으므로 반드시 들어가거나 절대 들어가서는 안 되는 콘텐츠가 무엇인지 등의 획일적인 구분이나 지침은 존재하지 않는다. 그러나, 성공적으로 고객에게 다가간 마이크로 사이트 공통의 특징들은 추출될 수 있다. 이를 정리하면 다음과 같다.

1) 콘텐츠의 유용성

: 유용한 콘텐츠를 제공하여야 한다. 유용하다는 것은 방문자가 방문의 목적을 달성하거나 자신의 문제를 해결하는 데 도움이 되는 정보를 제공함을 의미한다. 종종 기업이 광고나 홍보에만 치중하고 방문객의 의도나 니즈에 무관심한 일방적인 사이트를 설계하는 실수를 범하게 되는데 고객에게 유용하지 않은 사이트는 재방문 되지 않는 점을 주의해야 한다. 사이트의 유용성을 높이기 위해서는 콘텐츠 내용을 쉽게 분류, 선택할 수 있는 카테고리 정보의 제공, 설명 없이 직관적으로 이해가 가능한 케이스 및 사례의 제시, 사용 방법을 직관적으로 보여주는 동영상 안내물, FAQ와 SAQ(should have asked questions) 제공, 직접 연락, 방문이 가능한 전화번호, 주소 등 콘택트 포인트 제공, 방문객의 신속한 의사결정에 도움을 주는 체크리스트, 관련기사, 통계 정보의 제공이 고려되어야만 한다.

2) 고객 경험의 강조

: 고객이 경험할 수 있는 참여형 콘텐츠를 제공하여야 한다. 일방적인 홍보보다는 네티즌 일반 대중이나 방문객 자신에게도 충분한 관심이 있음을 잘 보여주어야 한다. 일방적 대화는 잔소리로 인식될 것이다. 참여형 콘텐츠 증가를 위한 방안으로는 고객이 작성한 체험 글, 개인방송, 유튜브, 소셜 미디어 링크 등을 적절히 활용하여야 한다. 또한 다수의 의견이나 외부

게시물을 단순 복사 형태로 제시하거나 기준 없이 인용하지 말고 콘텐츠 큐레이션(curation)을 통하여 정리, 통합된 형태로 콘텐츠를 제공하여야 한다. 독자의 반응이나 호감도에 따라 게시물이나 콘텐츠에 순위를 부여하거나 추천 점수 등을 부여하여 우선순위를 제공하는 것도 한 방안이며, 적절한 질문이나 퀴즈, FAQ, 소비자 콘테스트 등을 포함할 수 있다.

3) 오락성의 제공

: 콘텐츠의 성패는 재미다. 재미없는 없는 글은 누가 봐도 역시 지루하다. 재미가 없다면 이미 지고 있는 게임이다. 재미있는 글을 올리기 위해서는 매력적인 스토리텔링을 적용해야 하지만, 확실히 긴 이야기를 재미있게 하기는 어렵다. 글자 수 욕심은 버리고 간결하고 유머러스하게 제시하라. 최근 관심사를 반영한 풍자나 패러디는 효과적인 유머 수단이 될 수 있어서 많이 사용되지만, 지나친 풍자와 비판으로 불쾌감을 주지 않도록 주의해야 한다. 특히 민감한 정치적 소재는 부적절하다. 그리고 사실 재미있는 사람은 타고 남을 인정할 필요도 있다. 어려운 방식으로 재미있게 하려고 노력하지 말고 재미있는 사람에게 콘텐츠 관리를 맡기는 것이 보통 더 효과적이다.

4) 인간적 감성의 강조

: 사이트 뒤에 자리 잡은 것이 무혈의 기업이 아니라 따스한 피가 흐르는 인간임을 알려야 한다. 정부 기관의 웹사이트처럼 무미건조해서는 안 된다. 방문자처럼 똑같은 피가 흐르고 있는 인간이 운영하고 있음을 강조해라. 이 기업과 브랜드를 위하여 얼마나 멋지고 매력적인 사람들이 일하고 있는가를 알려야 한다. 이를 위해서, 기업도 실수나 방심할 수 있음을 보여 줘라. 완벽함은 인간의 몫이 아니다. 업무 이외의 모습, 즉 휴일이나 근무 이후의 모임 등도 인간적 면모를 강조하는 데 도움이 된다. 모든 콘텐츠가 항상, 그리고 언제나 기업의 상품이나 서비스 등 직접적 목적에만 매몰될 필요는 없다. 때로는 주제와 무관한 이야기가 더 큰 호응을 받는다.

이러한 매력적인 마이크로 사이트의 특징을 잘 보여주고 있는 사례 중에서 롯데주류가 운영 중인 국내 주류 브랜드인 '청하'의 공식 페이스북 페이지(www.facebook.com/lotte.chungha)를 살펴볼 필요가 있다. 온라인에 존재하는 청하의 페이스북 페

이지는 오프라인에서 유통되는 청하 그 제품 자체보다 더 인기가 높다. 2020년 기준
으로 15만 명에 가까운 팔로워를 가지고 있는데, 이 페이지는 특히 많은 마케팅, 광고
분야의 실무자들이 관심을 가지고 구독하고 있다. 청하 페이지 자체의 스토리텔링도
가지고 있는데, 페이스북을 잘 모르는 부장님이 신입 직원에게 어디 한번 네 마음대
로 운영해보라고 해서, 정말 마음대로 운영하고 있다는 믿기 힘든 배경 스토리를 가
지고 있다. 그리고 평양에서의 남한 측 공연 이후 옥류관에서 식사한 사건처럼 사회
적으로 이슈가 되고 있는 사건들을 적극적으로 패러디한 제품 홍보 사진을 올리기도
하고, 종종 제품인 술 사진은 안 올리고 야식이나 안주 사진만을 올리기도 한다. 곳곳
에 엽기, 패러디, 풍자, 신입 사원의 애로, 그리고 뜬금없는 게시글은 잠시 이것이 기
업이 운영하는 페이지임을 잊게 만든다. 더불어 다소 낡았던 청하의 이미지도 젊어지
는 느낌이다. 청하는 먹지 않아도 구독할 이유를 제공해준다. 관리자의 자유분방함이
젊은 세대의 입맛에 잘 맞아 떨어지는 사례이다.

청하의 공식 페이스북 페이지

마지막으로 마이크로 사이트 운영의 주의할 점은 마이크로 사이트는 적절한 관리가 이루어지지 않는다면 오히려 마케팅 활동에 도움이 되지 않을 수도 있다는 점이다. 이론적으로 P&G나 3M과 같이 수천 개의 개별 브랜드나 상품을 가지고 있는 기업은 그에 해당하는 숫자만큼의 마이크로 사이트를 개설할 수 있다. 다만, 미니 사이트를 개설한 이후 적절한 관리나 콘텐츠 업데이트, 사이트 홍보를 위한 노력이 병행되지 않는다면 시골의 폐가나 다름없을 수 있기 때문이다. 따라서 마이크로 사이트 개설 이전에 이에 대한 별도의 마케팅 계획 수립, 투입 예산과 인력 확보, 콘텐츠의 확보 방안 등이 고려되어야만 한다.

기타 콘텐츠 도구 활용

콘텐츠 포맷의 다양화

블로그와 마이크로 사이트 이외에도 기업이 활용하는 콘텐츠 형태는 다양하며, 그 종류도 증가하고 있다. 본 장에서는 새로운 콘텐츠 포맷 중에서 마케팅 활용도가 높은 새로운 포맷들을 소개하고자 한다.

1) 웹툰

: 웹툰은 최근 상업적 가치를 인정받으면서 고객은 물론 광고주인 기업의 관심이 매우 높아졌다. 오래전부터 종이 속에 갇혀있던 만화를 웹으로 옮긴 형태이며, 네이버, 다음 등 주요 포탈이 웹툰의 연재를 시작한 이래 웹툰은 K-POP에 이은 K-웹툰으로서 가능성을 인정받고 있다. 정부 역시 유망한 콘텐츠 수출상품으로 인식하고 있으며, 글로벌 경쟁력 향상을 위해 노력하고 있다. KT경제경영연구소의 분석에 의하면 웹툰 시장은 2018년 8,800억 원대 시장으로 성장하였으며, 1조 원 이상의 시장도 곧 달성 가능하리라 예상된다.

웹툰의 상품성은 무한한 확장 가능성에 있다. 미국의 마블의 히어로 만화들이 게임, 영화, 그래픽 노블, 완구 등 다양한 산업으로 관련 시장을 확장한 것처럼, 국내 웹툰 역시 드라마, 영화, 게임 등 인접 콘텐츠 영역으로 그 파급력을 급격히 키워가고 있다. 최근에는 '신과 함께', '치인트' 처럼 웹툰에 기반한 많은 영화와 드라마들이 공전의 히트를 치고 있으며, 조석, 기안84, 주호민 등의 웹툰 작가는 연예인 못지않은 셀렙으로서의 지위를 확보하고 있다.

성공적인 OSMU 전략

네이버가 공개한 내부 데이터(2017.10)에 의하면 웹툰의 소비층이 10대 ~ 40대까지 비교적 고르게 분포되어 있으며, 역동적이고 사용자의 집중도가 높은 매체라는 것도 콘텐츠 포맷의 상업적 매력도를 높여주고 있다.

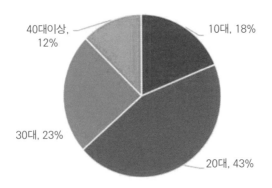

네이버 웹툰 이용자 연령 (출처: 네이버)

웹툰을 본격적으로 상업적 광고에 활용하는 브랜드 웹툰 시장이 급격하게 개화하고 있다. 브랜드 웹툰은 기업이나 제품, 혹은 특정 브랜드를 주제로 웹툰을 시리즈로 제작하여 연재하는 상품이다. 브랜드의 의미나 정체성을 독자들이 친근한 만화 캐릭터를 통하여 제공함으로써 친근하고 재미있다는 장점이 있고, 조석, 기안84처럼 이미 인지도가 높은 유명 웹툰 작가의 스토리 작성 능력과 유머 등이 충분히 반영된다는 것도 장점이다.

광고 매체로서 브랜드 웹툰의 게시에 필요한 광고지면 이용 비용은 총 8화(1주 1화 업데이트) 기준으로 약 5천만 원 수준이며, 웹툰 제작에 들어가는 작가료는 작가의 인지도와 능력에 따라 별도로 협의가 이뤄지는 것으로 알려져 있다.

2) 카드뉴스

: 카드뉴스는 전달하고자 하는 정보를 단순하고 짧은 글과 함께 여러 장의 관련된 이미지로 전달하는 콘텐츠의 한 형태이다. 특히 스마트폰의 보급 확대에 발맞추어 정보의 가독성과 이미지 비율 등이 보편적인 스마트폰의 해상도에 최적화된 형태가 일반적이다. 신문, 방송 등 일반 언론사에서 이런 형태의 뉴스 포맷을 카드뉴스라 부르기 시작한 이후부터 급속하게 사용이 증가했다. 특히 최근 급성장한 인스타그램, 페이스북 등에 포스팅하기에 적합한 형태

인 것도 인기의 한 요인이다. 글보다 사진을 더 선호하는 비디오 세대의 취향에도 적합하여, 다양한 기업들은 물론 공공기관, 언론사들이 카드뉴스를 적극적으로 이용하고 있다.

카드뉴스 제작에 편리한 망고보드

카드뉴스는 보통 배경 사진에 간단한 글이 추가된 단순한 형태로 구성되므로 널리 보급된 포토샵 등 사진편집 프로그램을 활용하여 직접 제작하기도 어렵지는 않다. 하지만, 관련된 앱이나 디자인 도구 사이트들의 활용은 이런 작업을 더욱 수월하게 해준다. 대표적인 카드뉴스 작성 앱들로는 글그램, Q 카드뉴스 등이 있으며, PC 기반의 카드뉴스 제작은 망고보드 등의 서비스를 통하여 이용할 수 있다. 망고보드(www.mangoboard.net)는 유료 기반의 서비스이며 단순한 카드뉴스 이외에 인포그래픽, 랜딩 페이지 제작, 소셜 미디어의 대표 이미지, 배너 광고, 포스터 등 다양한 콘텐츠 디자인 및 제작을 지원해준다. 칸바(canva.com)은 카드 뉴스를 포함한 다양한 콘텐츠를 손쉽게 제작할 수 있는 템플릿을 제공하고 있다.

3) 게이미피케이션(gamification)

: 특정 기업이나 브랜드를 홍보하는 목적으로 만들어진 게임이 콘텐츠 마케팅의 한 수단이 되고 있다. 게임(Game)과 변화한다(-fication)의 의미가 결합한 용어인 게이미피케이션은 마케팅을 게임화한다는 의미이며, 이미 하나의 상업적 콘텐츠 유형으로 자리 잡았다. 사용처 역시 정부, 기업, 교육, 보건의료, 스포츠, 쇼핑, 과학 등 다양한 분야로 확대되고 있다. 게이미피케이션 형태의 콘텐츠는 게임 이용자에게 레벨 업과 같이 달성해야 하는 명확한 목표를 부여할 수 있고, 게임 자체를 하나의 스토리텔링 형태로 설계할 수 있으며, 이용자의 도전감

과 몰입감을 높여 브랜드 홍보에 효과가 있는 것으로 알려져 있다.

게이미피케이션 사례

게임은 PC나 스마트폰 기반의 디지털 형태로 제작되지만, 때로는 현실에서 즐길 수 있는 체험 형태로 제작되기도 한다. 디지털 형태의 게임으로는 직장인 대상의 온라인 교육기업인 휴넷이 시행한 '스마트 카우팜' 게임을 들 수 있다. 이 게임에서 온라인 강좌의 수강생들은 자신만의 소 캐릭터를 분양받을 수 있으며, 열심히 공부하거나 시험을 통과하면 얻는 학습 포인트로 가상 세계 속에서 소를 키우도록 하였다. 또한 게임 속의 소의 성장 정도에 따라 기념품 등 다양한 선물을 실제 보상으로 제공하였다.

현실 체험형 게임 형태로는 코카콜라가 자판기를 활용하여 게이미피케이션을 자주 제품 홍보에 사용하고 있다. 일례로 코카콜라는 자판기의 동전 투입구를 2m 이상의 높은 위치에 설치해서, 친구와 같이 목마 타기 등 노력을 하지 않으면 콜라를 구할 수 없도록 자판기를 제작하여 운영하였다. 그리고 이렇게 힘들게 콜라를 뽑았을 경우 하나의 가격으로 두 개의 제품을 주는 1+1 전략으로 게임의 보상을 확실하게 제시하였다. 또한 코카콜라는 실제 게임을 즐길 수 있는 게임존을 통하여 브랜드 홍보에 활용하기도 한다. 이런 마케팅으로 단기적 매출도 증가하였지만, 뉴스나 유튜브를 통한 입소문의 효과는 그 이상이었다.

PART 04

소셜 미디어
마케팅

>>

소셜 미디어 마케팅의 이해

소셜 미디어 확산

소셜 미디어 서비스 혹은 SNS(social network service)의 사용 인구는 이미 인터넷 이용자 대부분에 해당할 정도로 방대한 규모이며 증가 속도 역시 가파르다. 시장 조사 전문기관인 Statista가 발간한 통계자료에 의하면 전 세계 소셜 미디어 이용자는 2018년 기준으로 이미 27.7억 명을 돌파하였고, 2021년은 손쉽게 30억 명을 넘어설 것으로 전망된다. 또 다른 조사기관인 GWI(Global Web Index)에 의하면 인터넷 이용자 중 98% 이상이 적어도 하나 이상의 소셜 미디어 서비스를 이용하고 있으며, 이들이 소셜 미디어 이용에 사용하는 시간은 하루 최소 2시간 22분에 달한다고 한다.

국내 사용자들 역시 이런 흐름과 크게 다르지 않다. 국내 소셜 미디어 이용자들에게는 페이스북, 인스타그램, 밴드, 카카오스토리 등 국내외 플랫폼들의 인기가 높으며, 특히 최근에 와서는 인스타그램의 성장세가 두드러지는 것으로 나타나고 있다. 조사기관인 미디어랩 나스미디어의 2018 국내 통계자료에 따르면 인스타그램 이용률은 2017년 36.4% 수준에 머물렀지만 2018년에는 51.3%까지 가파르게 성장하였다.

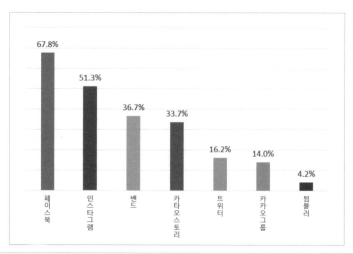

국내 SNS 이용률 (출처: 미디어랩 나스미디어, 2018)

소셜 미디어에 관한 관심이 증대하자 새로운 서비스들도 속속 등장하고 있다. 일반적으로 누구나 알고 있는 페이스북, 트위터, 인스타그램, 핀터레스트, 구글+, 카카오 스토리 등 유명 소셜 미디어 매체들 이외에도 거의 매일 새로운 소셜 미디어들이 전 세계에서 경쟁적으로 탄생하고 있으며 그 증가 속도는 가히 경이적이다. 이들 소셜 미디어들은 일반적으로 사용자와 사용자를 직접 연결해주는 P2P(peer to peer) 방식으로 사회연결망을 구축하며 이를 통하여 개인의 정보나 관심사를 공유한다는 공통점을 가지고 있다. 최근 기업이 개설하는 상업적 목적의 소셜 미디어 사이트가 증가하면서 홍보나 광고 등 마케팅 수단으로 이용되는 경우도 빈번하지만, 소셜 미디어의 기본적인 미덕은 구성원과 1:1로 진행되는 듯한 친밀한 대화나 개인적인 상호작용이라고 할 수 있다.

소셜 미디어 마케팅이란 이런 다양한 소셜 미디어와 정보기술의 결과인 지원 도구들을 활용하여 방문자와의 관계를 구축하는 행동이며, 일반적으로 마케팅 활동의 정점으로 인식되는 관계 마케팅(relationship marketing)이 디지털로 구체화한 버전이라고 할 수 있다. 관계 마케팅에서는 수익성 있는 선별된 고객과의 지속적인 관계를 통하여 수익을 창출하는 것을 목표로 하는데, 사실상 소셜 미디어 마케팅은 전례 없던 새로운 차원의 마케팅이라기보다는 디지털 연결 기술을 기반으로 구축된 새로운 관계 마케팅 기술로 인식하는 것이 더욱 타당하다.

소셜 미디어의 분류

소셜 미디어의 종류는 매우 다양하며 서로 제공하는 일부 기능들이 중복되는 경우도 많아서 이들의 유형을 명확하게 구분하는 것은 어려운 일이다. 가장 흔한 방식 중 하나로 주 이용 기기가 모바일 기기인지 PC 기기인지로 구분하기도 하지만 효율적인 분류 방식은 아니다. 대부분의 서비스들이 모든 기기의 다양한 이용 환경을 고려하는 유연한 개발 방향 쪽으로 발전하였으며, 기기별 특성에 맞게 최적화된 화면을 보여주는 반응형 웹 기술을 적용하고 있기 때문이다. 그러나 일반적으로 소셜 미디어는 사용자 나이나 성별이나 이용 특성에 따라 집단별 차이를 보이는 세분화된 미디어이며, 몇 가지 대분류를 통하여 뚜렷한 경계는 아니지만 나름의 독자적 영역을 구분해 볼 수 있다.

1) 콘텐츠 공유형 서비스

: 문자, 사진, 동영상을 통하여 콘텐츠를 게시하거나 공유하고 댓글 달기(posting)를 주된 목적으로 한다. 이에 포함되는 소셜 미디어들은 블로그(WordPress, Blogger, Tumblr, Tistory 등), 동영상 사이트(Youtube, Twitch, 아프리카TV, 틱톡 등), 사진 이미지나 음악 등의 공유 사이트(Instagram, Flicker, Picasa 등)들이 있다.

2) 인적 네트워크 구축형 서비스

: 특정한 그룹이나 친구, 지인들간의 개인 연락처나 프로필 등 사회적 교류 증진을 위하여 개발된 서비스들이며, 목적 달성을 위하여 서비스별로 다양하고 특화된 기능들을 제공한다. 가장 잘 알려져 있고 다채로운 기능을 제공하는 서비스로서는 카카오스토리, 페이스북, 구글 플러스(Google+) 등이 존재하고 있지만, 단문 메시지 제공에 특화된 서비스(트위터, 카카오톡 플러스), 특정 업무의 전문가 집단만을 위한 네트워크형 인맥 서비스(크몽, 리멤버), 특정한 관심 주제에 국한된 전문적 콘텐츠 제공을 위한 네트워크 서비스(Quora: www.quora.com) 등이 존재한다.

3) 소셜 예약 및 주문형 서비스

: 타인이 추천한 예약 기반 서비스의 사이트 주소나 관련 사이트들을 공유하는 형태의 서

비스로서 타인의 추천 사이트 공유(Delicious, 요기요), 공동 쇼핑(ThisNext) 등이 있다. 인공지능이나 기계 학습(machine learning)에서 활용하는 CF(collaborative filtering) 분석 기법에 바탕을 둔 자동화된 추천, 혹은 타 사용자의 평점을 바탕으로 사용자에 최적화된 서비스를 쉽게 확인할 수 있도록 한다.

4) 소셜 뉴스 서비스

: 일반적인 온라인 신문이나 방송사의 뉴스 중 타인이 추천한 뉴스를 선별적으로 공유하며, 이용자들은 추천된 뉴스에 대한 평점을 부여하는 예도 있다. 대표적 사이트로는 Digg, Reddit 등이 있다.

5) 지역 기반 미팅 서비스

: GPS 등이 제공하는 실제 위치 정보를 활용하여 온라인이 아닌 오프라인상의 실제 거주지나 관심 지역을 중심으로 사용자들을 묶어주고 더 나아가 가상 세계가 아닌 현실 세계에서의 만남을 주선하는 서비스이다. Foursquare, Meetup 등이 있으며, 특정한 취미나 관심사와 결합한 틈새시장형 서비스로 발전하기도 하였다. 예로, 애견인만의 공동 산책 서비스 등이 증가 추세이며, 중국의 대표적 소셜 미디어 서비스인 위챗(www.wechat.com)은 지역 기반 친구 찾기 등의 부가적인 서비스를 제공한다.

소셜 미디어 용어

이처럼 소셜 미디어 서비스들은 제공하는 기능이나 내용은 다소 차이가 있으나 다수의 사회적 연결을 전제로 한다는 점에서 공통적인 부분도 많다. 소셜 미디어에서 자주 사용되는 몇 가지 공통적인 용어들을 살펴보면 다음과 같다.

1) 해시태그(#)

: 해시 기호(#)를 사용하여 게시물들을 묶는다(tag)는 의미이며, 2007년 트위터에서 처음 사용된 이후에 인스타그램, 페이스북 등에서 보편적으로 사용되고 있다. 해시태그는 보통 띄어쓰기 없이 사용되며(예: #여름휴가, #호텔추천), 해시태그가 다수일 때는 쉼표(,)로 구분하여 사용한다. 소셜 미디어 사용자들은 이를 통하여 관심 있는 주제를 검색하거나 주제를 중심으로 한 구독하기(following) 행위가 가능하다.

2) 멘션태그(@)

: 다른 계정, 즉 다른 사용자를 소환하거나 언급하는 기능이다. 댓글 작성 시 계정명을 입력하면(예: @봉준호) 해당 계정의 사용자를 소환하여 댓글을 작성할 수 있고, 해당 사용자는 자신이 언급되었다는 알람을 받는다.

3) 팔로워(follower)

: 나의 계정을 구독하는 계정 혹은 사용자를 의미한다. 팔로우(follow)는 내가 타인의 계정을 구독하는 행위를 의미하며, 이와 반대로 언팔로우(unfollow)는 구독을 해지하는 것을 말한다. 간혹 상대방이 맞팔, 선팔을 요청하는 예도 있는데 이는 서로를 팔로우하자는 의미이다.

4) 포스팅(posting)

: 소셜 미디어에 게시글이나 사진, 동영상 등 콘텐츠를 게시(upload)하는 행위이다.

5) 리포스트(repost)

: 타인의 포스팅을 공유하거나, 본인 자신의 글을 다시 포스팅하는 것을 의미한다. 인스타그램에서는 리그램(regram)이라고 표현하기도 한다. 일반적으로 타인의 글을 리포스팅하는 경우에는 항상 저작권 침해의 우려가 있기 때문에 메시지나 댓글을 활용하여 사전의 허락을 얻은 이후 감사의 글을 올리는 것이 기본적인 예의이다.

소셜 미디어의 장단점

소셜 미디어가 다양하게 분화된 배경에는 마케팅 도구로서 소셜 미디어의 강점이 두드러지기 때문이다. 가장 큰 장점은 대부분의 ATL(above the line) 미디어와 달리 대규모 광고비의 집행 없이도 신속하게 캠페인 전개가 가능하다는 점이다. 일부 기업은 이 부분에 대하여 소셜 미디어는 투자 없이 집행 가능한 광고 미디어로 오해하기도 하지만, 소셜 미디어 육성에도 상당한 투자가 수반되며, 대부분의 소셜 미디어 광고는 별도의 광고비집행이 필요하다. 페이스북 페이지나 인스타그램 등은 광고비집행을 통하여 새로운 팔로워를 효과적으로 만날 수 있다. 다만 이런 광고는 명확하게 설정된 타깃 광고, 혹은 이보다 더 정교한 리마케팅(remarketing) 광고 형태로 집행되기 때문에 비용 대비 효과성이 전통적 미디어와 비교 불가능할 정도로 탁월할 뿐이다. 디지털 마케팅 도구로서 소셜 미디어의 강점은 다음과 같다.

1) 초기 유입에 유리하다. 관심 주제를 통하여 집결시킨 방대한 소셜 미디어 이용자 기반은 고객 퍼널의 상단인 TOFU(top of funnel)을 통하여 다량의 초기 방문객을 유입시키는 효과적 통로가 된다.

2) 온라인 브랜드 자산의 기초가 된다. 소셜 미디어를 통하여 브랜드의 정체성이나 개성을 알리고 브랜드 팬과의 소통이 가능하며 이 과정을 통하여 브랜드 자산은 강화된다. 소셜 미디어는 일반적인 광고와 달리 쌍방향 의사소통이 가능하고 빈번하게 포스팅을 하게 되며 다이렉트 메시지나 멘션태그 등 고객을 직접 지원할 수 있는 장치들이 있어 소비자들에게 긍정적 만족감을 선사하는 데 유리하다.

3) 장기적 고객 관계 구축을 촉진할 수 있다. 대부분 소셜 미디어는 장기간에 걸쳐 꾸준히 육성되기 때문에 이 과정에서 자연스럽게 많은 고객과의 소통이 이루어진다는 장점이 있다. 최근 인스타그램 등 일부 소셜 미디어들은 전자상거래 영역까지 관심을 넓히고는 있지만 소셜 미디어의 특성상 지나친 홍보성 글이나 판매 권유가 적합한지는 고민이 필요하다. 소셜 미디어는 고객 퍼널의 단계 중에서 특히 초기 단계(TOFU)에서의 유입에 적합함을 상기할 필요가 있다.

4) 효과적인 시장 감지(market sensing) 도구가 된다. 대부분의 소셜 미디어들은 댓글이나 다이렉트 메시지를 허용하고 있으므로 사실상 24시간 열린 고객과의 소통 창구이다. 이를 통하여 고객의 애로사항을 확인하고, 서비스 제공 상의 문제점을 개선할 수 있다. 또한 이들이 자발적으로 올리는 경쟁 기업이나 제품에 대한 비교 사용기 등은 소중한 정보를 제공한다. 경쟁자 대부분이 소셜 미디어를 운영하고 있으므로 이들에 대한 정보를 얻는 통로로도 유용하다.

5) 검색 엔진 내 존재감 부각에 도움이 된다. 네이버나 구글 등 대부분의 검색 엔진들은 소셜 미디어를 통한 방문자 유입을 별도로 관리하고 있으므로 단 하나의 웹사이트를 가지고 있는 것보다는 추가로 다수의 소셜 미디어를 운영하는 것이 노출 측면에서 더 유리하다. 또한, 소셜 미디어의 계정 소개 페이지에는 기업이나 브랜드 소개와 더불어 직접 연결이 가능한 URL 주소를 삽입할 수 있는 것이 보통이다. 그 결과 잘 관리된 소셜 미디어는 기업 브랜드의 검색 엔진 상위 노출 가능성을 높여준다.

6) 판매 등 직접적 성과 창출에도 이바지한다. 최근 인스타그램이나 페이스북 등 다수의 소셜 미디어들이 부가적인 기능으로 상품 판매나 온라인 몰 운영이 가능하도록 기능을 확장하고 있고, 유튜브는 v-commerce(video commerce)라는 새로운 유통 영역의 경로가 되고 있다. 유형의 상품 판매도 가능하지만, 콘서트 표, 교육 서비스 구독 등 배송이 간편한 무형의 서비스 상품 판매에 더욱 적합하다.

물론 강점 이외에 단점도 존재한다. 단점으로는 대부분의 소셜 미디어 서비스의 활용에는 상당한 시간과 노력, 그리고 마케터의 세심한 몰입이 요구된다는 점이다. 이런 특성은 소셜 미디어가 단기적 성과보다는 장기적 성과 창출에 적합한 도구임을 의미한다. 그러나 다수의 기업이 명확한 목적이나 목표 없이 유행처럼 소셜 미디어를 개설하고 그 이후에는 내버려 두는 경우도 흔하다. 또한, 방문자와의 상호작용이 영향을 미치기 때문에 기업의 의도한 바와 다른 방향으로 여론이 형성되는 때도 있으며, 미디어를 통제하기 어려운 것도 불확실성 요소이다.

결국, 각 기업은 소셜 미디어의 장단점을 고려하고, 트위터, 페이스북 페이지 등 각 세부 미디어 비클(vehicle) 별 타깃 고객의 특성을 고려하여 소셜 미디어의 채택 여부나 활용 전략을 결정하여야 한다. 일 예로 전 세계적인 K-POP 붐을 일으킨 BTS나 엑소, 트와이스 등 한국의 연예인들은 주요한 소셜 마케팅 수단으로 트위터의 활용이 제일 활발하다. 트위터는 전 세계적인 명성에 비하여 한국에서는 상대적으로 사용도가 낮은 편이지만 다른 매체와 달리 아이돌 멤버들이 자신의 생각이나 일상을 매우 간단하게 기술하는 것이 가능하고 팬들과 자유로운 소통이 가능하다는 장점, 자신의 신분을 가릴 수 있는 임시계정 생성이 가능하다는 점, 팔로우(follow) 기능을 통하여 팬덤 끼리 모이기 쉽다는 점, 해외의 유명 뮤지션이나 셀렙(celeb)들의 계정이 많다는 점, 글로벌 시장에서 많이 활용되는 플랫폼이라는 점 등의 명확한 장점도 있다. 이런 특징 때문에 사용자들 사이에서 트위터는 이른바 덕후들의 SNS라는 인식이 은근히 존재한다. 사용자 분포 역시 남성보다는 여성의 이용 비율이 더 높으며, 10대와 20대 초반이 주 이용자 집단이라고 알려져 있다.

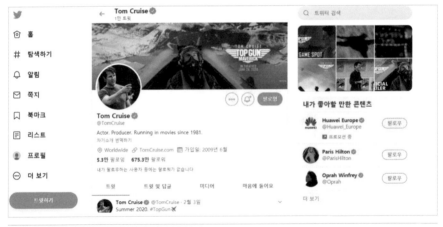

탐크루즈 트위터

페이스북 마케팅 활용

페이스북 개요

페이스북은 다양한 소셜 미디어 중에서도 가장 사용 인구가 많은 미디어 중 하나이며, 상업적인 활용 방안에 대한 기업들의 관심도 매우 높다. 그러나 기업이 마케팅 도구로 페이스북을 활용하기 이전에 페이스북에 대한 기본적인 이해를 바탕으로 필요한 사전 준비를 할 필요가 있다. 우선 페이스북 운영의 첫 시작은 개인 계정의 페이스북이 아닌 기업 계정을 여는 것이다. 최초로 페이스북에 가입하였을 경우, 기본값은 개인용 타임라인(timeline: 게시 글을 작성하는 양식)이 자동으로 배정된다. 그러나 개인용 타임라인은 개인의 비상업적 용도로 사용이 제한되어 있다. 페이스북이 마케팅을 위해 제공하는 다양한 기능을 제약 없이 모두 사용하기 위해서는 페이스북 페이지(Facebook Page)라는 상업용 타임라인을 개설하여야 한다.

페이스북 페이지의 운영

페이스북 페이지

페이스북 페이지는 개인용 계정과 유사해 보이지만 복수의 관리자를 지정할 수 있으며 유입되는 트래픽을 위한 분석 도구인 인사이트, 기업정보 제공 페이지, 구인활동 지원, 광고를 집행할 수 있는 도구들을 추가로 제공한다. 페이스북 페이지는 개인 계정의 로그인 상태에서 '페이지 개설' 버튼을 누르는 것만으로도 손쉽게 개설할 수 있다. 간혹 개인 자영업자의 경우 개인용 페이스북을 마케팅에 활용하는 예도 있는데, 이런 경우 페이스북은 불법적인 상업활동으로 간주하고 계정을 강제로 제한할 수도 있다. 오랫동안 쌓아온 페이스북의 마케팅 플랫폼이 불법 계정으로 삭제될 위험은 사업의 존립을 위태롭게 할 만큼 매우 뼈아프다.

개설하는 페이스북 페이지 이름은 그 자체로도 하나의 브랜드 역할을 수행하고 있다. 그렇기 때문에 짧고, 강렬하고, 차별성이 있어야 하는 좋은 브랜드 네이밍의 규칙들이 페이지 이름에도 그대로 적용된다. 페이스북을 통하여 광고를 집행할 때, 광고의 헤드라인에 들어갈 수 있는 글자 수에 제약이 있으므로, 지나치게 긴 이름은 나중에 광고 문구를 제작할 때 장애 요인이 될 수 있다. 또한, 페이스북과 같은 소셜 미디어들은 초기 리드(lead) 창출에 적합한 미디어 특성이 있으므로 화면 좌측 사이드바에서 제공하는 기업 정보에는 기업의 주소, 전화번호, 이메일, 홈페이지 등 관심 고객이 눈여겨볼 정보들을 정확하게 기재하여야만 한다.

상세 정보에 포함되는 소개 내용 역시 검색 엔진 최적화(SEO) 관리에 유리하도록 키워드를 선정하여 채워야만 한다. 페이지의 첫인상을 결정하는 대표 사진의 중요성을 고려하여 고품질의 적정 사진이 선정되어야 한다. 이런 점들이 고려하여 작성된 페이지는 기업의 홈페이지나 블로그에 연동될 수 있도록 공유 버튼을 제공하는 것도 중요하다. 한 기업 혹은 브랜드가 복수의 사이트나 소셜 미디어를 운영하는 경우가 빈번하며 이들 사이트 간의 유기적인 연동성은 보장되어야 한다.

페이지 활성화 방안

이러한 점들을 고려하여 페이지를 개설하였다면, 이제는 더 많은 방문자가 유입되도록 노력하여야 한다. 기업용 페이지의 개설이 완료된 이후에는 페이스북 페이지를 대상으로 한 마케팅이 본격적으로 진행되어야 한다. 이와 관련하여 다음과 같은 마케팅 전략을 고려할 필요가 있다.

1) 타임라인에 게재된 콘텐츠를 단순한 시간순이 아니라 중요도에 따라 배열되도록 조정한다. 페이스북 페이지는 포스팅한 시간의 순서로 자동으로 타임라인을 정리해주지만, 특별히 중요한 포스팅에 대해서는 화면 상단에 일정 기간 고정할 수 있는 기능을 제공한다. 이 기능은 게시물별 오른쪽 위의 메뉴에서 선택할 수 있는데, 이를 통하여 중요 공지, 기간 한정 이벤트 등 특정 중요 게시물이 새로운 게시물에 가려서 내려가지 않고 오랫동안 상단에 노출될 수 있도록 도와둔다.

2) 중요 포스팅은 반복적으로 게재할 필요가 있다. 페이스북 뉴스피드의 특성상 새로운 포스팅에 중요한 포스팅이 가려지거나 후 순위로 밀려나는 경우가 많다. 시간이 지나간 후에도 여전히 중요한 가치가 있는 글이나 콘텐츠들은 다시 반복적으로 게재하는 것도 필요하다. 이를 통하여 미처 과거의 중요 게시글을 못 본 방문자들에게 다시 볼 기회를 제공할 수 있으며 기존 구독자들은 다시 상기할 기회가 될 것이다. 단, 반복 게재가 지나치게 빈번할 경우 손쉽게 싫증을 유발할 수 있으므로 지나치게 남발해서는 안 되며, 재게재 시에는 제목이나 사진 등을 조금씩 변형하는 것도 주목도 향상에 도움이 된다.

3) 기존 고객이나 잠재고객에게 페이지 '좋아요'를 누르도록 적극적으로 요청할 수 있다. 기존에 개인용 페이스북에서 연결된 사람들에게 페이지의 '좋아요'를 누르도록 추천하는 기능이 제공된다. 이때 부가적으로 제공되는 인사말 기능을 이용하여 페이지의 개설 목적과 본인과의 연관성, 구독 시 기대할 수 있는 정보나 혜택을 명확하게 제시하자.

4) 사진, 동영상, 슬라이드 쇼 등 이미지 정보를 페이지 성격에 적합하도록 별도로 제작하여 올리자. 페이지가 요구하는 최적의 해상도와 적합한 사진 품질은 고객의 주목을 더욱 손쉽게 받을 수 있도록 도와준다. 특히 페이스북은 유튜브와 마찬가지로 최근 동영상 게시가

가능하도록 개선되었는데, 이 경우 유튜브에 올린 동영상을 단순 링크로 연결하기보다는 직접 페이지에서 업로드하는 것이 유리하다.

5) 해시태그를 활용하여 전환을 증대한다. 페이스북에서도 다른 소셜 미디어를 따라 2013년부터 해시태그(#) 사용이 가능해졌다. 해시태그는 타 사용자의 게시글 중에 비슷한 주제나 내용의 콘텐츠를 따로 모아볼 수 있게 해주며, 해시태그를 별도로 검색하거나 내용 중의 해시태그를 클릭하여 같은 주제를 가진 타인의 글들을 모아 보는 것도 가능하다. 자사의 기업명이나 브랜드명, 빈번하게 검색의 대상이 되는 검색 키워드는 해시태그로 처리하자. 만일 타임라인에 태그를 삽입할 때는 별도로 모아서 따로 하기보다는 본문 일부처럼 자연스럽게 사용하는 것이 더 좋다. 즉 "오늘 #샤로수길에서 #참이슬 그리고 #클라우드 맥주에 안주 한입"과 같은 방식이 더 효과적일 수 있다.

6) 댓글에 대한 반응은 신속하고 친절하게 하자. 누군가 포스팅에 댓글을 달았다면 바로 적절한 답글을 제시하는 것이 필요하다. 사용자들이 감사의 글이나 단순한 관심의 글을 올릴 때 답변이 지체되면 고객의 관심도 멀어진다. 너무 바빠서 즉각적인 답변이 곤란하거나 답변 내용 작성에 시간이 필요한 경우라면 먼저 '좋아요'라도 먼저 달아주어야 한다.

7) 멘션 태그(@)를 잘 활용하자. 페이지 방문자의 댓글에 답할 때, '@사용자 이름' 형태로 작성하면 개별 방문자에게 내용을 전달할 수 있다. 기업의 페이지가 이런 세세한 멘션 (mention)을 활용한다면, 방문자는 자신이 기업에 특별한 방문자라는 좋은 인상을 쉽게 받을 수 있을 것이다.

8) 주기적으로 감사의 글을 게재한다. 새로운 팔로워들을 기억하고 활발한 활동을 독려하기 위하여 일주일 등 주기적인 단위로 신규 팔로워들에게 감사의 내용을 담은 글을 포스팅한다. 새로운 팔로워들은 페이지의 관리자 화면에서 '최근 추가한 친구' 목록에서도 확인할 수 있다. 이 아이디어를 조금 더 확장해서, 매월 단위로 우수 방문자를 선별하여 감사의 글과 작은 선물을 제공하는 정례적인 이벤트 개최도 가능할 것이다.

9) 관심을 모을만한 이벤트 프로모션을 실시한다. 페이지의 좌측 메뉴에서 이벤트를 시행

할 수 있는데, 일정 기간 페이스북 페이지의 좋아요, 댓글, 공유, 친구 소환 등을 많이 한 팔로워들을 선발하여 경품이나 선물을 제공하는 등으로 활용할 수 있다. 이벤트를 실시할 때 단순히 문자로만 공지하면 다른 타임라인에 겹쳐서 주목도가 떨어진다. 그보다는 간단한 카드뉴스를 제작하거나, 별도의 이벤트 안내 이미지 등을 통하여 작성한 이벤트 홍보 사진 등을 제작하여 활용하여야 한다.

고객 참여형 페이지 이벤트

10) 페이스북 페이지에 대한 유료 광고(paid advertising)를 시행한다. 사전에 광고 예산이 확보될 수 있는 상황이라면 더 많은 고객의 관심을 끌고 경쟁에서 승리하기 위한 방안으로 페이스북 유료광고를 고려할 필요가 있다. 사용자가 직접 좋아하는 콘텐츠를 선별하여 저장하거나 좋아요를 누르는 페이스북 특성상 단순한 일반 검색(organic search)을 통한 유입을 크게 기대하기는 어렵기 때문이다. 페이스북 페이지의 광고는 다행히 일반 ATL 광고처럼 대규모 예산이 필요하지 않으며, 본인이 감당 가능한 예산을 책정하고 그 예산 범위 내에서 광고의 집행이 가능하다. 단지 몇만 원의 작은 예산으로도 수천 명의 사용자에게 광고를 효과적으로 전달할 수 있으므로 광고는 손쉽게 선택할 수 있는 페이지 활성화의 대안이 될 것이다.

인스타그램 마케팅 활용

인스타그램 개요

2010년 처음 서비스를 시작한 인스타그램(Instagram)은 단순한 이미지 편집 기능 중심의 앱으로 시작하였으며, 그 후 빠르게 성장하였다. 인스타그램은 즉석카메라 (instant camera)와 전보(telegram)의 합성어이며, 케빈 시트롬(Kevin Sytrom)이 사진 꾸미기를 좋아하던 여자친구를 돕기 위하여 처음 만들었다. '세상의 모든 순간을 포착하여 공유한다'라는 감성적인 슬로건을 가지고 있다.

특히 2014년 페이스북이 인스타그램을 인수한 이래 수억 명의 사용자들은 인스타그램이 제공하는 다양한 필터와 액자 기능을 활용하여 일상적인 사진들을 추억과 의미가 깃든 콘텐츠로 변모시킨 후 타인과 공유하여 왔다. 기업의 브랜드나 상품들도 인스타그램을 통하여 새로운 고객들을 만나고 광고할 기회를 얻게 되었다. 최근까지 인스타그램의 기능은 속속 강화되고 있으며 다양한 인스타그램 앱, 다이렉트 메시지, 최대 60분 길이의 동영상 포스팅이 가능한 인스타그램TV(IGTV), 쇼핑태그 및 결제 시스템을 활용한 전자상거래 지원 기능이 속속 부가되고 있다.

인스타그램은 레스토랑, 뷰티, 패션 등 백문이 불여일견인 체험이나 경험 중심의 상품 카테고리에서 특히 강세를 보이며, 많은 사용자의 열렬한 지지를 받고 있다. 사용자들은 인스타그램에 개인적 관심사를 결합한 새로운 신조어 해시태그를 만들어내면서, #럽스타그램, #먹스타그램, #멍스타그램, #캣스타그램, #부부스타그램 등 수많은 소셜 미디어 신조어를 만들어내기도 하였다. 또한, 인스타그램 마케팅에 대한 적절한 이해와 전략 수립은 Snapchat(www.snapchat.com) 등 유사한 사진 공유 기반 서비스를 활용하는 때도 손쉽게 확장되어 적용될 수 있다.

인스타그램 프로페셔널 계정

인스타그램도 개인 계정과 별도로 비즈니스 계정을 제공하고 있다. 최초 가입 시 기본은 개인 계정으로 가입되지만, 언제든 설정의 계정 메뉴를 이용하여 비즈니스 계정으로 전환할 수 있다. 가능하면 비즈니스 계정으로 전환해서 이용해야 하는 이유는 비즈니스를 설명하는 구체적인 프로필을 추가할 수 있고, 사용량 통계를 분석해주는 인사이트 기능의 이용, 홍보하기 기능 이용, 쇼핑태그를 이용한 전자상거래 샵 운영이 가능해지는 등 유용한 기능들이 추가되기 때문이다. 비즈니스 계정으로 전환하기 위해서는 반드시 스마트폰의 인스타그램 앱에서 개인 프로필화면 → 설정 → 계정 →프로페셔널 계정으로 전환을 차례로 진행하면 된다.

다른 소셜 미디어들과 다르게 인스타그램은 PC용 화면에서는 직접 포스팅을 할 수 없도록 제한을 걸어 놓거나 설정 화면 메뉴 자체에 차이가 있는 등 모바일 버전과 PC 버전에 차이가 크기 때문에 관리와 이용 역시 기본적으로는 모바일 버전으로 진행하는 것이 더 편리하다.

프로페셔널 계정 전환하기

인스타그램 활성화 방안

수많은 기업이 인스타그램을 마케팅 수단으로 활용하고 있지만, 그중에서도 높은 성과를 거둔 기업들의 공통점은 인스타그램이 페이스북이나 트위터 같은 다른 소셜 미디어들과는 다르다는 점에 주목하고 이에 기반을 둔 독특한 마케팅 전략을 전개하였다는 점이다. 여타 소셜 미디어와 다르게 인스타그램은 하나의 대중문화적 현상으로 자리 잡게 되었으며, 인스타그램의 헤비 유저들은 자신을 단순한 사용자가 아니라 감성이 풍부한 예술인으로 자각하고 그에 걸맞은 대접을 바라는 경향이 있다. 이들은 무분별하게 많은 수의 셀카 사진이나 풍경 사진을 올리기보다는 전하고자 하는 이야기에 가장 적합한 게시물이 되도록 적절한 TPO(time, place, occasion)의 사진이나 동영상을 선별하고, 정성스럽게 편집하여 꾸미는 수고를 마다하지 않으며 이런 과정들에 자부심을 느끼고 있다. 자신들이 올린 사진과 동영상에 대한 칭찬과 좋아요의 클릭, 구독자 증가는 이에 대한 보상으로 생각한다.

인스타그램의 사진

이런 차이점은 사업의 관점에서 기업들에 큰 시사점을 준다. 인스타그램을 활용한 마케팅을 기획하는 기업들은 단순하게 자사의 상품과 서비스를 홍보하거나 판매하는 노골적인 창구로 이용하기보다는 기업이 얼마나 긍정적이며 감성적인 방식으로 세상을 바라보고 있는지, 그리고 타인의 창의성과 아이디어를 얼마나 존중하고 있는지를 보여주는 것을 목적으로 삼는 것이 더 적절할 수 있다. 기업과 고객이 감성적 교감을 나누고, 브랜드에 대한 영감을 나누는데 최적의 도구인 것이다. 그 결과 인스타그램 마케팅은 더욱 감성적 접근과 섬세한 준비과정이 필요하다. 이런 특징은 다소 즉흥적이며 즉각적인 게시물을 올리는 트위터나 상품 판매 등 상업적 의도를 가감 없이 드러내기 쉬운 페이스북 페이지와의 두드러진 차이점이기도 하다.

텍스트, 스토리텔링보다도 사진이나 동영상이 주는 직관적인 감성의 중요성이 큰 만큼 인스타그램의 성패는 인상적인 사진을 게재하느냐 여부에 달려있다고 해도 과언이 아니다. 이런 목적에 적합한 사진은 어떤 사진이 되어야 하는가? 이에 대한 조언으로, 지나치게 원본 사진을 왜곡시키는 부자연스러운 필터 사용은 반감을 일으킬 수 있음에 주의하여야 하며, 사진에 브랜드를 노출 시킬 때는 노골적인 방식보다는 상품 간접광고(PPL)에서 보듯이 다소 은밀하고 우회적으로 노출하는 것이 더 효과적이다. 관련된 사진 역시 상표 정체성이나 브랜드 개성(personality)을 잘 보여주는 사진을 선택하여야만 한다. 상품의 사진 역시 상품 자체의 성능이나 사양을 보여주는 직설적 사진보다는 사용자가 경험하는 순간을 포착하는 방식이 필요하며, 향후 노출 가능성을 고려한 적절한 해시태그의 사용은 필수이다. 특히 인스타그램 등 최근 소셜 미디어는 해시태그를 중심으로 콘텐츠를 검색하고, 특정 사람이 아닌 특정 해시태그를 팔로우하는 것이 허용됨을 적극 이할 필요성이 있다. 효과적인 인스타그램을 위한 제언들을 정리하면 다음과 같다.

1) 인스타그램의 프로필에 개인 정보는 충실하게 작성하자. 대표 사진은 기업을 충분히 대표할 수 있는 사진 혹은 식별성이 뛰어난 기업 로고 등을 사용한다. 개별적으로 보유하고 있는 홈페이지의 정보와 더불어 소개자료를 충실히 작성함으로써 이용자들이 팔로우할 수 있도록 유인을 제공해야 한다. 소개자료의 작성에는 검색 엔진 최적화(SEO: search engine optimization)를 고려하여 적절한 키워드를 포함하는 것이 요긴하다. 또한, 인스타그램은 '비슷한 계정 추천하기' 기능이 설정에 있는데, 이를 선택하면 인스타그램이 취향이 비슷한

타 사용자들에게 내 사이트를 자동 추천하게 되어 이용자 증가에 도움이 된다.

2) 잘 선별되고 편집된 사진이나 동영상만을 올린다. 성공한 인스타그램 내의 기업들은 페이스북 등에 게시할 때와 비하여 자신들이 올리는 사진의 선택에 매우 세심하고 꼼꼼하다. 특히 개별적인 사진의 전반적인 분위기나 톤이 기업이 추구하는 브랜드 정체성의 방향과 일치되어야 하고, 이런 분위기들이 일정하게 유지되도록 통일감을 주는 것이 필요하다. 사진과 동영상 정리에는 인스타그램이 제공하는 다양한 자체 기능이나 제삼자 사업자(third-party: 자사와 계열사를 제외한 외부 기업들)가 제공하는 앱들을 추가로 사용할 수 있다.

또한, 일반 고객들의 브랜드나 매장 등 사진 올리기를 권장하기 위해서는 인스타그램에 올릴만한 사진, 즉 인스타워씨(InstarWorthy)한 사진을 촬영할 수 있도록 주변 환경을 잘 정비하여 매력적인 공간을 제공할 필요가 있다. 삼성전자의 판매장인 '디지털플라자'는 방문객의 인스타그램 게시를 촉진하기 위하여 전국의 주요 매장들의 배경 색상이나 소품, 기타 인테리어를 특색있게 변경하고 있으며, '인생 사진관'은 인스타워씨한 사진을 쉽게 찍을 수 있는 상업적 공간으로 인기를 끌고 있다.

3) 이미지의 일관성을 위하여 필터의 사용이나 적용에도 일관성이 필요하다. 인스타그램은 외부 앱의 도움 없이 자체적으로 보유한 필터와 내부 앱만으로도 원본 사진에 다양한 색상이나 액자 효과를 손쉽게 줄 수 있다. 그래서 매번 이것저것 다양한 효과를 바꾸어가며 변화를 주고 싶은 유혹이 들 수 있으나 이는 바람직한 방식이 아니다. 사전의 테스트를 통하여 자사의 브랜드와 제품, 고객의 선호에 가장 적합한 사진의 편집 방식을 미리 결정하고 꾸준하게 적용할 필요가 있다. 사진의 느낌만으로도 특정 브랜드를 떠올릴 수 있도록 할 필요가 있다. 유용한 내부 앱으로는 최대 9장의 사진을 배치하여 개성 있는 레이아웃을 제공하는 레이아웃(Layout), 10장의 사진을 연속 촬영하여 1초짜리 동영상을 만들어주는 부메랑(BooMerang), 흔들림 보정 기능을 활용하여 완성도 있는 타임랩스(Tine-lapse), 동영상 촬영이 가능한 하이퍼랩스(Hyperlapse) 등이 있다.

4) 사진에 적절한 설명을 짧고 간결하고 인상 깊게 달아라. 단지 사진만 올리는 것은 좋은 홍보 기회를 버리는 것과 같다. 설명은 광고 카피의 원칙을 적용하여 간단하고 단순하게 작

성되어야 한다. 또한, URL 링크를 통하여 기업이 지정한 랜딩 페이지로의 연결을 제공하는 것도 유용한 방법이다.

5) 과하지 않게 해시태그를 사용하라. 국내 사용자는 외국의 사용자에 비하여 게시물당 사용하는 해시태그의 숫자가 2.5배 이상으로 다소 과하다는 통계조사가 발표된 바 있다. 해시태그를 사용함으로써 인스타그램이 타 사용자들에 의하여 검색될 확률을 높일 수는 있지만, 너무 많으면 게시글 자체가 정리가 안 되어 보일 수 있다. 해시태그에 적용될 단어를 선택할 때는 그 단어가 너무 광범위해서도 안 되며, 너무 편협해서도 안 된다. 만일 한 스마트폰 판매 매장에서 해시태그를 '#스마트폰'으로 단다면 너무 많은 게시물 속에 묻히게 되어서 해시태그를 단 보람이 없을 것이다. 반면에 '#청주대앞화석선배가하는점포' 처럼 너무 제한적으로 단다면, 실제 이 키워드를 검색해 들어오는 사람은 거의 없을 것이다.

지나치게 인기가 높은 인기 해시태그의 사용은 주의할 필요가 있다. 이런 해시태그는 동일한 해시태그를 사용하는 수없이 많은 타인의 게시물에 밀려나기 쉬우며 실제 검색도 많이 일어나지 않는다. 반면에 특정 관심사를 반영하는 타깃 해시태그는 사용자의 욕구에 보다 잘 부합하는 해시태그들이다. 특정 주제에 부합하는 타깃 해시태그를 선별하여 사용할 필요가 있다.

6) 기업의 인스타그램 게시물을 일반인이 공유하게 할 수 있으며, 더 나아가 타인이 올린 상품 혹은 브랜드와 관련있는 인스타그램 사진을 적극적으로 활용할 필요가 있다. 과거에는 아이폰의 앱 중 리그램(Regram), 안드로이드 폰의 포토리포스트(Photorepost) 와 같은 앱들을 사용하면 타인이 인스타그램에 있는 사진을 우리 사이트에 공유할 수 있었다. 그러나 현재 이 앱들은 인스타그램의 콘텐츠 정책 변경으로 현재 운영이 중단된 상태이다. 향후 정책 변경이 유사한 앱들이 등장할 수 있으며 앱 사용이 곤란한 경우에는 사진별로 인스타그램이 제공하는 공유하기 기능을 통하여 기능 이용이 가능하다. 이처럼 타인의 사진을 공유해 올 때는 원 게시자에게 멘션 태그(@)를 하여 감사의 뜻을 표하고 사진에 대한 칭찬과 사용 허락을 받는 절차를 잊지 말자. 이를 통하여 더 좋은 콘텐츠를 쉽게 확보할 수 있을 뿐만 아니라, 우리 브랜드에 대한 호감을 느끼는 충성도 높은 팬을 한 명 더 추가할 기회가 되기도 한다. 보다 체계적으로 리그램하기 위하여 리그램만을 전용으로 담당하는 별도의 브랜드 계

정의 추가적인 생성과 운영을 고려할 수도 있다.

7) 인스타그램 팔로워를 대상으로 한 콘테스트를 개최할 수 있다. 자사의 상품이나 서비스, 혹은 브랜드의 정체성을 강화할 수 있는 상품을 경품으로 선정한 후 참여자에게 응모 기회를 준다. 응모의 조건으로 조건 없는 응모도 가능하며, 때에 따라서는 사진 공유나 좋아요 클릭을 조건으로 실행할 수도 있다. 더 많은 방문자의 참여를 원한다면 콘테스트의 홍보는 인스타그램뿐만 아니라 자사 홈페이지나 마이크로 사이트, 페이스북 등 기타 유관 소셜 미디어 사이트에 게시할 수 있으며, 보다 적극적으로는 인스타그램의 광고 기능을 이용하여 타깃 고객에게 직접 홍보하는 것도 고려할 수 있을 것이다.

인스타그램 콘테스트

8) 공유 기능을 활용하여 인스타그램 게재와 동시에 트위터나 페이스북에도 동일 사진을 게재하도록 설정한다. 이를 통하여 기업이 운영하는 복수의 소셜 미디어에 대한 팔로워를 동시다발적으로 늘리고, 브랜드의 일관된 이미지를 소셜 플랫폼 전반으로 확산시킬 수 있을 것이다. 다만 소셜 미디어 간의 특성이 다르므로 인스타그램의 사진을 트위터에 동시 게재하는 것은 큰 무리가 없으나 그 반대의 경우(트위터를 인스타그램에 연동하는 것)에는 주의가 필요하다.

9) 부지런하게 글품을 파는 등 상호작용을 활발하게 하여야 한다. 즉, 자신의 인스타그램에 댓글을 남긴 사용자에게 감사 인사나 적절한 답신을 하여야 하며, 틈틈이 잠재고객이 될 수 있는 방문객 혹은 관련 해시태그로 검색된 타 사용자의 인스타그램을 방문하여 자신의 글을 남기고, 자사의 기업이나 브랜드가 운영하는 인스타그램으로의 방문을 호소하여야 한다.

10) 인스타그램의 성과를 측정하고 개선하자. 인스타그램의 성과 분석을 위해서는 제삼자가 제공하는 다양한 분석 도구를 적용하거나 비즈니스 계정에서만 제공하는 인사이트를 이용하여야 한다. 제삼자 도구 역시 대부분 무료로 제공되고 있다. Iconosquare(pro.iconosquare.com)는 이런 도구 중의 하나이다. 자체 제공하는 인사이트를 이용할 경우 게시물의 노출과 도달, 링크의 클릭 수, 프로필 방문 수 등 사용통계를 활용할 수 있고, 개별적인 게시물, 홍보의 진행상태를 확인하거나 타깃 팔로워들의 인구 통계적 정보나 인사이트 등을 확인할 수 있다.

✎ 트위터 마케팅 활용 ✎

트위터 개요

트위터는 타 소셜 미디어들보다 '대화' 한다는 성격이 한층 두드러지게 강하다. 한 트윗(tweet: 게시글) 당 사진과 비디오를 입력할 수도 있으며 문자 입력도 가능한 멀티미디어지만, 처음 출발할 때부터 짧은 단문을 통한 대화가 가장 눈에 띄는 점이었다. 상호 간의 대화하는 느낌이라는 장점 때문에 홍보 및 브랜드 관리, 고객과의 상호작용을 원하는 기업은 물론이고 팬들과 소통을 원하는 유명인이나 셀럽, 정치인 등에 의하여 인기리에 사용되고 있다.

미국 대통령이었던 오바마나 트럼프(twitter.com/realDonaldTrump)는 트위터를 선전 도구로 적극적으로 이용한 대통령들이다. 대화와 유사한 방식의 상호작용을 통해 싹 튼 친밀한 관계로 인하여 트위터의 팔로워들은 다른 소셜 미디어 팔로워들보다 로열티가 더 강한 경향이 있으며, 기업의 마케팅 활동에도 더욱 적극적으로 반응하는 것으로 알려져 있다.

트위터 정치

트위터 비즈니스 계정

트위터를 효과적으로 사용하기 위해서는 트위터의 기본 프로파일(profile) 정보를 충실히 작성하는 것이 시작이다. 프로파일은 트위터의 URL 주소의 일부가 되며 타인의 트위터와 구분짓는 수단이 된다는 점에서 기업의 대표 브랜드와 같은 역할을 한다. 삼성전자는 samsungtomorrow(twitter.com/samsungtomorrow)를 사용하고 있다. 비록 트위터에서 프로파일 이름을 수시로 바꾸는 것을 허용하고는 있지만, 잦은 변경은 이용자가 주소를 기억하고 전파하는데 불리하기 때문에 처음부터 바꿀 필요가 없는 조심스러운 작명이 필요하다. 트위터 계정을 소개하는 바이오(bio) 정보도 개설 목적과 기업 정보의 전달이 적절하도록 작성해야 하며, 프로파일 대표 이미지가 되는 사진은 기업의 브랜드나 그 정체성이 잘 드러나는 사진을 선택하여야 한다.

비상업용 개인 계정일 경우에는 자신의 긍정적인 면모가 잘 드러난 실제 사진을 사용하는 것이 좋다. 실제로 트위터상에서는 사진이 없는 계정보다 친근한 미소의 사진이 있는 계정이 더 환영받는다고 한다. 특히 2014년부터 트위터는 전체 페이지의 상단에 헤더 이미지를 허용하여 기업이나 개인에 맞는 맞춤 이미지 활용이 가능해졌다. 트위터가 사진, 이미지보다 글의 중요성이 강조되지만, 첫인상의 중요성을 간과할 수는 없다.

삼성전자 트위터 프로파일

트위터 활성화 방안

최근 콘텐츠 공유를 강조하는 소셜 미디어들의 추세에 맞추어 트위터도 게시글을 페이스북 페이지에 동시 게재가 가능하도록 옵션으로 허용하고 있다. 그러나 동시 게재를 시행할지는 다소 신중하게 판단할 필요가 있다. 우선 운영자별 차이는 있지만, 페이스북 페이지가 보통 길게는 주 3~4회 혹은 짧게는 하루 1~2회 정도의 주기로 포스팅되는 데 비하여 트위터는 하루에도 수차례 혹은 수십 차례 이상 포스팅할 정도로 그 주기가 짧다. 따라서 페이스북 페이지의 충성도 높은 팔로워들은 트위터로 인한 지나치게 잦은 포스팅 증가를 스팸(spam) 메시지로 인식할 위험이 있으며, 페이스북의 중요한 메시지가 의미 없는 트윗에 매몰될 수도 있다.

또한, 트위터와 페이스북 페이지의 이용자들은 그들의 성향이나 특징이 다르므로 두 미디어는 분리하여 차별적으로 운영할 필요성이 있다. 트위터의 주 이용자들은 기업이나 셀럽과의 대화와 즉각적인 소통, 문제 해결을 추구하는 경우가 많다. 따라서 즉각적인 대응을 할 수 있는 트위터 전담자가 24시간 네트워크상에 상주하는 것이 최선이다. 그러나 현실상 그렇게 하기 힘든 경우에는 응답이 가능한 시간대를 명시하고, 그 시간을 잘 준수하여야 한다. 만일 24시간 운영되는 콜센터가 있다면 그 콜센터에 트위터 관리의 역할과 책임을 부여하는 것도 한 방법이다. 이와 달리 페이스북은 즉각적 응답이 권장될 수는 있지만 필수적 요소는 아니다. 인스타그램 역시 지향하는 미디어의 특성이 확연히 다르다. 이상의 차이점을 고려하여, 트위터를 효과적인 마케팅 도구로 잘 활용하기 위한 구체적 제안은 다음과 같다.

1) 짧은 문장인 만큼 작성에 더 큰 정성을 들여야 한다. 맞춤법, 띄어쓰기 등은 기본이며, 영문 트윗의 경우는 문맥에 더욱 주의할 필요가 있다. 특히 영문 트윗의 경우에는 그래멀리(Grammarly), 징거(Ginger) 등 영문법 오류를 검사해주는 프로그램들이 기초적 실수를 예방하는데 도움을 준다. 또한 최근 트위터가 허용하는 글자 수가 기존의 트윗당 140자에서 280자로 두 배 늘면서 글자 수 제한을 초과하는 경우는 줄어들었지만, 너무 긴 글은 트위터의 이용자가 선호하지 않을 수 있다.

2) 트윗의 포스팅 주기에 대한 고려가 필요하다. 트윗이 너무 드물게 올라오면 관심을 끌기 어렵지만, 너무 잦은 트위터는 스팸으로 취급받거나 성가시게 여겨질 수 있다. 하루 몇 개

의 트윗이 적절한지는 확정될 수 없으며 상품과 방문자 특성에 따라 달라질 수밖에 없다. 그러나 별다른 내용도 없으면서 스팸처럼 양산되는 내용은 피해야 한다. 또한, 트윗 포스팅을 올리는 시간은 목표 고객의 특성이 고려되어야 한다. 직장인이라면 근무 시간보다는 출퇴근 시간대나 야간에 올리는 것이 효과적일 수 있으며, 주부라면 그 반대일 수 있다.

3) 트윗은 하루에 수차례 이상 자주 업데이트되며, 이용자 역시 불특정 시간에 잠깐 틈을 내어 보기 때문에 중요한 정보나 가치 있는 글이 새로운 글에 가려서 노출되지 않는 아웃데이트(outdate) 현상이 자주 발생한다. 이를 예방하기 위해서 같은 글을 다시 트윗하는 것도 중요한 트윗 마케팅의 일환이다. 다만, 이미 그 트윗을 읽은 방문자가 존재할 수 있기 때문에 리트윗하는 글은 글의 제목이나 사진, 문체 등을 조금씩 변형한 후 올리는 것이 필요하다.

4) 해시태그(#)를 적절하게 활용하라. 다른 소셜 미디어에서와 마찬가지로 트위터에서도 해시태그를 이용하여 자신의 글을 유사한 주제 그룹으로 묶이게 하거나, 글의 키워드를 강조할 수 있다. 해시태그는 짧을수록 강력하며, 주 방문자들이 관심 있는 키워드를 반영하여야 한다.

5) 중요 트윗은 상단에 고정하라. 모든 트윗은 시간순으로 상단부터 노출되지만, 데스크톱에서 트위터를 운영할 때는 게시글 메뉴의 '내 메인에 올리기' 기능으로 특정 글을 상단에 고정할 수 있다. 브랜드의 정체성 선언, 다가오는 주요 이벤트 및 행사, 기타 중요 홍보자료는 일정 기간 상단에 고정 노출하는 것이 효과적이다.

6) 멘션(@)을 하거나 다이렉트 메시지(쪽지) 응답 시 인간적 면모를 보여라. 고객이나 타인으로부터 멘션(@)을 받았을 때 즉각적으로 응답하며, 상대방을 배려하고 있다는 느낌을 제공하는 것이 시작이다. 이런 배려는 상대방에게 만족과 감동을 주게 되며, 브랜드 충성도를 제고시킨다. 특히 대기업의 경우 너무 많은 방문자 접대의 어려움으로 인하여 적절하게 멘션에 대한 감사를 표하지 못하는 경우가 있는데, 개선이 필요하다. 특히 고객님과 같은 형식적 호칭보다는 상대방의 이름을 직접 언급하는 답변이 보다 인간적 분위기를 풍긴다. 쪽지 메시지 역시 동일한 수준의 관리가 필요하다.

7) 트위터의 검색 기능을 활용하여 잠재고객을 적극적으로 찾아내라. 그리고 그들과 관계

를 구축하라. 트위터 검색창에 기업의 명칭, 브랜드, 상품명 등을 입력하면 이를 언급한 수많은 트윗과 게시자들을 검색해낼 수 있다. 이들을 찾아내어 먼저 감사의 글을 올리거나 적절한 트윗을 달아준다면 감동하게 할 수 있을 것이다. 이 검색 기능은 역으로 경쟁사의 고객을 확인하고, 이탈한 고객을 탈환하기 위한 목적으로도 효과적인 이용이 가능하다. 기업과 경쟁 중인 기업이나 제품명을 검색한 후, 이들을 대상으로 할인쿠폰, 프로모션 참가 등 특별한 제안을 선제적으로 제공할 수 있다. 상대 기업이 트위터 관심이 낮다면 자신들의 고객이 이탈하는 이유조차 모를 것이다. 이 전략은 특히 소수의 고객이 큰 매출을 창출하는 B2B 사업에서 유용한 방법이다.

검색 기능 이용

8) 새로운 유입 방문자에 대한 특별한 감사를 보내라. 멘션 태그 혹은 쪽지 등의 기능을 활용할 수 있으며, 소수일 때 새로운 방문자를 환영하는 트윗을 주기적으로 업데이트할 수 있다.

9) 트윗 글에 어울리는 적절한 사진과 동영상은 리트윗(retweet)될 가능성이 크다. 다른 곳에서 보기 힘든 독창적인 사진을 중심으로 올리는 것이 필요하다. 기업의 출시 이전의 신제품이나 광고 메이킹 사진이나 영상 등은 해당 기업이 가장 많은 정보 원천을 독점적으로 가지고 있으므로 쉽게 차별화가 가능하다. 신제품의 예고편, 광고 촬영 장면, 광고 모델의 일

거수 등 독특한 브랜드 관련 연상 이미지들을 발굴하여 트위터에 활용하면 희소성으로 인하여 그 트윗은 다시 리트윗될 가능성이 크다. 우리 기업만이 가지고 있는 콘텐츠의 독창성을 적극적으로 활용하자.

10) 트위터 기반의 소비자 콘테스트를 개최하라. 트위터의 글이 리트윗하거나 퀴즈 등에 응답하도록 요청하는 촉진 프로모션도 쉽게 가능하다. 콘테스트가 큰 인기 속에 개최되고 있다는 인상을 방문자에게 주는 것이 행사 홍보에 효과적이므로 개인적 상호작용인 쪽지를 이용한 일대일 형식의 프로모션은 효과성이 떨어질 수 있다. 트위터 방문자에게 할인쿠폰이나 할인 코드 등을 제한적으로 제공하는 프로모션도 가능하다.

11) 오프라인 모임으로 확장하라. 트위터의 팔로워들을 현장 오프라인에서 만날 수 있는 이벤트나 모임의 기회와 참여 동기를 제공하라. 이들은 기업의 지원과 후원 아래 열린 모임 행사에 참여하면서 브랜드 로열티가 상승할 것이며, 모임 그 자체도 하나의 중요한 콘텐츠로 다시 소셜 미디어 마케팅의 주요 소재, 사진, 스토리로 활용이 가능하다. 한류 스타인 BTS와 콜라보레이션으로 칼라렌즈를 제조, 판매하는 MTPR은 오프라인 출시 이벤트를 통하여 트위터에서 확보한 고객들을 쉽게 현장으로 불러모을 수 있었다.

유튜브의 마케팅 활용

유튜브 개요

동영상 기반의 소셜 미디어 시장은 가장 경쟁이 뜨거운 신규 플랫폼 시장이다. 페이스북, 인스타그램 등 다른 소셜 미디어들이 경쟁적으로 비디오 게시를 허용하기 시작하였고 스마트폰에 최적화된 15초간의 짧은 세로 보기 동영상을 제공하는 틱톡(Tik-tok)등 모바일 기반의 새로운 서비스들이 성공적으로 등장하고 있다. 그럼에도 불구하고 여전히 유튜브는 비디오의 창작과 공유를 위한 현존하는 최적 플랫폼이며 다양한 비디오 마케팅 활동의 기반이 되고 있다.

닐슨 코리아클릭이 2018년도에 조사한 자료에 따르면 유튜브의 월별 순 방문자는 방대하다. 매월 모바일 기기에 의한 유입이 2,446만 명, PC 기기에 의한 유입이 1,329만 명에 이르고 있으며 PC와 모바일을 합친 숫자는 국내 총 인터넷 사용자인 4,300만 명의 70% 이상에 해당한다. 사용자 연령층 역시 40대가 551만 명으로 가장 많은 비중을 차지하고는 있으나 10대부터 60대까지 비교적 고르게 분포되어 있다. 평균적인 사이트 체류 시간은 하루에 32분이었으며, 특히 1990년대 중반 이후 탄생한 Z세대(10대와 25세 미만의 젊은 이용자)들은 하루 1시간 이상을 유튜브에 사용하고 있었다. 이는 다른 소셜 미디어들과 비교하면 월등히 긴 이용 시간이며, 젊은 소비자들이 더는 TV를 보지 않는 이유를 설명해준다.

유튜브 크리에이터 계정

유튜브에는 콘텐츠를 단순 소비하는 채널 방문자와 콘텐츠를 제작하는 크리에이터의 두 가지 이용자 집단이 존재한다. 콘텐츠 채널을 운영하려는 기업이나 개인 크리에이터는 자신만의 방송 채널을 확보하기 위해서는 반드시 사전에 채널별 고유하게 발급되는 스트림 키(stream key)를 발급받아야 한다. 스트리밍 키는 유튜브 가입 후 '크리에이터 스튜디오' 메뉴를 통해서 발급받을 수 있으며 발급된 키는 '실시간 스트림' 메뉴의 기본 정보 내 인코더 설정값에서 확인할 수 있다. 이 키를 가지고 있는 사람은 누구나 채널 소유자의 명의로 방송을 할 수 있다. 따라서 키가 외부로 유출되지 않도록 각별하게 보안에 신경을 써야 한다.

유튜브 스트림 키

유튜브 활성화 방안

다른 소셜 미디어 활용에서 강조한 것과 같이 유튜브 역시 브랜드라고 할 수 있는 유튜브 채널 이름, 즉 URL을 브랜드나 기업 정체성을 반영할 수 있도록 이해하기 쉽고 간단한 이름으로 작명하여야 한다. 계정별 프로파일과 프로파일에 포함되는 사진과 배경은 중요한 채널 홍보 기회가 되므로 신중하고 충실하게 선택하여야 한다. 유튜브는 방문자들이 유튜브를 검색할 때 특정한 사람을 검색해주는 것이 아니라 방문자가 관심을 가지리라고 예상되는 관련 채널 전체를 추천하고 있다. 따라서, 본인이 운영하는 채널에 적합한 채널 키워드를 입력하는 것은 검색 결과의 노출에 유리하며 유튜브 마케팅의 기본이 된다.

또한, 유튜브는 비디오에 최적화된 미디어이므로 채널 홍보에도 비디오의 역할이 크다. 일 예로, 채널 예고편이라 할 수 있는 트레일러(trailer)를 제작하여 본인이 제작하는 모든 동영상의 시작 초반부에 삽입하는 것 역시 효과적이다. 동영상은 달라도 매번 동일하게 반복되는 트레일러는 일종의 내 채널을 상징하는 시그니쳐이며 채널이 지향하는 콘텐츠의 특성을 보여준다. 다만 트레일러의 상영 길이는 지나치게 길면 지루함을 느낄 수 있으므로 너무 길지 않도록 하여야 한다. 트레일러 제작을 위해서는 보통 어도비 프리미어(Adobe Premiere) 같은 전문적 동영상 제작 도구를 이용하지만, 초보자의 경우에는 비디오 몬스터(videomonster.com) 같은 간단한 동영상 템플릿 제작지원 서비스의 활용도 가능하다.

유튜브에서 채널을 구성한 후 효과적인 마케팅을 수행하기 위한 구체적인 방법은 다음과 같다.

1) 동영상 품질이 기본 조건이다. 유튜브는 최저 144p급부터 최근에는 4K급까지 다양한 해상도 옵션을 제공하고 있으며, 기기나 화면 치수에 맞추어서 최적 화면 해상도를 송출하거나 선택할 수 있다. 최소한 비디오 품질은 PC 화면에서 선명하게 나올 수 있도록 720p 이상으로 제공될 필요가 있으며, 음성 오디오 역시 선명하게 제시되어야 한다. 특히 최근에는 VR이나 360도 영상 등 새로운 영상 포맷이 유튜브에 탑재되면서 고해상도 화질에 대한 욕구는 증대하고 있다. 생방송을 녹음하여 제공하는 형태의 채널의 경우 음성 오디오 잡음 등 문제

가 쉽게 발생하는 경우를 볼 수 있어 깨끗한 오디오 녹음의 중요성도 크다.

　2) 유튜브의 검색 방식의 이해와 최적화가 필요하다. 유튜브 검색 결과와 검색 순위에 영향을 미치는 핵심 요소는 제목, 설명 문구, 그리고 해시태그이다. 자신의 영상을 원하는 검색 결과에 항상 노출시키고 싶다면, 기본적으로 꾸준히 해당 키워드를 자신이 운영하는 채널과 동영상의 제목, 설명 문구, 해시태그에 빈번하게 등장시켜야만 한다.

　3) 저작권과 콘텐츠 관리 정책에 주의하자. 유튜브는 선정성, 폭력성, 정치적 편향성 등의 문제로 유튜브 약관에 위배된 콘텐츠에는 노란색 달러 모양의 아이콘, 인터넷 은어로 '노란 딱지'를 붙인다. 유튜브 내에서 노란 딱지가 붙은 영상은 광고 게재가 제한돼 수익 창출이 사실상 불가능하다. 또한 동영상과 사진, 음악들이 사용되는 과정에서 저작권 위반 정도가 심할 때는 채널이 폐쇄될 우려도 있다. 이런 민감한 문제를 도와주기 위하여 유튜브는 음악과 다양한 음향효과를 무료로 제공하는 오디오 라이브러리(www.youtube.com/audiolibrary)를 운영하고 있다.

유튜브 노란 딱지

　사진이나 동영상의 경우 본인이 직접 촬영한 사진을 이용하거나, 저작권 무료인 다양한 사진 공유사이트들을 이용하는 것도 한 방법이다. 이런 사이트로는 픽사베이(pixabay.com), 비쥬얼 헌트(visualhunt.com) 등 다수의 사이트가 이미 존재한다. 다만 무료 콘텐츠들인 경우에도 각 콘텐츠가 CC0(creative commons zero)인지를 확인할 필요가 있다. CC0는 사진 원 작가가 모든 권리를 포기하였음을 의미하며, 상업적 목적을 포함한 다양한 목적으로도 무료로 활용할 수 있다는 인증이다(creativecommons.org). 또한, 이와 반대로 본인의 콘텐츠에 대한 저작권 관리도 강화할 필요가 있다. 콘텐츠 간 경쟁이 심해지면서 콘텐츠가 도용당하는 경우도 증가하고 있다. 자신의 콘텐츠에 적용할 워터마크(watermark)를 유튜브 콘텐츠에 적용하는 것도 고려하자.

무료 이미지 공유사이트

4) 누가 카메라 앞에 설 것인가? 전통적인 마케팅 이론에서는 옹호인(endorser) 이라는 개념으로 적합한 모델의 조건을 결정한다. 이런 이론에 바탕을 뒀을 때 가장 좋은 유튜브 BJ 는 신뢰성, 매력성, 전문성의 3박자를 두루 갖춘 옹호인 이다. 또는 더 단순하게 미인, 아기, 애완동물을 의미하는 3B(beauty, baby, beast)를 선정의 기준으로 활용할 수 있다. 전문 BJ 활용에 따른 비용이 부담되는 경우에는 기업 내부 인력 중에서 유머 감각이 뛰어나거나 호감 가는 인물을 자체 발탁할 수도 있고, 아예 아바타 등 CG(computer graphic)로 대체하는 것도 가능하다. 대표적인 프로그램인 페이스릭(facerig.com)은 다양한 동물이나 사람, 애니메이션 캐릭터를 사용하여 방송할 수 있도록 도와준다. 그러나 중요한 것은 기업, 제품, 브랜드 개성을 고려하여 적합도가 높은 옹호인을 기용하는 것이 중요하다. 이들은 콘텐츠의 일부이므로 주제에 적합한 외모, 이미지, 의상, 목소리, 분위기, 전반적인 톤 등 세심한 설계가 필요하다.

다만, 때로는 뜻밖의 조합이 흥미를 유발할 수도 있는 것은 의외성이 허용되는 소셜 미디어의 특성이다. 보다 전문성을 강화하기 위해서는 추가적인 비용이 소요될 수 있으나 전문 크리에이터와의 협업도 활용할 수 있다. 이미 잘 알려진 인플루언서나 크리에이터를 모델로 활용한 광고 영상의 제작도 가능하다. 만일 전시회나 트레이드쇼에 참석할 기회가 생긴다면 현장에서 만나게 되는 전문가나 현장 방문객들을 비디오의 일부로 활용하는 인터뷰도 권장된다.

5) 비디오도 시청자와의 서먹함을 깨는 아이스브레이킹(icebreaking) 과정이 필요하다. 처음 방문자의 경우 채널이나 BJ에 대한 정보나 경험이 없어서 불편함을 느낄 수 있다. 이런 경우를 위하여 비디오 게시물마다 인사말과 간단한 채널 소개를 삽입하여야 한다. 유튜브의 인트로(intro) 전략이나 맺음말과 같은 클로즈 엔딩을 어떤 멘트나 자막으로 마무리할지를 미리 사전에 기획하라. 또한 방문객에게 친근함을 주기 위해서는 채널의 주제가 정치, 사회 등 다소 무거운 주제인 경우에도 유머 코드를 적극적으로 사용하는 것을 주저해서는 안 된다.

6) 비디오는 장편인가 단편인가? 상영 길이의 적절성에 대한 고려가 필요하다. 적절한 상영 길이에 대한 일괄적인 기준은 없다고 보는 것이 타당하며, 결국 채널의 목적과 정보의 유형 등 상황에 따라 결정될 수밖에 없다. 한 가지 공통의 기준이 있다면 시청자가 지루해하기 직전까지가 최대한의 길이라고 보는 것이 타당하다. 이에 대한 간단한 방법으로는 역으로 동일 카테고리 내에 있는 인기 경쟁 채널을 분석하는 것도 가능하다. 유사한 주제의 인기 채널의 콘텐츠가 상영되는 시간의 평균을 조사해 보자. 그것이 하나의 참조할 만한 기준이 될 것이다.

7) 비디오의 갱신은 지속적이고 주기적으로 하는 것이 좋다. 새로운 콘텐츠를 지나치게 긴 주기로 게시하거나 한꺼번에 여러 편을 몰아치기 형태로 게시하는 경우 방문자의 지속적 관심 유지에 불리하다. 더 나은 전략은 매주 게시 주기를 사전에 정해놓고 정해진 요일과 시간을 예고하는 것이 권장된다. 방문객들은 자연스럽게 다음 비디오 게시물을 예측하고 시청을 기다리게 될 것이다. 만일 생방송을 하게 될 때는 미리 방송 예고 등을 하는 것도 필요하다.

8) 콘텐츠의 제목 타이틀과 자막은 짧고 명확하게 정리하자. 시간을 두고 천천히 읽어내려가는 신문이 아니다. 시청자가 스마트폰의 작은 화면에서 글자들을 읽기 위해 무의미하게 고생할 필요는 없다는 것을 기억하자. 전하고자 하는 핵심 내용은 문자보다는 재치있는 영상을

통하여 제공하는 기획이 필요하다.

9) 방문자의 상호작용을 촉진하라. 방문자들이 좋아요, 공유, 저장하기를 통하여 내 채널과 관련을 맺도록 유도하여야 한다. 이를 위하여 구독이나 '좋아요'를 누를 것을 BJ가 직접 방송 중에 요청할 수 있으며, 콘텐츠마다 구독 권유를 시작 인트로나 콘텐츠 끝에 문자로 삽입할 수도 있다. 특히 구글 애즈의 광고 소재로 등록된 영상의 경우에는 CTA(call to action)를 설정할 수 있다. '영상 정보 및 설정' 페이지를 통하여 랜딩 페이지의 URL을 지정하여 클릭을 유도하는 오버레이(overlay) 기능을 활성화할 수 있다. 또한, 방문객들이 종종 남기는 댓글이나 코멘트에도 효과적으로 대응하여야 한다. 이들의 질의나 코멘트에 즉각적으로 적절한 내용으로 응답하는 것이 중요하다.

10) 고객의 지속적인 여정을 도와줄 수 있는 주석(annotation)을 추가하자. 주석을 추가함으로써 유튜브 밖에 존재하는 랜딩 페이지로 연결할 수 있다. 호감이 드는 브랜드 영상을 본 이후에 해당 브랜드에 대한 추가적 정보 검색이나 구매가 가능하도록 연결하는 작업이 필요하다. 이런 주석 기능을 활용하기 위해서는 자신의 유튜브 계정을 전화번호 등으로 검증(www.youtube.com/verify)한 이후에 웹사이트 주소를 입력하고 해당 웹사이트의 정당한 소유주인지 아닌지를 구글 써치콘솔(search.google.com/search-console)을 활용하여 다시 검증받은 이후에야 가능하다.

11) 유튜브 썸네일을 별도로 제작하여 올릴 것을 추천한다. 유튜브는 다수의 동영상 업로드 시 자동으로 추출한 썸네일을 대표 이미지로 저장할 수 있도록 지원한다. 그러나, 이 썸네일을 그대로 이용하기보다는 자신만의 콘텐츠 내용을 잘 반영할 수 있는 별도의 썸네일을 작성하여 이용하는 것이 보다 효과적이다. 시청자들은 썸네일만 보고 시청 여부를 결정하는 경우가 적지않기 때문에 콘텐츠의 내용에 가장 적합한 사진과 방문을 유도하는 광고 문구가 썸네일 최적의 해상도에 구현되도록 별도로 제작하여 이용하여야 할 것이다.

A. 맞춤제작된 썸네일

B. 자동추출된 썸네일

썸네일 별도 제작 및 자동추출 비교

12) 자신의 다른 소셜 미디어, 블로그, 웹사이트에 유튜브 채널을 연계하거나 위젯 형태로 삽입하라. 더 많은 노출 기회는 구독자 증가의 방법이다. 또한, 광고 예산이 있다면 유튜브 채널의 광고를 소셜 미디어나 검색 엔진 광고를 통하여 집행하는 것도 고려할 수 있다.

PART 05

1인 미디어
운영

OBS와 1인 방송

OBS 설치와 방송 송출

1인 방송 콘텐츠 제작 실제

유튜브 크리에이터 활용

OBS와 1인 방송

OBS의 이해

동영상 편집이 가능한 소프트웨어는 다양하지만, OBS(open broadcaster software)라는 동영상 편집 및 방송지원 도구의 인기는 나날이 강력해지고 있다. OBS가 최초로 대중에게 공개된 것은 2012년 말이었으며, 이 오픈 소스의 개발을 주도한 개발자는 짐 베일리(Jim Bailey)이다. 이후 이 프로그램은 계속 새로운 기능과 성능 향상이 더해지면서 빠르게 성장하였고, 사용자의 만족도 증가에 따라 입소문을 통하여 유튜브 크리에이터들에게 빠르게 퍼져나갔다. 이 과정에서 수많은 협력자와 조언자들이 도구의 성능 향상에 이바지하였다. 그 결과 최근 OBS 버전에서는 개인방송 제작자가 원하는 거의 모든 기능과 성능을 충족시키고 있다.

OBS는 무엇이며, 왜 이토록 많은 사람들이 이 동영상 편집 소프트웨어를 사랑하고 있는가? OBS는 매우 강력하고 편리하며 착한 도구이다. OBS는 개인방송을 원하는 모든 사람의 요구를 충분히 충족시킬 수 있을 정도로 강력하고 유연한 도구지만 완전한 무료 프로그램으로 제공된다. OBS는 완전한 오픈 소스이며, 이의 성공을 위하여 수없이 많은 익명의 개발자, 엔지니어들이 자원봉사의 형태로 프로그램을 개발, 개선, 유지하고 있다. 누구나 무료로 OBS를 사용할 수 있으며 Github(github.com)와 같은 소프트웨어 개발을 위한 온라인 협업 도구를 통하여 성능 향상에 기여하거나 커뮤니티의 일원이 되는 것도 가능하다.

INSHOW 2019

OBS는 특히 유튜브 등을 통한 실시간 생방송 제작에 최적화된 도구이다. OBS는 게임이나 동영상 클립, 스크린 캡처 등을 포함한 방송이나 동영상을 제작할 수 있으며, 파워포인트나 워드, 웹 브라우저 등 기존의 다양한 콘텐츠들을 활용한 방송이나 동영상 제작에도 적합하다. 기존 유사한 기능을 제공할 수 있었던 대표적인 프로그램들인 xSplit(www.xsplit.com), Camtasia(www.techsmith.com), Adobe Premier 등과 비교할 때 사용과 프로그램 운영이 간편하고 유용하며 무료라는 장점이 있다. 그 외 사용 시 발생하는 문제 해결과 응용 팁 등 정보 공유에 유용한 개발자 커뮤니티가 활성화되어 있는 것은 큰 장점이다.

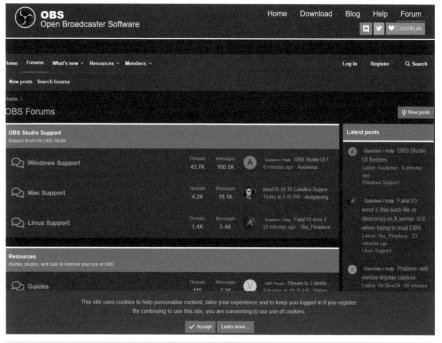

OBS 사용자 커뮤니티

OBS는 사용자들이 다양한 소스들을 믹스(mix)할 수 있는 미디어 믹스 기능을 제공하며, 사용자의 방송 목적에 적합하도록 다양한 인풋(input) 요소들을 조절할 수 있도록 도와준다. 본 프로그램은 다양한 비디오 및 오디오 소스, 웹 카메라, 인터넷 브라우저, 파워포인트나 문서, 게임 화면, 그리고 그 외 다양한 소스들을 추가적인 소프트웨어 비용 없이 처리할 수 있다.

기본적으로 OBS는 개인 미디어 기반의 생방송 플랫폼인 유튜브, 트위치(www.twitch.tv), 페이스북 등과의 연동성이 뛰어나며, 이들 플랫폼에 적합한 기본적인 초기 설정이 제공된다. 그밖에 OBS에 내장된 RTMP(real time messaging protocol)를 커스토마이징함으로서 보다 다양한 기타 방송 플랫폼을 위해서도 운용될 수 있다. 새롭게 등장하고 있는 다양한 생방송 플랫폼을 지원하기 위하여 OBS는 지속적인 업그레이드를 하고 있으며, 변화하는 인터넷 방송환경에 대한 유연한 대응도 큰 장점이다.

생방송 장비

OBS를 활용할 경우 추가적인 장비나 소프트웨어에 대한 투자 없이도 즉각적인 개인방송 제작과 송출을 할 수 있다. 프로그램 자체는 무료로 이용할 수 있으며 장비 역시 큰 부담 없이 시작할 수 있다. 물론 적절한 스태프의 지원 아래 좋은 장비를 다양하게 활용하고 방음 등이 완벽히 갖추어진 스튜디오를 갖추는 것이 이상적이겠지만 이런 경우 그 준비 시간과 예산은 기하급수적으로 증가한다. 실제로 개인 방송에 적합한 개인 스튜디오 부스를 제작하여 판매하는 기업이 늘고 있는데, 그 가격은 수천만 원 이상을 쉽게 호가하기도 한다.

그러나 1인 방송이라는 취지를 고려하면 이런 완벽한 시설과 장비를 갖추고 시작하는 것은 사실상 어려운 일이다. 다행히 PC와 스마트폰만 있다면 사실상 아무런 추가 비용을 들이지 않고도 방송할 수 있다. 고화질 방송이나 프레임 수가 많은 고품질 게임방송을 할 경우에는 이에 적합한 수준의 고가의 그래픽 카드 등을 갖출 필요가 있지만, 일반적인 방송의 경우에는 보통의 PC 수준으로도 최소한의 운용은 가능하다.

개인방송을 위한 최소한도의 장비로 보통 고품질 영상 촬영이 가능한 웹캠(보통 Logitec C920pro 모델급 이상이 자주 사용된다), 간이형 LED 조명 장치, 삼각대, 그리고 크로마키 촬영을 위한 블루 스크린 등이 필요하다. 이들 장비를 욕심 없이 갖추었을 경우 대략적인 가격은 큰 부담이 없는 수준이며, 알리익스프레스(www.aliexpress.com) 등 몇몇 직구 사이트들을 이용할 경우 국내 판매가격의 절반 이하의 가격으로도 구매가 가능하다. 혹은 화각과 밝기가 좋은 스마트폰의 카메라만으로도 간단한 시작이 가능하다. 실제로 100만 명 이상의 시청자를 거느린 유명 인플루언서 중에도 처음에는 채 5만 원도 안 되는 장비 투자로 시작한 경우도 종종 발견된다. 스마트폰을 웹캠으로 바꾸어주는 DroidCam(www.dev47apps.com) 같은 앱을 설치하면 내 스마트폰을 웹캠처럼 활용하여 OBS와 연동한 실시간 방송도 바로 가능하다.

개인방송의 최소 장비

OBS 용도 및 사용처

이러한 강력하고 편리하며 비용 효율적인 특징은 OBS를 개인은 물론이고, 소상공인, 기업, 비영리 법인 등 인터넷 방송을 희망하는 다양한 사용자 계층 모두의 표준적인 스트리밍(streaming) 플랫폼으로 자리 잡게 해 주었다. 다양한 사용자 집단들은 OBS를 이용하여, e스포츠 게임 중계, K-POP 한류 등 연예계 소식, 먹방, 부동산, 증권 등 재테크 방송, 대학 등 교육 기관의 온라인 강좌 등 다방면에 걸쳐서 생방송을 진행하고 있다. OBS로 가능한 주요 용도는 다음과 같다.

1) 프레젠테이션의 녹화 및 생방송

: OBS는 파워포인트 등을 이용한 프레젠테이션의 녹화에 적합하며, 그 외 음성을 통한 프레젠테이션 녹화, 실시간 회의, 교회 등 종교단체의 포교 활동의 중계에도 적합하다.

2) 교육용 비디오 녹화 및 생방송

: 제품 설명서, 교육훈련용 비디오, 플립 러닝(flipped learning), 기업체의 직원 연수 등 다목적으로 활용할 수 있다.

3) e스포츠 게임의 녹화 및 생방송

: 고가의 전용 캡처 카드 등 장비의 구매 없이 고해상도의 게임 화면을 끊김 없이 캡처 및 중계를 할 수 있으며 현재 이러한 게임방송 용도의 표준적 플랫폼으로 활용되고 있다

이러한 강력한 기능을 바탕으로 OBS를 사용하는 주 고객층도 개인에서 점차 기관이나 기업으로까지 확대되고 있다.

1) 교육 기관 및 대학

: 최근 블렌디드 러닝(blended learning), 플립 러닝(flipped learning), 그리고 MOOC(massive open online courses), K-MOOC(www.kmooc.kr) 등 동영상 기반 교수법에 관한 관심이 증대하면서 대부분의 교육 기관들은 온라인을 통한 학습 기회를 제공하고 있다. OBS는 교사와 교수, 그리고 교육 콘텐츠 제공자들에게 손쉽게 온라인 학습에 접

근할 기회를 제공한다.

2) 종교 기관

: 과다한 하드웨어의 투자와 전문 인력의 투입 없이 손쉽게 예배 등 종교 행사 등을 실시간 송출할 수 있는 편리함을 제공하고 있다. 약간의 옵션 조정과 최적화를 통하여 종교 시설이 사용 중인 기존의 장비들과 호환될 수 있으며, 실시간 방송을 통하여 새로운 교인의 확보, 종교 기관 행사의 중계, 실시간 소셜 미디어 선교 활동 등에 이용이 가능하다.

3) 사무용 용도

: 이제 실시간 방송은 개인뿐만 아니라 기업의 마케팅 활동, 구인 활동, 피치 덱(pitch deck)과 같은 투자자 유치 활동 등에 광범위하게 쓰이고 있으며, 특히 스타트업의 투자, 기금 모집, 홍보, 인사 활동 등에 파급력이 향상되고 있다.

4) 생중계 이벤트

: 문화, 스포츠, 개인 친목 등 다양한 이벤트에 활용되며, 단순히 녹화된 기록을 남기거나 외부에 홍보를 위한 실시간 방송 등을 할 때 적합하다.

5) 기타

: 개인 혹은 기관이 동영상의 녹화나 생방송을 원하는 경우 어떤 용도에도 유연하게 대응할 수 있으며, 사용자의 요구 사항을 충족시켜 줄 수 있다.

OBS 설치와 방송 송출

OBS 다운로드 및 설치

OBS를 시작하기 위해서는 본 소프트웨어를 내려받아 자신의 데스크톱이나 노트북에 먼저 설치하여야만 한다. OBS는 이미 매우 많은 사람이 사용하고 있는 유명한 소프트웨어이기 때문에 네이버나 구글 등 포탈에서 'OBS 설치'를 입력하는 것만으로도 다운로드 페이지로 손쉽게 이동할 수 있다. 구체적인 설치 파일은 OBS 홈페이지 (www.obsproject.com)에서 내려받을 수 있다.

설치 시에는 본인의 PC 운영환경에 따라 윈도, 맥OS, 혹은 리눅스의 세 가지 형태의 각기 다른 운영체제중에서 선택하는 것이 가능하다. 2020년 기준 최신판으로는 OBS version 23.0이 배포되고 있으며 지속적인 업그레이드가 수시로 이루어지고 있다. 가장 많이 사용하는 윈도용으로 내려받았을 때는 각자의 윈도 버전에 맞도록 32-bit 혹은 64-bit 버전을 선택하면 된다. 큰 성능 차이를 보이는 것은 아니나 32-bit 버전보다는 64-bit 버전이 더욱 빠르고 안정적이므로 윈도 버전이 호환된다면 64-bit 버전의 설치를 권장한다. 각자의 윈도 OS 버전은 윈도의 시스템 정보에서 확인할 수 있다.

OBS 설치 페이지

내려받은 설치 파일을 클릭하면 자동으로 설치가 이루어진다. 설치 과정은 일반적인 다른 프로그램의 설치와 크게 다른 바 없으므로 특별한 사안이 아니라면 모두 동의하면서 설치를 진행하면 된다. 설치 과정은 영어로 안내되지만 별다른 설정을 하지 않아도 설치 후에는 기본 프로그램 메뉴가 한글로 제공된다.

OBS 주요 메뉴

설치가 종료된 이후는 OBS의 주요 화면과 기능, 인터페이스를 알아보고 최적의 성과를 내기 위한 기본적인 설정을 살펴본다. OBS의 인터페이스는 별다른 어려움 없이 라이브 비디오의 제작, 송출이 가능하도록 직관적으로 구성되어 있다. 본 도서에서는 OBS 버전 23.2.1을 기준으로 안내하고 있지만 설사 현재 사용 중인 OBS 버전이 본 글의 소개 내용과 다르다고 하더라도 기본 인터페이스는 크게 다르지 않으니 안심해도 좋을 것이다. 다만 보다 최신판을 이용하고 싶다면 상단의 OBS 메뉴 바에서 '도움말(H)' 메뉴를 선택한 후 업그레이드 판올림 확인을 선택하면 항상 최신 버전으로의 업데이트가 가능하다. 설치가 무사히 완료되었다면 다음과 같은 초기 작동 화면이 나타날 것이다.

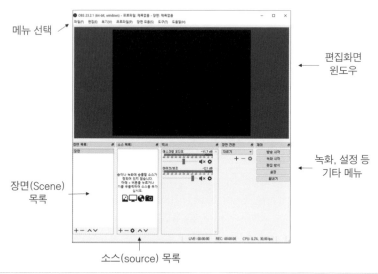

메뉴 선택

편집화면 윈도우

녹화, 설정 등 기타 메뉴

장면(Scene) 목록

소스(source) 목록

OBS 작동 화면

상단의 메뉴 바에서는 파일(F), 편집(E), 보기(V), 프로파일(P), 장면 모음(S), 도구(T), 도움말(H) 등 운영에 필요한 기본적인 메뉴를 선택할 수 있다. 그러나 필수적인 대부분의 핵심 기능들은 상단 메뉴와 별도로 화면 하단의 그래픽 메뉴에서도 처리할 수 있도록 직관적인 GUI(graphic user interface)나 별도의 단축키를 제공하므로 상단 메뉴보다 하단의 GUI 창 이용이 더욱 편리하다. 하단에 있는 장면목록 창, 소스 목록 창, 믹서 창, 장면 전환, 제어, 그리고 단축키를 통하여 대부분의 필요한 기능들을 이용할 수 있다. 특히 1인 방송의 경우에는 혼자서 직접 촬영과 생방송 송출 등 프로그램 운영을 동시에 진행하는 때도 많으므로 대부분 기능은 미리 설정한 단축키나 GUI 버튼을 활용하게 될 것이다.

1) 장면과 소스 목록

: 하단 GUI의 좌측 첫 번째 창과 두 번째 창은 '장면(scene)'과 '소스(source) 목록' 창이다. 소스는 OBS에서 사용할 수 있는 다양한 인풋(input) 자료들을 말하며, 각각의 소스는 하나의 장면(scene)으로 통합되어 있다. 장면은 새로운 그림을 그리기 위한 도화지와 유사한 개념으로, 방송의 여러 장면(scene)처럼 생각해도 될 것이다. OBS 프로젝트를 시작하기 위해서는 최소 하나 이상의 장면이 존재하여야 하고, 이 장면에 필요한 소스들은 선택적으로 투입되는 형태로 제작이 이루어진다. 소스들은 웹캠 카메라 등에서 동영상을 실시간 받는 비디오 캡처 인풋, 게임 장면의 캡처, 파워포인트나 한글 워드처럼 모니터에서 구동되는 여러 프로그램을 캡처하는 디스플레이 인풋, 웹 검색 화면을 캡처하는 브라우저 캡처, 사진 등을 캡처하는 이미지, 이미지 슬라이드 쇼 캡처, 이미 제작된 동영상들을 불러올 수 있는 미디어 소스 인풋, 텍스트를 입력할 수 있는 텍스트 인풋 등이 있으며, 이런 인풋들의 세부 조정을 통하여 독특한 미디어 레이아웃과 전환 효과를 적용할 수 있다.

각각의 장면과 소스들은 자동으로 이름이 부여되지만, 분류가 필요할 때에는 각각 따로 이름을 붙이는 것이 동영상 편집과 방송 운영에 더욱 편리하다. 이를 위해서 해당 장면이나 소스의 마우스 오른 클릭 후, '이름 바꾸기'를 선택하면 된다. 그리고 장면목록과 소스 목록 창 각각의 하단에 위치에 조정기능으로 특정한 장면, 소스를 추가(+)하거나 삭제(−)할 수 있으며, 소스들이 적용되는 시간 순서를 전(∧), 후(∨)로 조정이 가능하다. 각 소스는 장면에서 그 크기를 조정하거나, 위치를 이동할 수 있다.

즉, 장면에 자료 사진을 입력하여 활용할 경우, 자료 사진을 화면 상단, 혹은 하단에 고정할 수 있고 마우스 드래그를 통하여 크기를 줄이거나 조정할 수 있다. 이와 관련된 옵션은 미디어 소스 창 내에 좌측에 눈(eye)과 자물쇠 모양의 표시를 활용할 수 있다. 눈 모양을 클릭한 경우 해당 인풋 소스가 화면에 표시되거나 감추어진다. 방송이 진행되는 시간의 흐름 속에서 어느 시점에서만 제한적으로 해당 소스를 사용하거나 사용을 중단할 때 사용한다. 자물쇠 모양을 클릭한 경우 해당 소스의 크기 조정이나 위치 이동을 할 수 없도록 고정 록(lock)을 걸어준다.

해당 인풋 소스를 이용하기 위하여 실제로 PC에 저장된 사진, 동영상, 음악을 불러오거나 방송에 사용될 웹캠 등을 지정할 때는 각 소스 목록의 해당하는 인풋을 마우스 오른 클릭 한 이후에 알림창을 이용하여야 한다. 이 알림창에는 특수한 효과를 주기 위한 '필터', 실제로 저장된 인풋 소스나 웹캠 지정이 가능한 '속성'의 하위 메뉴가 있다. 소스 목록의 내용과 필터 효과 등은 매우 다양하며, 이를 잘 활용하는 것은 방송의 화질, 내용 구성 등 콘텐츠 품질 제고에 중요한 역할을 반복적 이용을 통하여 숙달될 필요가 있다. 주요 소스들은 다음과 같다.

가) 게임 캡처: 모니터 안에서 게임이 진행되는 화면만을 선택적으로 캡쳐한다.

나) 디스플레이 캡처: 모니터 전체 화면을 모두 캡쳐한다.

다) 미디어 소스: 사전에 준비된 다양한 포맷의 비디오나 오디오 파일을 편집 화면에 삽입해 준다.

라) 브라우저: 웹사이트가 지정된 웹 브라우저를 화면에 삽입해 준다.

마) 비디오 캡처 장치: PC에 연결된 웹캠이나 외부 카메라를 연결해준다.

바) 색상 소스: 장면의 배경 등을 특정 색상으로 지정할 수 있다.

사) 오디오 입력/출력 캡처: 외부 마이크나 스피커를 사용할 수 있게 해준다.

아) 윈도 캡처: 게임 화면, 웹 브라우저, 문서 등을 포함하여 모니터에 디스플레이된 거의 모든 프로그램 화면 창을 캡쳐해준다.

자) 이미지 및 이미지 슬라이드 쇼: 사진 등 이미지를 캡쳐하여 보여준다. 이미지 슬라이드 쇼는 여러 장의 사진을 자동 혹은 수동으로 슬라이드 형태로 보여준다.

차) 텍스트(GDI+) : 화면에 텍스트를 출력하여 보여준다.

이들 소스는 개별적으로 그 기능을 끄거나 켜는 온(on), 오프(off) 처리가 가능하나, 여러 소스를 동시에 조작할 필요가 있는 경우에는 '하나로 묶기' 기능을 적용하여 여러 개의 소스를 하나의 소스처럼 온/오프 하는 것도 가능하다. 또한, 각 소스에서 오른쪽 마우스 버튼을 클릭할 경우 소스별로 제공되는 크로마키, 자르기/덧대기, 색상 키 등 다양한 필터 기능들을 선택적으로 이용할 수 있다.

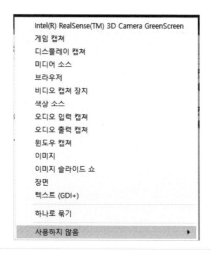

Intel(R) RealSense(TM) 3D Camera GreenScreen
게임 캡쳐
디스플레이 캡쳐
미디어 소스
브라우저
비디오 캡쳐 장치
색상 소스
오디오 입력 캡쳐
오디오 출력 캡쳐
윈도우 캡쳐
이미지
이미지 슬라이드 쇼
장면
텍스트 (GDI+)

하나로 묶기

사용하지 않음

OBS 소스 목록

2) 믹서

: 하단의 중앙에는 믹서가 존재한다. 믹서는 미디어 소스와 마이크의 음량을 조절하고, PC
스피커 등 외부 데스크톱 오디오의 소리를 사용할지 여부를 결정한다. 마이크와 미디어 소스
오디오의 사용 여부는 실시간 스트리밍 방송 혹은 단순한 동영상 편집인지에 따라 다르게 선
택하여야 한다.

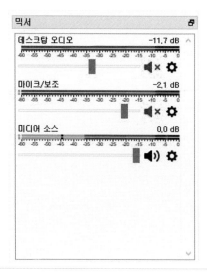

OBS 믹서

3) 제어

: 제어 창에는 방송 시작, 녹화 시작, 설정 등을 조정할 수 있는 버튼이 존재한다. 방송 시작과 녹화 시작을 누르면 작업이 시작되며, 다시 중단 버튼을 누르면 작업은 중단된다. 만일 설정에서 유튜브나 트위치의 스트림 키가 이미 입력된 상태라면 방송 시작을 누르는 것만으로도 연동된 방송 사이트에서 즉각적인 실시간 방송이 시작된다. 편집 방식은 화면 중앙의 편집 창을 하나의 큰 화면으로 사용할지, 혹은 2개로 나누어 사용할지를 결정한다. 만일 화면을 2개로 나누어 편집할 경우 좌측에 먼저 효과를 시험하게 되고, 그 시험 된 효과는 '적용' 버튼을 누를 경우에만 우측 창에 나타나게 된다.

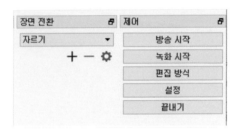

제어 창

설정 메뉴는 다양한 옵션들을 조정할 수 있으며, 단축키 설정이 가능하다. 일 예로 기본적인 프로그램의 언어는 한국어이며 테마 색상 선택은 'Dark'이지만 마음에 들지 않으면 설정 → 일반의 메뉴로 이동하여 언어를 영어로 변경하거나 테마 색상을 기본 값인 Dark 이외에 Acri, Rachni, System 중 하나로 변경할 수도 있다. 본 설정 메뉴에서는 그 밖의 일반 설정이나 방송, 출력, 오디오, 비디오, 단축키, 기타 고급 설정 등 프로그램을 사용자 편의에 맞게 맞춤 조절하는 기능들이 포함되어 있다.

다양한 설정 메뉴에서 눈여겨볼 내용은 '방송' 메뉴이다. 여기서는 유튜브, 트위치 등 생방송 등에 필요한 고유한 개인 스트림 키(stream key)를 입력할 수 있다. 스트림 키는 해킹 등으로부터 보호하기 위하여 엄격히 관리하여야 한다. 또한, 설정 메뉴에서는 일반 설정, 방송설정, 출력, 오디오, 비디오, 단축키, 고급 설정 등을 조절할 수 있다. 이중 오디오 설정, 비디오 설정에서는 녹음 및 동영상 해상도 등을 선택할 수 있으며, 자주 쓰이는 설정 메뉴인 단축키에서는 자신이 편리한 대로 OBS의 기능 대부분을 단축키로 사전에 설정할 수 있다. 특히 단축키 중에서 방송 시작, 방송 중단을 지정하는 단축키는 혼자 방송을 운영할 때 직접 프로그램을 보면서 조작하기 힘든 경우에 유용하다. 고급 설정에서는 녹화된 파일명의 명명 규칙, CPU의 리소스 배정, 네트워크 설정값들이 있다.

OBS 설정 메뉴

/ 1인 방송 콘텐츠 제작 실제 /

제작을 위한 시나리오 작성

OBS 프로그램이 설치되고 웹캠 등 기본적 장비를 갖추었다면 이제 OBS와 다양한 멀티미디어 자료를 활용하여 동영상을 편집, 저장한 후 유튜브, 트위치 등 방송에 올리거나 실시간 방송을 할 기초적인 준비가 된 것이다. 본 장에서는 간단한 스트리밍 방송 제작 사례를 중심으로 실제 OBS의 활용 방법에 대하여 설명할 것이다.

우선 준비한 사례는 5분 분량의 마케팅 강의를 유튜브에 실시간으로 게시하는 경우를 가정하였다. 실시간으로 게시하거나 단순 동영상을 제작하는 두 가지 경우 모두 OBS 프로그램의 운영 과정에는 큰 차이가 없으니 참조하기 바란다. 5분짜리 동영상은 다음과 같은 주제와 내용으로 강의를 구성할 계획이다. 이제 이 강의를 OBS로 스트리밍 방송해보자.

1. 강의제목	마케팅이란 무엇인가?
2. 시간분량	5분 00초(유튜브에 실시간 스트리밍 방송)
3. 주제	마케팅 개념에 대하여 파워포인트 슬라이드, 웹 검색 등을 이용한 다양한 자료와 함께 설명
4. 강의 시간 및 구성	1. 강사가 웹캠을 통하여 5분간 화면에서 설명 2. 화면 하단 좌측에 워터마크를 5분간 게시 3. 강의 시작 1분경과 시점에서 화면 좌측 상단에 PPT 슬라이드로 사례를 제시하여 1분간 사례를 설명 4. 강의 시작 3분경과 시점에서 네이버 검색창을 전체 창 크기로 띄어서 지식인을 활용하여 PPT 슬라이드를 보완하여 1.5분간 상세히 설명 5. 강의 시작 4분경과 시점에서 화면 하단에 '감사합니다.'라는 자막을 강의 종료 시까지 띄운다. 6. 5분에서 강의 종료

OBS 실시간 방송제작 시나리오

OBS의 조작 원리

OBS는 본래 목적이 실시간 방송제작 목적에서 출발하였기 때문에 스트리밍 방송 제작은 물론 동영상 편집 과정도 타임라인을 중심으로 시간을 따라 구성하게 되어있다. 실제 생방송을 진행하듯 전반적인 강의 구성을 준비하여야 하며, 소스 각각이 필요한 시점에 해당 소스를 활성화(on)시키고 더 이상 해당 소스가 필요하지 않은 시점에서 소스를 비활성화(off)시키는 작업이 필요하다. 이런 과정을 5분의 시간 흐름이라는 관점에서 그림으로 자세히 설명하면 다음과 같다.

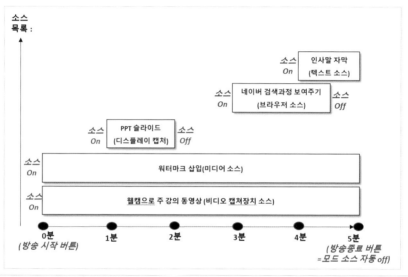

OBS 작동 흐름 예시

반드시 먼저 준비되어야 하는 실시간 방송 콘텐츠에 대한 시나리오와 대본, 구성 방식 등의 구상이 완료되어 이제 스트리밍 방송을 송출하는 제작 과정만 남았다는 가정하에 구체적으로 실제 OBS 소프트웨어를 이용한 제작 과정을 단계적으로 설명하면 다음과 같다.

1) OBS 운영 준비

: 우선 촬영과 방송 준비가 적절하게 되어있는지 확인한다. 주 강의를 촬영할 웹캠이 PC나 노트북에 잘 연결되어 작동하는지 확인하고, 강의 시간인 5분 내내 하단에 강의 영상에 겹쳐서 보이게 될 워터마크를 이미지 파일 포맷(jpg, bmp 포맷 등)으로 PC에 저장하여 놓는다.

또한, 사용할 파워포인트 슬라이드도 클릭하여 화면에 미리 열어 놓아야 한다. 생방송중 파일을 여는 것은 적합하지 않기 때문이다. 마찬가지로 네이버 지식인 화면도 웹 브라우저로 미리 열어 놓는다. 그리고 마지막으로 어떤 인사말을 텍스트로 보여줄지 마음속에 결정한다.

2) 장면과 소스 목록의 선택

: 바탕 화면이 되는 최소한 하나의 장면을 설정한 후에는 이제 5분간의 방송에서 어떤 순서로 소스를 배치할 것인지 생각하면서, 필요한 소스를 추가(+)한다. 소스 추가를 하기 위해서는 소스 목록 하단의 + 버튼을, 제거하기 위해서는 − 버튼을 누르면 된다. +버튼을 누르면 사용 가능한 모든 소스의 목록이 알림 창으로 보인다. 특정 소스를 지정한 후에 전(∧), 후(∨) 버튼을 누르면 해당하는 소스의 적용 순서가 바뀌어 적용된다. 만일 두 개 이상이 소스가 한 장면 화면에서 겹칠 경우에는 전(∧), 후(∨) 버튼의 선택에 따라 앞에 있는 소스가 우선하여 보이게 될 것이다.

OBS 장면과 소스 목록

각 소스 목록의 소스들을 클릭할 경우 해당 소스의 속성을 지정할 수 있는 알림 창이 등장한다. 소스 속성 알림 창을 통하여 비디오 캡처 장치를 지정하거나 웹 페이지 URL을 입력할 수 있으며, 미디어 파일의 저장 위치를 지정할 수 있다. 이때 속성 알림 창의 내용은 소스별로 각각 다르게 나타난다. 또한, 믹서의 마이크는 용도에 따라 끄거나 켜야만 한다. 이 시나리오에서는 마이크와 미디어 소스의 음성은 입력을 받아 사용하므로 해당 옵션을 켜놓지만,

데스크톱 오디오 음성 출력은 필요 없으므로 해당 옵션은 음을 소거한다.

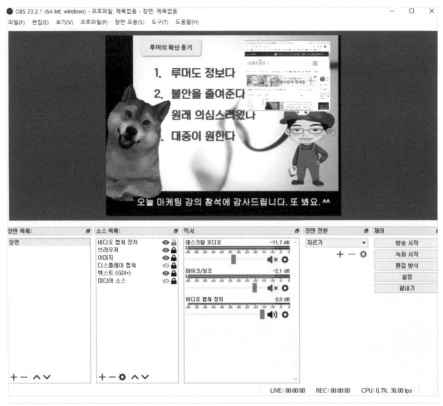

각 소스의 사전 배열 및 크기 조정

3) 소스 목록의 화면 배치

: 소스 목록의 선택이 끝난 이후 소스 목록 칸 우측의 눈과 자물쇠 모양을 살펴보자. 눈 모양을 클릭하여 활성화시킨 경우에는 해당 소스가 적용되어 장면 창에 보여지며, 비활성화하면 소스가 적용되지 않아 창에서 보이지 않는다. 일단 모든 소스를 활성화해보자. 그러면 화면에 적용 가능한 모든 소스가 중복되어 겹쳐진 형태로 보인다. 이때 장면 화면 내 소스가 보여야 하는 위치와 소스별 크기를 마우스로 조정한다. 이런 조정이 완료된 이후에는 자물쇠를 클릭하여 잠근다. 자물쇠를 잠근 이후에는 크기나 위치 조정이 되지 않고 고정된다. 이제 모든 소스를 비활성화 상태로 돌려놓는다.

4) 방송 시작 및 스트리밍 하기

: 이제 방송 시작 버튼을 누르면 방송이 바로 시작된다. 방송 시작과 동시에 소스 중 웹캠을 연결하는 비디오 캡처 장치와 워터마크를 보여주는 이미지 소스를 활성화 상태로 바꾸어 놓으며 스트리밍 방송을 시작한다. 이 두 소스는 방송 종료 시까지 계속 적용되어야 하므로 별도로 비활성화(off) 할 필요는 없다.

방송을 진행하면서 파워포인트 슬라이드를 화면에서 보여줄 필요가 있을 시점이 다가올 때 디스플레이 캡처 소스를 활성화(on) 상태로 변경한다. 그러면 화면에 파워포인트 슬라이드가 보일 것이다. 파워포인트 설명을 종료한 이후에 다시 해당 소스를 비활성화(off) 상태로 바꾸면 화면에서 슬라이드는 사라진다. 네이버 지식인도 브라우저 소스를 이용하여 동일하게 활성화와 비활성화 작업을 적절한 시점에 진행한다. 감사 인사를 글로 적은 텍스트도 필요한 순간에 활성화를 하면 화면에 나타난다. 다만, 텍스트는 방송 종료의 끝까지 보여줄 계획이므로 별도로 추가적인 비활성화를 할 필요는 없으며, 방송 중단 버튼을 눌러 모든 소스가 동시에 종료될 때까지 놔두면 된다. 방송 종료 버튼은 방송을 시작하면 자동으로 기존 버튼이 변경되어 나타나며, 이를 누르면 방송은 자동 종료된다.

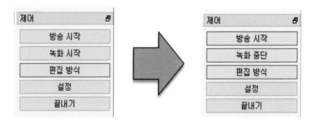

방송 시작 및 중단 버튼

5) 방송 중 주의 사항

: OBS는 매우 간단하고 강력한 도구지만 여러 옵션을 통하여 더욱 다양한 기능들을 이용할 수 있다. 일례로 각 소스는 오른쪽 마우스 클릭할 경우 다양한 효과 필터들을 선택적으로 이용할 수 있다. 사용 가능한 필터들은 소스별로 다르다. 일 예로 비디오 캡처 카드의 필터는 렌더링 효과, 좌우 전환 효과, 비례/축소, 자르기, 루마 키, 크로마키 등 다양한 효과를 지원한다. 특히 블루 스크린을 활용하여 배경을 합성할 때는 크로마키 필터를 적용하여야 한다.

또한, OBS는 간혹 전혀 예상하지 못한 에러나 문제가 발생하기도 한다. 대표적인 사례가 디스플레이 캡처 소스를 이용할 때 모니터 속 화면이 연속하여 겹쳐 보이는 캐스케이드(cascade) 현상이 발생하는 경우다. 이는 주로 비디오 카드의 호환성 문제인 경우가 많으며 대부분 비디오 카드를 호환성이 좋은 카드로 변경하거나 혹은 단순히 듀얼 모니터를 적용하는 것만으로 해결되기도 한다. 그 외 다양한 문제점을 발견할 때는 OBS의 도움말(H) 메뉴를 통하여 OBS 공식 포럼에 올라온 사용자들의 문제해결 의견이나 관련된 자료들을 참조할 수 있다.

6) 스트리밍 방식과 동영상 편집 방식

: 제어 메뉴의 방송 시작 버튼을 누르면 유튜브 등에서 실시간 스트리밍 방송이 시작되지만, 녹화 시작 버튼을 누르면 방송이 아니라 일반적인 동영상 포맷으로 PC에 저장된다. 저장된 동영상 파일은 나중에 유튜브 채널에서 직접 다시 올리는 것이 가능하다. 방송의 목적에 따라 실시간 방송을 하거나 저장된 동영상을 나중에 유튜브에 공유하는 방식 중 하나를 선택할 수 있다. 스트리밍 방송을 위해서는 유튜브 채널에 가입한 후 받은 스트리밍 키를 반드시 가지고 있어야 한다.

이상의 내용을 숙지하는 것만으로도 충분히 유튜브에 개인 채널을 운영할 수 있다. 그러나, 더욱 상세한 조정이나 다양한 필터 기능 등을 이용하기 위해서는 프로그램의 도움말이나 FAQ 등 커뮤니티 내 정보들을 참조하기 바란다.

유튜브 크리에이터 활용

크리에이터 스튜디오 프로그램

OBS를 활용하여 유튜브에 생방송을 진행하거나 업로드를 위한 동영상 제작이 가능한 것과 마찬가지로 유튜브 역시 유튜브 크리에이터 스튜디오라는 메뉴를 통하여 자체적으로 동영상 편집이나 채널 홍보에 유용한 다양한 편집 기능들을 제공한다. 크리에이터 스튜디오가 제공하는 독자적 기능만으로도 간단한 동영상의 편집과 제작을 할 수도 있지만, OBS 등 다른 프로그램과 같이 사용할 경우 보다 효과적인 방송이 가능하다.

유튜브 크리에이터 스튜디오는 유튜브 화면 오른쪽 상단의 계정 아이콘을 클릭하면 선택할 수 있다. 스튜디오는 일반 버전과 몇 가지 실험적인 기능이 추가된 베타 버전 중 선택할 수 있는데 기능이 더욱 안정화된 일반 버전을 선택한다. 스튜디오가 제공하는 주요 메뉴는 내 채널의 전체 현황을 요약하여 보여주는 대시보드 이외에 동영상 관리자, 실시간 스트리밍, 커뮤니티, 채널, 분석, 번역 및 텍스트 변환, 만들기 메뉴로 구성되어 있다.

유튜브 크리에이터 화면

크리에이터 스튜디오의 메뉴

1) 동영상 관리자

: 스튜디오에서 가장 자주 사용하는 영역으로서, 자신의 채널에 올린 동영상의 목록 보기, 정보 설정, 동영상 수정, 오디오, 최종 화면, 카드, 자막, 다운로드, 삭제 등의 기능을 제공한다. 정보 설정에서는 동영상에 대한 소개와 해시태그 입력, 콘텐츠 카테고리 설정이 가능하다. 동영상 수정에서는 동영상 자르기나 얼굴 노출을 피하기 위한 흐리기(blur) 기능을 제공한다. 오디오 기능에서는 동영상의 트랙에 오디오를 추가 또는 교체할 수 있으며, 이때 유튜브는 저작권이 없는 무료 음악들을 추천해준다. 최종화면은 동영상의 마지막 상영 시간(종료 5초~20초 전)에 엔딩 동영상(최소 25초 이상)을 삽입할 수 있도록 해준다. 이를 통하여 다른 동영상을 홍보하거나 시청자의 구독을 유도할 수 있으며, 추가로 채널 구독홍보 버튼, 사이트 링크를 삽입할 수 있도록 도와준다. 카드는 영상 내 필요한 부분에 카드 버튼을 노출 시켜 다른 영상의 재생 목록을 알려주거나 채널 홍보, 웹사이트 링크 등의 기능을 제공한다. 자막은 유튜브 자체에서 지원하는 자막 시스템을 사용하여 영상에 자막을 입히거나 편집할 수 있다. 자막은 별도로 편집자가 직접 만들고 게시 위치를 잡을 수도 있고, 유튜브가 제공하는 STT(speech to text) 기능을 이용한 자동 스크립트 작성 및 동기화 기능의 이용도 가능하다. 특히 화면과 자막이 분리되어 있어서, 언제라도 자막의 편집, 삭제가 자유롭다는 장점이 있다.

스튜디오의 동영상 관리자

2) 실시간 스트리밍

: 유튜브 생방송 진행에 필요한 정보를 입력할 수 있다. 생방송에 대한 설명이나 카테고리 설정, 공개 설정을 조정하거나 다음 생방송 스트리밍 시간의 예약이 가능하다. 실시간 방송 중 채널 홍보에 필요한 카드 만들기 설정은 여기서도 가능하다. 특히 생방송에 필요한 인증 장치인 스트림 이름 및 키를 확인할 수 있다.

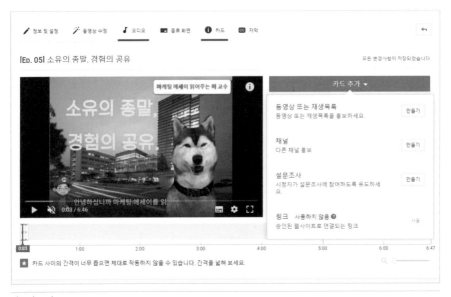

카드의 표시

3) 커뮤니티

: 구독자 확인 및 댓글 관리가 가능하다.

4) 채널

: 유튜브가 제시하는 커뮤니티 가이드나 저작권의 준수 상태를 점검해 볼 수 있으며, 동영상에 오버레이 되는 채널 브랜딩 요소인 워터마크(watermark) 추가가 가능하다. 또한, 구글 애즈(Google Ads) 등과 연결하여 동영상에 광고를 표시하고 수익을 창출하는 등 광고관리가 가능하다.

5) 분석

: 운영하는 채널과 동영상에 대한 애널리틱스 기능을 제공한다. 시청 시간, 조회 수, 체류 시간, 트래픽 소스, 인구통계 정보 등 개선에 필요한 분석 정보를 제공한다.

6) 번역 및 텍스트 전환

: 집단 지성을 통하여 타인이 내가 게시한 동영상을 영어 등 기타 언어로의 번역작업에 참여하도록 독려한다.

7) 만들기

: 영상에 사용 중인 무료 음악이나 음향효과 등을 보관하는 기능이다.

유튜브 크리에이터의 기능은 채널 운영에 최적화된 보조 기능들을 중심으로 구성되어 있다. 이를 기존의 OBS나 어도비 프리미어로 사전에 준비한 동영상 자료 등과 같이 사용할 경우 보다 효과적인 동영상 편집과 채널 운영이 가능하다.

> PART 06

고성과 트래픽의 육성

고객 유입과 랜딩 페이지 구축

랜딩 페이지와 유입 유형

디지털 마케팅에서 사용자를 최종적으로 유인하는 도착 페이지인 랜딩 페이지 (landing page)의 중요성은 크다. 랜딩 페이지가 무엇인가에 대해서는 다소 이견이 있을 수 있지만, 다소 넓게 정의하면 사용자가 방문하는 최초의 페이지를 랜딩 페이지라고 할 수도 있다. 그러나, 이런 광의의 정의는 랜딩 페이지의 전략적 의미나 중요성을 간과하게 할 수 있으므로 랜딩 페이지에 대하여 조금 더 구체적인 정의를 내릴 필요가 있다.

간단하게 정의하면 랜딩 페이지는 방문자가 기업이 추구하는 특정한 행동을 하도록 유도하는 페이지라고 정의할 수 있다. 특정한 행동은 기업 혹은 사이트 관리자가 희망하는 회원 가입, 구매, 관심 표명 등 사이트 목적에 따라 다양할 수 있으며, 랜딩 페이지의 방문 자체가 디지털 마케팅의 주요 목적 중 하나임을 고려할 때 랜딩 페이지의 중요성은 간과될 수 없다.

고객이 기업의 랜딩 페이지나 사이트로 유입되는 방식은 다양하다. 학술적인 구분은 아니지만 구글 애널리틱스 등 실무에서 적용되는 방문자 유입의 대략적인 구분은 다음과 같다.

1) 소셜(social) 유입

: 트위터, 페이스북, 인스타그램, 유튜브 등의 소셜 미디어를 통하여 유입되는 트래픽이다.

2) 자연 검색(organic search) 유입

: 네이버나 구글 등 검색 엔진에서 관심사인 키워드를 입력한 후 검색 결과를 찾아서 들어온 경우이다. 광고와 무관하게 유입되었기 때문에 자연(organic)이라는 의미가 붙는다

3) 직접(direct) 유입

: 웹사이트 주소를 알고 있거나 기억하고 있어서 직접 주소창에 사이트 주소를 입력하고 유입된 경우이다. 그 외 보통 앱을 통한 유입이나 PDF 문서의 링크를 통한 유입 등도 다이렉트 유입으로 인식된다.

4) 추천(referral) 유입

: 타인의 추천에 의한 유입이며, 타 사이트인 블로그나 포럼의 추천 글과 링크를 통하여 유입된 트래픽이다

5) 유료검색(paid search) 유입

: 네이버나 구글 등 검색 엔진의 키워드 광고가 제시해준 검색 결과를 따라 유입된 트래픽이다.

6) 어필리에이트(affiliate) 유입

: 제휴를 의미하며, 보통 기업과 특정한 관계가 있는 계열사나 제휴사로부터 들어온 유입 트래픽이다.

7) 디스플레이(display) 유입

: 이미지 형태로 제공되는 다양한 형태의 배너 광고로부터 들어온 유입 트래픽이다.

8) 기타(others) 유입

: PC나 스마트폰 이외에 IP 주소를 가지고 있는 다양한 인터넷 접속기기를 통한 유입 트래픽이다. 최근에는 사물 인터넷(IoT: internet of things)과 홈 네트워크의 활성화로 인하여 스마트 TV, 스마트 냉장고 등 다양한 가전 기기나 자율주행 차량으로 인한 유입이 가능해졌다.

이처럼 다양한 채널을 통하여 유입된 고객을 효과적으로 관리하고 기업의 목표를 달성하기 위해서는 효과적인 랜딩 페이지 구축 전략이 강조된다. 재미있고 기발한 TV 광고로 대중의 관심을 잠깐 끌 수는 있지만, 제품의 품질이 열악하면 결국 고객의 외면으로 실패할 수밖에 없는 것처럼 유료 광고 등 적극적 온라인 판촉을 통하여 사용자를 특정 페이지의 입구까지 유도하는 것까지는 가능하다. 그러나, 랜딩 페이지에서 고객이 전혀 사이트를 이용하지 않고 바로 떠나버리는 이탈(bounce)이 빈번하게 발생한다면 마케팅 캠페인은 결국 목적을 달성하지 못하고 종료하게 될 것이다. 따라서, 랜딩 페이지는 고객 유입의 확대와 더불어 고객 유출 방지를 위해 노력해야 한다. 적지 않은 광고비의 집행을 통하여 획득한 고객을 자사의 랜딩 페이지 내에 더 오래 머물도록 하기 위해서는 랜딩 페이지가 고객이 찾은 가치를 충분히 제공하고 있음을 보여주어야 한다.

보통 디지털 마케팅 캠페인은 추구하는 목적에 따라 단순한 리드 확보 혹은 더 나아가 구체적인 판매성과의 달성을 목적으로 진행되며, 고객이 추구하는 랜딩 페이지의 가치는 랜딩 페이지의 성격에 따라 달라질 수 있다. 일 예로 홍보나 단순한 정보제공이 주요 목적인 랜딩 페이지는 보통 우연한 방문자가 지루함을 느끼지 않도록 초기화면에 흥미로운 사진, 기사, 통계 자료를 제공하는 것이 보편적이며 더욱 복잡한 상품 비교나 사양 등 자료는 그 이후의 추가적 정보 검색으로 연결하는 것으로 충분할 수 있다.

그러나 리드 창출이나 판매가 주목적이라면 이런 목적을 달성하기 위한 필수적 요소가 포함되어 있는지 검토가 필요하다. 우선 리드 창출이 목적인 경우, 제품과 서비스에 대한 사진과 설명이 포함된 상세 제품 페이지, 리드에 필요한 정보나 연락처를 제공하는 방문자에 대한 명시적인 혜택, 다음 고객 여정인 구매 고려까지 유도할 수 있는 사용자 후기 등 증거 제시, 리드 정보 수집에 필요한 온라인 설문이나 회원 가입 페이지, 그리고 개인정보 이용동의서 등 방문자 동의 서식 등이 주로 고려되어야 한다.

반면에 판매나 매출 창출이 주목적인 랜딩 페이지의 경우에는 제품과 서비스 판매를 위한 상세 페이지, 구매 전 제품의 간접 체험이 가능한 사용 설명 동영상, 크로스셀링과 업셀링을 위한 제품 및 서비스 추천 페이지, 결제 및 배송처리 페이지, 고객 불만 및 A/S 접수페이지, 구전 전파를 위한 소셜 미디어 연동 페이지 등이 보통 필수적으로 포함되어야 한다.

이러한 요소들을 고루 포함하고 있는 랜딩 페이지의 기본적인 덕목은 보기 좋고 먹기 좋은 떡이 되는 것이다. 즉, 디자인 기준으로도 웹페이지가 충분히 매력적이어야 하며, 제반 기능과 링크도 오류 없이 잘 작동하는 것은 기본적인 선행 요건이다. 특히 랜딩 페이지의 외형적 측면에서 자주 문제가 되는 것이 사용자가 PC, 스마트폰, 혹은 태블릿으로 접근할 경우 이들의 화면 해상도나 화면 크기에 따라 랜딩 페이지의 시각적인 디자인이나 접속 품질이 제각각인 경우이다. 반응형 웹 기술을 적용한 경우 이런 문제점들을 상당 부분 해소할 수 있지만 여전히 PC 모니터의 대화면에나 적합할 깨알 같은 글씨의 웹페이지를 작은 스마트폰 화면에 송출하거나 혹은 그 반대의 경우도 자주 목격된다. 비싼 비용을 지급하고 CPC 광고를 집행하여 고객 유입이 발생하더라도 이런 경우 고객들은 바로 이탈할 것이다. 반응형 웹 기술을 활용하는 것이 현재로서는 문제 해결의 대안이다. 그러나, 만일 자신의 랜딩 페이지가 모바일이나 PC 화면 중 하나에만 적합하게 제작된 경우에는 광고 캠페인의 대상 고객을 지정할 때 선호하는 기기 유형을 사전에 지정해 놓는 것이 필요할 것이다.

웹사이트 e서비스스케이프

웹사이트 품질과 관련하여, e서비스스케이프(e-servicescape)에 대한 연구들이 진행되어 왔다. 마케팅 연구자인 Hopkins 등(2009)은 웹사이트도 서비스 이용환경 (servicescape) 관점에서 이해될 필요가 있으며, 웹사이트의 품질은 사용자의 웹 이용 활동을 촉진 혹은 저해할 수 있다고 주장하였다. e서비스스케이프의 구성요소에 대해서는 다양한 의견들이 존재한다. 이중 Harris와 Goode(2010)은 e서비스스케이프의 주요 품질 요인들을 다음과 같이 정리하였다.

1) 심미적 호소력

: 웹사이트의 전반적인 서비스에 대한 인상이 방문자를 매혹할 수 있는 정도

2) 레이아웃(layout)과 기능성

: 레이아웃은 웹사이트 구성 요소의 전반적인 배열이나 구성, 구조를 의미하며, 기능성은 이러한 레이아웃 요소들이 서비스 목적 달성을 위하여 잘 작동하는 정도

3) 온라인 보안(security)

: 지불 결제 절차나 개인 정보 보안 등이 안전한 정도.

다른 연구자인 Jeon과 Jeong(2009)은 e서비스스케이프의 구성요인으로 1) 색상, 음악, 사진, 애니메이션 효과 등의 두드러진 정도, 2) 전반적 구조와 레이아웃, 공간 배치로 구성된 디자인 요소, 3) 슬로건, 키워드, 메타-태그(meta-tag)로 구성된 검색의 용이성, 4) 상호작용, 시간 절감, 편의성, 정보 적절성과 같은 기능적 측면이라고 주장하였다.

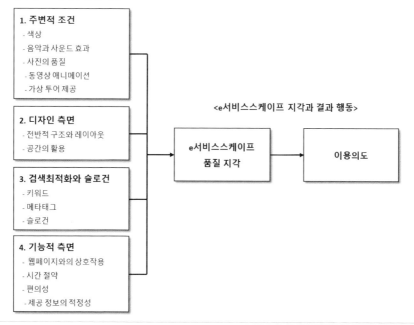

<e서비스스케이프 환경요인>

1. 주변적 조건
- 색상
- 음악과 사운드 효과
- 사진의 품질
- 동영상 애니메이션
- 가상 투어 제공

2. 디자인 측면
- 전반적 구조와 레이아웃
- 공간의 활용

3. 검색최적화와 슬로건
- 키워드
- 메타태그
- 슬로건

4. 기능적 측면
- 웹페이지와의 상호작용
- 시간 절약
- 편의성
- 제공 정보의 적정성

<e서비스스케이프 지각과 결과 행동>

e서비스스케이프 품질 지각 → 이용의도

e서비스스케이프 모형(Jeon & Jeong, 2009)

　기존의 e서비스스케이프 이론에서 살펴보았듯이 효과적인 랜딩 페이지의 전제 필수 조건은 콘텐츠, 디자인, 웹 접근성 등 다양하지만 이는 본질보다는 외형적 요소에 가깝다. 전략적 의사 결정을 내려야 하는 고위 마케터의 관점에서 더욱 중요한 것은 눈에 보이지 않은 랜딩 페이지의 구축 전략과 철학이다. 이런 구성적인 특성을 관통하는 웹페이지 전체의 기저에 필요한 구축 철학은 바로 추구하는 목표의 단순화와 목표에 대한 명확한 집중이다.

　이는 e서비스스케이프 관리에도 마케팅의 집중화 원리가 적용되며 성공적인 랜딩 페이지는 결코 방문자에게 다양한 행동을 요구하지 않는다는 점이다. 단순 홍보나 리드 창출, 혹은 실제 판매라는 복수의 목표를 동시에 달성하기보다는 리드 혹은 판매라는 단일 목표를 먼저 선정하고 모든 페이지의 구성요소를 이에 맞추어 디자인하고 운영해야만 한다. 이런 의미에서 대부분 기업이 운영하는 기업을 대표하는 홈페이지는 마케팅 수단으로 적합하지 않은 경우가 대부분이며, 최근 등장한 마이크로 사이트들이 대표적인 랜딩 페이지의 하나로 사용되면서 기존 산만한 홈페이지의 단점을 보완하고 있다.

검색 어뷰징과 포털의 대응

검색 엔진과 어뷰징

기업이 운영하는 랜딩 페이지나 콘텐츠들은 검색 엔진으로부터 좋은 평가를 받고 높은 순위로 소개되는 것이 필요하다. 포탈이 운영하는 검색 엔진이 어떤 방식으로 콘텐츠를 검색하고 검색 결과에 순위를 부여하는지를 파악하는 것은 검색 엔진 최적화를 이해하기 위하여 매우 요긴한 정보이다. 검색 엔진의 작동 방식을 상세하게 공개하는 것은 각 포탈 업체들이 보유한 핵심적 기술의 유출이기도 하고, 사이트에서 편법으로 손쉽게 검색 순위를 올리는 어뷰징(abusing)의 우려가 있으므로 이를 명확하게 공개하는 포털 서비스 기업은 거의 없다. 수익 대부분을 광고 수입에 의존하는 검색 엔진의 특성상 진성 사용자가 몰리는 고품질의 콘텐츠를 확인하고 광고를 게시하여야만 한다. 이에 따라서 이들 검색 엔진들은 지속해서 더 나은 방향으로 검색 방식을 개선하면서 큰 변화를 주고 있다.

특히 과거에는 다소 허술하였던 검색 엔진의 알고리즘 때문에 단순히 해당 사이트의 트래픽을 증가시키려는 양적인 노력만으로도 상위 노출이 가능하였던 시절이 있었다. 인건비가 저렴한 국가에 설치한 클릭 농장(click farm)이라고 불리는 편법적인 시설들을 통하여 소셜 미디어의 댓글이나 평점을 조작하는 것이 일반적인 시기였다. 매크로 프로그램을 돌려서 기계적으로 트래픽을 증가시키거나 IP 주소가 수시로 변동되는 다수의 단말기와 스마트폰을 설치한 클릭 팜이나 가상 서버를 이용하여 허위 트래픽을 증대시키는 것이 검색 엔진 상위에 노출되는 최선의 방법이라고 믿었던 시절도 있었다. 이런 기만적 기법들은 개인 정보 유출과 같은 과거의 해킹 범죄들과 다르게 기업의 광고비를 불법적으로 찬탈하는 것이 주요 목적이므로 보통 광고 해킹이라고도 불린다. 광고주가 실제 아무런 광고 효과도 없는 광고에 적지 않은 예산을 낭비하게 만드는 광고 해킹은 퍼포먼스 마케팅이 당면하였던 큰 위협 요인 중 하나였다.

클릭 농장

　이런 광고 해킹의 주요 수법들은 클릭 농장에서 시작하여 그 이후, 클릭 밀어넣기 (click injection), 클릭 스패밍(click spamming), SDK 스푸핑(SDK spoofing)으로 진화되어 왔다. 클릭 농장은 값싼 노동력 혹은 지능화된 봇(bot)을 활용하여 '좋아요'나 앱 설치 수 등을 조작하는 가장 오래된 방식이며, 클릭 밀어넣기는 누군가 앱을 설치할 때 '가짜 클릭'을 밀어 넣어서 마치 자신이 수행한 마케팅 성과인 것처럼 속여 타인이 받아야 할 정당한 광고비를 가로채는 기법이다. 클릭 스패밍은 대규모로 '가짜 클릭'을 진짜로 발생한 클릭인 것처럼 위장하여 광고비를 청구하며, 가장 진보된 광고 해킹의 하나인 SDK 스푸핑은 광고주의 소프트웨어 개발 도구인 SDK(s/w development kit)를 직접 공격하여 유령 회원의 가입을 증대시키거나 허위로 로그인 기록을 만들고 가공의 구매 기록 등을 발생시키는 기법이다.

트래픽 관련 광고

실시간 검색 마케팅의 악용

어뷰징이나 광고 해킹에 대한 검색 엔진의 원천적인 봉쇄가 강력해지자 최근에는 그 대안으로 '실검(실시간 검색) 마케팅'이라는 변칙적인 기법이 등장하기도 하였다. 이 기법은 순전히 광고를 목적으로 한 '광고용 퀴즈'를 제출하는 방식을 이용한다. 검색 엔진에서 실시간 검색 순위의 상위에 노출 시키기 위하여 기업들이 현금이나 포인트 등 환금성이 강한 이벤트성 선물을 걸고 광고용 퀴즈를 만들어 이용자들의 자발적인 검색을 유도하는 것이다.

보통 광고용 퀴즈는 실시간 검색에서 상위 순위로 진입을 원하는 기업이 홍보성 퀴즈를 대행해 줄 마케팅 광고대행사에 의뢰하는 형태로 진행된다. 이를 위하여 캐시슬라이드(site.cashslide.co.kr), OK캐쉬백(www.okcashbag.com) 등 퀴즈 진행에 특화된 퀴즈 전문 대행사들이 존재한다. 이벤트 진행 금액은 계약 조건에 따라 달라질 수 있으나 평균적으로 건당 4,000만원 ~ 5,000만 원 정도의 진행 비용이 지급되며, 대행사는 이 비용을 퀴즈 정답자에게 줄 선물의 구매 비용과 행사 대행비로 사용한다.

보통 제시되는 퀴즈 문제는 '우리 집 강아지 사료는 퓨〇〇〇', '새로운 여름 커피 메뉴, 〇〇〇〇치노'처럼 빈칸 채우기 형태 혹은 '쇼핑몰의 이름은 ㅅㅅㄱ'의 초성 퀴즈 형태로 제시되어 손쉽게 인터넷 검색을 유도할 수 있도록 설계된다. 그 결과 일단 퀴즈 행사가 진행되면 이용자들은 정답을 찾기 위하여 자연스럽게 네이버, 다음 등에서 해당 키워드를 중심으로 검색을 하게 된다. 이들은 검색 엔진에서 홍보용 퀴즈 관련 검색어를 단시간 내에 집중적으로 입력하기 시작하고 사전에 확보된 일부 언론사가 광고성 기사까지 동시에 작성하여 배포하면서 광고 효과는 배가 된다. 이후 타깃이 된 검색어가 각 검색 엔진의 실시간 검색 판을 장악하여 광고 효과를 극대화하는 방식으로 진행된다. 검색 유도 후 실시간 검색 판 상위에 검색어가 올라오면 해당 퀴즈나 상품에 관심이 없던 사람들도 호기심에 클릭하기 시작하고 홍보 효과는 강화된다. 이런 과정을 통하여 검색어는 짧게는 몇 시간, 길게는 하루 정도까지 실시간 검색 판을 장악하게 된다. 특히 이 방식은 광고비 투자 대비 효율성이 비교적 높으며, 이용자들이 자발적 의사로 진행되기 때문에 불법적인 행위에 대한 제재로부터도 어느 정도 자유로울 수 있다는 장점은 있다. 그러나 검색 순위 자체에 진정성이 없으며 특정 상품이나 브랜드의 인기를 조작하여 퀴즈에 참여하지 않은 일반 대중을 고의적으로 기만할 수 있다는 점에서 검색 엔진의 허점을 이용한 스텔스 마케팅의 일환이라고 할 수 있다.

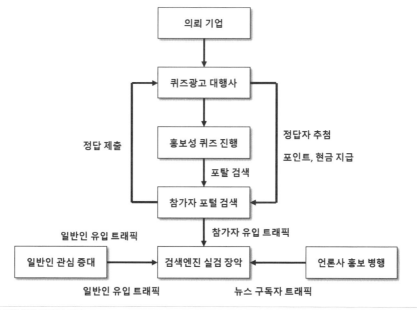

실시간 검색 마케팅 원리

검색 엔진 알고리즘의 이해

그러나 이제 이런 방식의 광고 부정행위나 편법적 접근은 많은 규제를 받고 있으며, 특히 클릭 농장과 같은 단순한 트래픽 조회 수 올리기는 더 이상 유효하지 않다. 검색 엔진들이 더욱 정교하고 까다로운 방식으로 광고를 집행하게 되었으며 단순 트래픽 작업으로는 검색 상위에 올라가거나 소위 '최적화 블로그'가 되는 것이 매우 어려운 일이 되고 있다.

그러나, 결과적으로 어뷰징에 대한 검색 엔진들의 대응 노력은 광고주나 광고사들이 검색 엔진의 알고리즘을 이해하고 적합한 광고 전략을 수립하는 데 큰 어려움으로 작용한다. 검색 엔진 상위 랭크의 비밀은 단편적으로만 알려져 있으며, 장기간 검색 엔진을 대상으로 프로그래밍을 진행하였던 전문가들이 상위 랭킹에 필요한 검색 알고리즘을 추측하여 대응하고 있을 뿐이다. 본 장에서는 국내 대표적 포탈이자 검색 엔진 서비스인 네이버(www.naver.com)와 네이버가 배포한 콘텐츠 가이드를 중심으로 검색 알고리즘이 어떻게 운영되는지 알려진 정보를 정리하여 제시하고자 한다.

1) 리브라(Libra) 검색 로직

: 비교적 초반기인 2012년말부터 네이버가 도입하여 운영하고 있으며, 신뢰성 높은 출처에서 좋은 정보가 나온다는 기본적인 믿음을 전제로 한다. 사용자의 검색 결과를 바탕으로 검색 만족도가 높았던 문서와 그렇지 못하였던 문서들의 특징을 찾아낸 후 이를 유형화하여 만들어낸 순위 결정 로직이다. 리브라 기준에서 바라본 좋은 콘텐츠란 신뢰할 수 있는 정보, 본인이 직접 경험하여 작성한 사용 후기, 타 콘텐츠에 대한 복사나 짜깁기가 아닌 독창성 있는 콘텐츠, 해당 주제에 도움이 될 만한 충분한 길이와 정보의 분석 내용, 쉽고 이해하기 쉬운 콘텐츠, 그리고 공공연하게 네이버 랭킹 로직만을 고려하여 작성되지 않은 콘텐츠(예: 특정 정보를 유통하기 위한 목적만으로 기계적으로 생성된 내용)를 의미하였다. 결과적으로 리브라 로직은 장기간 건실하게 운영된 사이트가 좋은 평가를 받도록 설계되었다.

어뷰징 등 부정행위에 대한 예방도 추구하였다. 즉, 숨겨놓은 키워드(폰트 사이즈를 0으로 하거나 배경과 유사한 글자색을 사용하여 특정 키워드를 은폐한 경우), 클록킹(메타 태그를 통하여 검색 엔진에서 인식되는 내용과 실제 내용이 다른 경우), 강제 리다이렉트(위젯이나 스크립트를 이용하여 질의와 상관없는 목적 사이트로 사용자를 강제 이동시키는 사이트), 낚시성 글(검색 의도와 상관없는 내용을 검색 결과에 노출하려고 일부러 특정 키워드를 포함한 글), 도배성 글(같은 내용을 여러 블로그에 걸쳐 중복 생성), 조작 행위(여러 ID를 사용하여 댓글 작성), 키워드 반복(검색 상위 노출만을 위하여 의도적으로 불필요하게 키워드를 반복), 신뢰성 부족(거짓 상품 경험담) 등을 스팸 및 어뷰징 콘텐츠로 분류하여 페널티를 줌으로써 부정과 속임수를 줄이는 데 주력하였다.

2) 소나(Sonar) 로직

: 기존의 리브라 검색 로직을 개선한 것으로 2013년부터 운영되고 있다. 이는 기존의 리브라 검색 로직의 기본 원칙을 유지하면서 타인의 글에 대한 불펌(불법으로 퍼옴)이나 불법복제 등 저작권 이슈에 대한 단속을 강화한 로직이다. 당시 많은 콘텐츠가 타인의 글을 불법으로 복제해와서 자신의 워터마크를 삽입하는 등의 형태로 도용되었고, 이런 불펌 글들이 원글보다 더 상위에 랭크되는 결과가 빈번하였다. 이에 이런 불법, 불펌 글에 대항하기 위하여 여러 문서 간의 인용 관계를 파악하고 중요도를 분석해 내는 방식을 도입하였고, 유사 문서로 판단될 때 제재를 강화하였다. '원본반영 신청센터'를 설치하여 원본 창작자들의 당연한 권리를 강화하는 조처를 하였으며, 기존에 사용하던 유사문서판독 시스템을 보강하고 '소나(Sonar: source navigation and retrieval)'라는 알고리즘 로직을 추가하여 통합 검색의 최상단에는 원본 문서만이 노출되도록 서비스를 개선하였다.

3) 씨랭크(C-Rank) 로직

: 2017년부터 본격적으로 운영되고 있는 대표적인 로직이며 콘텐츠의 인기도, 전문가 점수, 타 사용자와의 소통 점수를 포괄적으로 반영하고 있다. 인기도란 해당 글의 노출 빈도와 검색 노출의 빈도를 말하며, 이는 과거 리브라나 소나 로직에서 사용되었던 방식이다. 양적인 트래픽 지표라는 점에서 과거의 잔재이기는 하나 여전히 검색 엔진에서 노출빈도의 중요성을 간과할 수 없음을 보여준다. 전문가 점수는 하나의 주제를 중심으로 얼마나 오랫동안 글을 써왔는지, 즉 특정 주제에의 전문성을 평가한다. 전문성이 높을수록 더 큰 점수를 주며 기존의 신뢰도가 높은 블로그에 더 높은 점수를 제공하기 때문에 일관성 있는 주제와 키워드로 작성된 사이트들이 더 높은 점수를 받는 방식으로 변경된 것이다. 소통 점수는 페이스북, 트위터, 인스타 등 다양한 소셜 미디어가 사용 중인 방식을 차용하여 공감이 많거나 댓글이

많이 달린 콘텐츠를 우수 콘텐츠로 판단하는 것이다. 결과적으로 씨랭크가 도입됨으로서 짧고 무의미한 게시 글을 양산하는 것보다는 단 하나의 글이라도 전문적이며 정성스러운 게시 글이 더 좋은 평가를 받는 것이 당연하게 되었다.

4) 다이아(D.I.A) 로직

: 2018년부터 추가되어 운영되고 있는 다이아(D.I.A: deep intent analysis) 로직은 최근의 인공지능(A.I)과 기계학습(machine learning) 기법을 검색 엔진에 적극적으로 도입한 것이었다. 인공지능이 콘텐츠가 담고 있는 내용을 분석해서 그 글이 어떤 정보, 경험, 의견을 담고 있는지 이해하고 판단한다. 과거 씨랭크(C-Rank)만이 적용되던 시기에는 질적으로는 다소 부족한 콘텐츠라도 네이버 블로그 지수가 높거나 타인의 고품질 블로그에서 링크를 걸어주면 순위권 내에 포스팅이 될 수 있었는데 반하여, 다이아 로직이 도입된 이후에는 콘텐츠의 질적 품질을 검색 순위에 반영할 수 있게 되었다. 콘텐츠의 질이 매우 우수하고, 독창적인 경우라면 블로그 지수가 낮은 신규 콘텐츠라도 검색 상위권에 진입할 수 있는 길을 열어놓은 것으로 이해된다.

　현재는 리브라, 소나, 씨랭크, 그리고 다이아 등 과거와 현재 사용되었던 검색 로직들이 혼용되고 있으나 점차 검증된 로직으로 통합, 발전할 것으로 전망된다. 이상의 로직들의 변천사를 살펴보면 한 가지 공통되고 주요한 변화 흐름을 볼 수 있는데 다이아 로직으로 부분적으로 보완이 되었음에도 불구하고, 새로 콘텐츠 영역에 진입한 초보자보다는 초기에 진입한 기존 시장진입자에게 결과적으로 더 유리하다는 점이다. 하나의 주제를 가지고 얼마나 오랫동안 콘텐츠를 생산하여 왔는가는 결국 시간의 변수이며 후발주자에게는 불리하게 작용할 수 밖에 없다. 결과적으로 네이버에서 초보자가 빠르게 검색 엔진의 상위를 차지하는 것은 새로운 검색 로직의 등장에도 불구하고 결코 쉬운 일이 아니다. 검색 엔진이 지향하는 기본적인 알고리즘을 잘 분석하고 파악함으로써 콘텐츠 경쟁력을 높이는 방법에 대한 접근이 가능할 것이다. 네이버의 매년 업데이트되는 검색 로직을 확인하기 위해서는 검색 로직의 변경이나 예정 사항을 실시간으로 제공하는 네이버의 관련 공식 블로그(blog.naver.com/naver_search)를 상시 방문하여 변화 트렌드와 정책에 익숙해져야 한다.

검색 엔진 최적화의 이해

검색 엔진 최적화(SEO)의 개념

검색 엔진 최적화(SEO: search engine optimization)란 쉽게 이야기하면 어떻게 하면 검색 엔진 이용자의 검색 결과 목록에서 자신의 기업이나 브랜드, 상품 등이 상위에 나타나게 할 수 있는가에 대하여 기술적 해결책과 콘텐츠의 개선책을 동시에 찾는 과정이다. 오늘날 구글이나 네이버 같은 검색 엔진들은 검색 시 보여주는 콘텐츠의 순위를 결정하기 위하여 수백 가지의 다양한 요소들을 고려한다. 반면에 페이스북이나 유튜브, 그리고 블로그 등은 보다 단순한 요소들을 고려한다. 그러나 이런 검색 규칙들에도 불구하고 막대한 비용이 필요한 대규모 광고나 대대적인 웹사이트 개편 없이 단지 콘텐츠의 내용 일부를 약간만 변경하거나 키워드를 삽입하는 것만으로도 검색 엔진이 최적화하는 경우가 자주 있다. 이런 변경은 개별적으로 보면 미미한 변화에 불과할지 모르지만 다른 최적화 요소들과 결합하면 방문자들의 경험과 검색 엔진의 검색 결과에 상당한 영향을 미칠 수 있다.

최적화는 크게 온페이지(on-page) 최적화와 오프페이지(off-page) 최적화로 구분될 수 있다. 온페이지 최적화는 내가 운영하는 웹 사이트의 네비게이션 구조 등 사이트 설계나 양질의 콘텐츠를 보유함으로서 최적화를 추구하는 것이며, 콘텐츠 관리자가 직접 통제 가능한 요인이다. 반면에 오프페이지 최적화는 다른 웹 사이트에서 들어오는 링크의 품질과 관련된 최적화 요인으로 콘텐츠 관리자가 직접 통제를 하거나 영향을 관리하는 것이 쉽지 않은 영역이라고 볼 수 있다. 검색 엔진 최적화는 결국 자신이 관리하는 콘텐츠와 사이트의 품질 수준을 높이는 온페이지 최적화 작업의 기반을 먼저 구축하고, 사이트 외부로부터 양질의 유입을 촉진하는 오프페이지 최적화 활동을 가미하는 것이라고 볼 수 있을 것이다.

최적화의 이해

최적화를 효과적으로 진행하기 위해서는 최적화의 3가지 핵심 요소에 대한 이해가 필요하다. 즉, 방문 검색자, 검색 엔진이 포함된 미디어, 디지털 마케터이다. 첫째, 효과적인 최적화 집행을 위해서는 방문 검색자의 의도와 검색으로 기대하는 결과가 반영된 검색 의도를 잘 이해하여야 한다. 방문 검색자의 검색 동기나 요구 사항을 이해함으로써 더 쉽게 검색 결과에 노출될 수 있으며, 이들이 찾으려는 정보와 관련성이 높은 풍부한 정보를 제공하는 우수한 콘텐츠가 되어야 한다. 의도는 검색자의 숨어있는 니즈라고 할 수 있다. 실제 검색하는 내용이나 키워드와 다르게 본질적으로 찾고자 하는 내용이 무엇인지 이해할 필요가 있다. 만일 어떤 어머니가 '아가 피부'라는 검색어를 입력하였다면, 이 어머니가 실제로 갖고 있는 니즈는 아기의 피부 문제에 대한 해결책을 찾고자 하는 것일 수 있다. 결과적으로 아토피, 아가 크림, 건성 피부, 소아과, 명의 등이 향후 관련되어 다시 검색될 확률이 높으며, 이런 키워드나 해시태그를 갖고 있는 콘텐츠가 검색에 보다 유리할 것이다. 결과는 검색을 통하여 해결하고자 하는 구체적인 문제(problem)이다. '아가 피부'를 통하여 해결하고자 하는 문제인 육아, 건강, 아가 잠재우기 등이 콘텐츠에 포함되어 있는 것이 최적화에 유리할 것은 당연하다.

둘째, 구글이나 네이버와 같은 종합적인 검색 포털 엔진이나 검색 기능을 제공하는 유튜브, 페이스북 등은 영리적 기업이며, 검색 엔진 역시 수익 창출의 한 도구이다. 따라서 검색 서비스를 통하여 어떻게 수익을 창출하는지 비즈니스 모델을 이해하여야 한다. 즉 기업의 검색 엔진 운영의 동기를 이해하여야 한다. 광고 수입으로 대부분의 이익을 창출하는 검색 엔진은 콘텐츠의 인기와 품질을 고려하여 우수한 검색 결과를 제공하는 것이 필요하며, 이런 콘텐츠에 부가된 방식으로 광고를 집행한다. 즉 인기가 높고 이용이 잦은 콘텐츠일수록 광고 수입을 창출할 기회가 증대한다. 다만 이들 미디어 채널들은 검색 순위를 결정하는 방법이나 요인들이 다소 차이가 있으므로 미디어 채널별로 검색 방식에 대한 이해와 최적화 적용이 필요하다.

셋째, 마지막 요소인 디지털 마케터이다. 이들은 자신의 실무적 지식과 객관적 데이터, 그리고 축적된 경험을 활용하여 최적화의 성패에 직접적 영향을 미친다. 이들은 검색이 쉽도록 기억하기 쉽고 인상적인 브랜드를 결정하고, 디지털 광고를 집행할 때 직접 적합한 광고 키워드를 선택한다. 노출에 쉬운 광고 키워드는 내부 브레인스토밍이나 설문조사와 같은 전통적 방식으로 수집하기도 하고, 혹은 광고 미디어나 별도의 독립적인 서비스들이 제공하는 키워드 분석이나 유행하는 해시태그 분석을 이용하기도 한다.

그러나, 검색 엔진 최적화가 단지 검색 순위를 올리는 기계적인 작업으로만 인식되고, 테크니컬 최적화의 과정에만 매몰되어서는 안 된다. 검색 엔진 최적화는 사이트 방문자인 고객들이 콘텐츠를 이용하면서 느끼는 만족감의 결과로써 나타나는 것이 가장 바람직하며 최적화 그 자체가 최종적인 목적이 되어서는 안 될 것이다. 실제로는 검색 순위에 매혹되어 지엽적이거나 편법적인 방법을 극단적으로 선호하는 예도 적지 않으나, 이는 결코 장기적인 고객 관계 구축이나 사이트 팬 구축 관점에서 바람직하지 않을 것이다. 만일 자신이 최적화에 너무 기계적으로 매몰되고 있다는 생각이 든다면, 과감하게 최적화는 잊고 콘텐츠 품질이라는 핵심적 요소에만 집중하라고 권하고 싶다. 빠른 길은 아닐 수 있지만 느리지만 확실한 정도의 길로 가는 것이 요령에 치중하는 것보다는 낫기 때문이다. 이점은 검색 엔진 최적화 과정에서 항상 경계하여야 할 것이다.

✏ 검색 엔진 최적화의 실행 ✏

검색 엔진과 최적화

검색 엔진 최적화는 Google이 제공하는 공식적인 검색 엔진 최적화(SEO: search engine optimization) 가이드라인이나 테크니컬 SEO의 다양한 경험칙들을 참조하여 그 특성을 이해할 수 있다. 포탈 업체로는 드물게 구글은 SEO에 필요한 부분적인 정보들을 공개하고 있다. 구글을 비롯하여 네이버, 다음 등 검색 엔진들이 적용하는 검색 엔진 최적화 원리는 상호 간에 유사한 부분이 많기 때문에 본 내용은 다른 검색 엔진들 대상의 최적화 방식을 이해하고 대응하는 데도 도움이 될 것이다. 특히 구글의 최적화 적용 방식은 다른 검색 엔진들 보다 앞선 것으로 평가받고 있다. 최적화를 잘 이해하고 적용하기 위해서는 홈페이지 제작의 기본 언어인 HTML에 대한 기본적인 이해도 필요하다. 해당 언어를 이해하는 것은 최적화를 이해하고 적용하는 데 도움이 되므로 기초적인 HTML 언어의 구조 정도는 숙지할 필요가 있을 것이다.

태그와 콘텐츠 기반 최적화

1) 기초적인 태그 최적화

: 웹 페이지의 HTML 코딩을 할 때 보통 상단은 '〈title〉' 태그로 구성된다. 웹페이지 코딩의 상단에 있는 〈title〉 태그에 게시된 정보는 웹 페이지의 제목으로 브라우저에 표시되며, 동시에 검색 엔진들에 페이지의 주제를 알려주고 검색 결과의 첫 번째 행에 표시되는 기능을 한다. 따라서 누군가가 포털 서비스를 통하여 검색할 때 사용자의 검색어가 페이지 타이틀에 포함되어 있다면 해당 검색어는 볼드(bold)체로 표시되고, 더욱 쉽게 검색될 수 있을 것이다. 이처럼 적절한 타이틀 제목을 구성하는 것은 최적화의 첫 단계이다. 좋은 타이틀 제목이란 해당 페이지의 콘텐츠를 정확하게 설명하고, 간결할 필요가 있다. 또한, 가능하다면 각각의 웹 페이지마다 고유한 〈title〉 태그를 작성함으로써 사이트 내 서로 다른 페이지들 각각이 검색의 대상이 되도록 하여야 하며, 페이지마다 똑같은 〈title〉 태그를 붙이는 것은 피하여야 한다.

최적화에 따른 검색 결과

타이틀 제목 태그와 더불어 'description 메타 태그'를 사용하면 구글 등 다른 검색 엔진에서 페이지 정보의 요약 내용을 확인할 수 있다. 메타 태그는 검색 엔진의 웹봇이 사이트를 방문하였을 때 사이트에 들어있는 내용과 사이트의 소개를 수집해 갈 수 있도록 정리해 놓은 키워드라고 할 수 있으며, 실제 사용자가 자연 검색을 통하여 특정 키워드를 검색하였을 경우에 검색 결과의 일부로 보여진다. 〈title〉 태그에 들어가는 페이지 제목에는 몇 개의 단어 또는 매우 짧은 구문을 사용하지만 description 메타 태그는 이보다 더 긴 한두 개의 문장이나 짧은 단락을 사용할 수도 있다. 그러나 설명이 너무 길면 검색 결과 페이지에서 잘려 나올 수 있으므로 150자 이하로 유지하는 것이 좋다. 페이지의 내용을 정확하게 요약하고, 페이지마다 내용에 맞는 각각의 description 메타 태그를 작성하는 것이 최적화에 보다 유리하다.

description 메타 태그의 내용은 '바로 지금 구매 찬스', '오늘은 무료 배송' 등 방문자의 구체적 전환을 유도하는 문장도 삽입할 수 있다. 이는 HTML 상에서 '〈meta name="description" content="오늘은 무료 배송"/〉'처럼 코딩되며 주로 〈title〉태그 밑에 위치한다.

2) URL과 네비게이션 구조 개선하기

: 검색 엔진이 수많은 웹사이트를 검색하는 크롤링(crawling) 작업을 진행할 때 페이지의 로드 타임(load time), 페이지의 파일 크기 등 웹 사이트의 반응 속도는 중요하다. 반응 속도가 빠를수록 검색 엔진은 해당 페이지를 검색 상위에 노출하기 때문이다. 이를 위해서는 URL 주소에 포함된 카테고리와 파일 이름이 쉽고 간략할수록 효과적이다. 너무 길고 복잡하며 암호 같은 매개변수는 이해하기 어려우며, 웹 브라우저에 URL 붙여넣기 하는 방식으로 페이지를 이동할 때 누락되기도 쉽다. 또한, 검색된 페이지의 URL은 검색 결과의 일부분으로, 제목, 내용 미리 보기와 더불어 같이 검색 결과에도 표시되므로 간략하게 정리될 필요가 있다. URL 주소를 구성할 때 슬래시(/) 뒤에 주요한 키워드를 포함하는 것이 유리하다. 검색 엔진들은 웹 페이지가 무엇에 대한 것인지 파악하고 검색 순위를 매기기 위하여 URL의 슬래시 뒷부분에 있는 키워드들을 활용한다.

또한 검색 엔진에게 사이트 내 이동은 매우 중요하다. 웹 페이지 간의 이동은 방문자가 원하는 내용을 빠르게 찾을 수 있도록 돕기 위해 중요하며, 검색 엔진이 해당 사이트의 중요 콘텐츠가 무엇인지 이해하는 데에도 도움이 된다. 모든 사이트는 첫 페이지인 홈페이지(혹은 root page)를 중심으로 관련된 정보들이 있는 다른 하부 페이지들로 손쉽고 빠르게 이동할 수 있도록 홈페이지의 디렉터리 구조와 이동 경로를 계획하여야 한다. 특히 특정 페이지의 전후로 이동이 가능한 하이퍼링크를 이용할 때는 이미지나 사진에 링크를 걸기보다는 텍스트에 링크를 거는 것이 유리하다. 검색 엔진은 이미지에 건 링크도 찾을 수는 있지만 텍스트 링크를 보다 쉽게 인식한다. 네이버나 구글의 검색 로봇에게 검색 편의를 제공하기 위하여 웹 페이지의 루트(root) 디렉토리 밑에 robots.txt라는 문서를 삽입하는 것도 선택적으로 고려할 수 있다. 이 문서는 웹사이트의 특정 페이지에 로봇이 접근하는 것을 방지하거나 유도하기 위한 규약으로서 사이트맵 내의 중요한 콘텐츠의 정보를 알려주거나 특정 페이지에 대한 접근 권한을 기술한다. 특히 중요한 콘텐츠가 포함된 페이지 각각을 지정하여 검색 로봇에게 크롤링해갈 것을 요청할 수 있어 유용하다.

도메인 주소를 만드는 방식도 최적화에 영향을 미친다. 각 콘텐츠가 포함된 도메인 주소는 서브 폴더 혹은 서브 도메인 방식 중 하나를 선택할 수 있다. 우선 청주대학교(www.cju.ac.kr)를 기준으로 설명하면 서브 도메인 방식은 콘텐츠에 새로운 도메인 주소를 부여하는 방식(예: library.cju.ac.kr)이며, 서브 폴더 방식은 별도의 도메인을 생성하지 않고 디렉토리 하부에 단지 폴더만을 추가하는 방식(예: www.cju.ac.kr/library)이다. 검색 로봇의 입장에서 볼 때 서브 도메인 방식의 주소는 새로운 웹사이트로 인식하고 서브 폴더의 방식은 기존 웹사이트의 연장으로 인식하기 쉽다. 그 결과 기존에 검색엔진으로부터 높은 평가를 받는 웹사이트이며, 동일한 주제를 다루고 있다면 서브 폴더 방식이 더 최적화에 유리하다.

3) 최적화 콘텐츠로 개선하기

: HTML의 개선이나 URL의 활용보다 본질적으로 더 중요한 것은 콘텐츠 본연의 힘이다. 흥미로운 콘텐츠로 구성된 사이트는 자연스럽게 사용자의 관심을 끌게 되므로, 그 어떤 요소보다 웹사이트에 많은 영향을 미친다. 만족한 방문자는 자신의 소셜 미디어에 공유하거나, 블로그에 소개하는 등의 방식을 통하여 입소문을 퍼트리며, 이는 가장 이상적인 최적화 방안이다. 방문자가 만족하는 콘텐츠 제작을 위해서는 기업이 아니라 방문자 관점에서 콘텐츠를 작성하고, 평가하는 노력이 필요하다.

사용자가 특정 콘텐츠를 검색하기 위하여 사용할 검색어나 키워드들을 사용자의 입장에서 생각해 보자. 주제에 대하여 많이 알고 있는 방문자는 그렇지 못한 방문자와는 전혀 다른 키워드를 사용할 수 있다. 일 예로 디지털 마케팅에 익숙한 사용자는 방문객 유입 방안을 알기 위하여 '검색 엔진 최적화 방안'이라는 검색어를 사용하지만, 그렇지 못한 사용자는 '유명한 블로그가 되는 법'을 사용할지도 모른다. 사용자에 따른 이런 검색 행동의 차이를 고려하여 키워드 구문의 조합을 예측하고 적용한 후 점검 결과를 반영하여 수정할 경우 긍정적 결과를 얻을 수 있을 것이다. 어떤 검색어로 사용자들이 사이트를 방문하는지에 대한 정보는 해시태그 검색 사이트나 구글 웹 마스터 도구(www.google.co.kr/webmasters)를 사용하여 얻을 수 있다.

지속적인 콘텐츠 업데이트는 기존 방문자를 계속 유지할 수 있게 하며 새로운 방문자의 유입도 촉진한다. 또한, 다른 경쟁 사이트에서는 자원이나 전문지식이 부족하여 만들지 못하는 내용을 나만의 독특한 콘텐츠로 제작하여야 한다. 읽기 편안한 내용 및 구성, 오·탈자나 문법 오류가 없는 글, 하나의 주제에서 벗어나지 않게 각각의 글을 구성하는 것은 좋은 콘텐츠의 기본이다. 독창적인 콘텐츠 기획을 하거나 탐사 보도, 혹은 기존의 흥미진진한 뉴스 등을 자신만의 시각으로 분석하는 등의 노력이 도움이 된다.

4) Image alternative 태그를 이용한 이미지 사용 최적화

: ⟨alt⟩ 태그는 ⟨title⟩ 태그와 유사하나 웹 페이지가 아니라 이미지 파일에 대한 설명을 검색 엔진에게 제공하는 목적으로 사용되며, 웹 페이지 상에서 사람 눈에 직접 보여지진 않는다. 간혹 인터넷 연결 속도가 느려 웹페이지 로딩이 더디거나 이미지 오류가 발생하는 경우처럼 이미지를 볼 수 없는 상황에서만 제한적으로 문자 형식으로 웹페이지의 이미지 정보가 제공되는 경우가 발생하기도 한다. 웹 페이지에 포함되는 모든 이미지에는 고유한 파일 이름과 ⟨alt⟩ 속성이 있다. 이를 이용하면 사진 등 이미지 역시 최적화가 가능하다. 굳이 텍스트에 링크를 걸 수 있는데도 이미지에 링크를 거는 것은 검색에 유리하지는 않을 것이다. 그러나 이미지 파일 이름을 최적화하면 '구글 이미지 검색(images.google.co.kr)'과 같은 이미지 전문 검색 엔진이 이미지를 더 손쉽게 이해할 수 있게 된다.

구체적으로는 〈alt〉 태그는 사진 파일의 이름을 간결하면서도 설명적인 이름을 달아야 한다. 또한, 이미지 사이트 맵을 제공하여 검색 엔진이 찾지 못할 수도 있는 이미지(예: 사이트가 자바스크립트 코드를 통해 도달하는 이미지)를 탐색하도록 도와주는 것이 필요하다.

```xml
<?xml version="1.0" encoding="UTF-8"?>
<urlset xmlns="http://www.sitemaps.org/schemas/sitemap/0.9"
        xmlns:image="http://www.google.com/schemas/sitemap-image/1.1">
  <url>
    <loc>http://example.com/sample.html</loc>
    <image:image>
      <image:loc>http://example.com/image.jpg</image:loc>
    </image:image>
    <image:image>
      <image:loc>http://example.com/photo.jpg</image:loc>
    </image:image>
  </url>
</urlset>
```

이미지 사이트 맵

모바일 페이지와 홍보를 이용한 최적화

1) 모바일 친화도 높이기

: 더욱 많은 사람이 스마트폰을 이용한 웹 검색을 하고 있고, 모바일 사용자가 증가함에 따라 검색에서도 모바일 인터넷의 중요성은 확대되고 있다. 그러나 웹 페이지 관리자 관점에서 모바일 사이트를 운영하고 모바일 검색을 활용하는 것은 그리 간단한 일은 아니다. 보통 모바일용 사이트는 PC용 사이트와 포맷 자체가 다를 뿐 아니라 운영 과정에 있어서도 상이한 전문성이 필요하다. 그 결과 모바일 페이지 등 많은 모바일용 콘텐츠들은 검색 엔진에 최적화되지 않은 상태로 제작되고 있다.

이런 문제를 해결하기 위하여 먼저 제작한 모바일용 사이트가 검색 엔진에 적절하게 색인(index) 되어있는지 확인할 필요가 있다. 검색 엔진에 색인 되기 위해서는 반드시 검색 로봇에 의한 정보 수집 과정을 거쳐야 하는데, 만일 사이트가 최근에 제작되었다면 빠졌을 가능성이 있다. 이럴 때 각 검색 엔진이 제공하는 웹 마스터 도구를 이용하여 해당 검색 엔진에 직접 모바일용 URL의 존재를 알릴 수 있다.

특히 스마트폰 친화성을 높이기 위하여 모바일 사이트를 PC용 사이트와 더불어 두 개의 버전으로 나누어 운영하는 경우에는 간혹 두 버전이 혼동되어 사용되는 경우가 발생한다. 예로 스마트폰으로 콘텐츠 이용 시에 PC 버전의 페이지가 보이거나 그 반대의 경우이다. 이를 예방하기 위하여 모바일 사용자나 모바일용 검색 엔진이 PC용 홈페이지에 접근을 시도하면 리다이렉션(redirection: 사용자가 웹페이지 방문 시 다른 버전 또는 지정된 다른 페이지로 자동으로 이전시켜주는 방법)을 통하여 해당 기기에 상응하는 모바일 페이지로 갈 수 있도록 조치하여야 한다. 일부 사이트들은 이런 과정의 번거로움을 제거하기 위하여 모바일과 PC용 두 버전에 대하여 리다이렉션 없이 동일한 URL을 가지고 user-agent에 따라 다른 형식의 페이지를 제공하는 방식을 채택하기도 한다. 다만 이런 경우에는 검색 엔진에 의하며 '클록킹(cloaking)'이라는 부정행위로 오인되어 검색 결과에서 삭제될 위험도 있으므로 주의가 필요하다. 클록킹은 사이트가 검색 엔진 상위에 랭크 되기 위하여 일반 사용자에게 보이는 콘텐츠와 전혀 다른 가공의 콘텐츠를 검색 엔진에만 별도로 보여주는 어뷰징 행위의 하나이다.

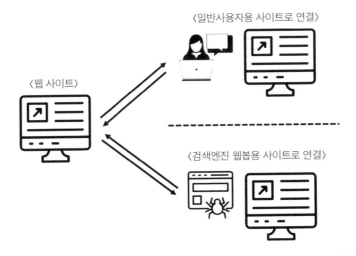

부정행위인 클록킹 작동방식

2) 웹사이트의 홍보

: 자신이 운영하는 사이트의 공지나 게시물을 통하여 새로운 콘텐츠가 추가되었음을 적극적으로 알려야 한다. 사이트에 관심을 가지고 구독하거나 정기적으로 방문하는 사용자들을 RSS 피드 등을 이용하여 새로운 소식을 더 많은 사용자에게 퍼트리거나 공유할 수 있다. 관련된 소셜 미디어나 블로그 등을 적극적으로 활용하여 콘텐츠를 공유하는 것도 필요하다. 사용자 간 교류 및 정보 공유를 기반으로 구축된 소셜 미디어에서는 관심 그룹을 더욱 손쉽게 콘텐츠로 연계시킬 수 있다. 만일 기업에서 운영하는 사이트라면 기업 광고, 홍보물, 카탈로그, 옥외 광고판, 명함 등의 사이트 주소 게재를 통하여 적극적인 홍보를 진행하여야 한다.

다만, 홍보 측면에서 사이트의 인지도를 단기간에 인위적으로 높이기 위한 노력, 즉 의도적 백링크(backlink)는 큰 낭패를 초래할 수 있다. 백링크란 한 웹사이트가 다른 웹사이트를 언급하면서 그 사이트로 연결해주는 링크를 의미한다. 사이트 간에 서로 홍보 차원에서 광고를 게재하는 경우 등에서 발생한다. 특히 클릭까지 가능하도록 하이퍼링크로 연결된 경우에는 검색 엔진에 의하여 백링크로 인식될 가능성이 커진다. 높은 품질의 백링크 활용은 페이지 간의 트래픽을 증가시켜줌으로써 검색 결과의 상위에 랭크 되는 데 어느 정도 도움이 된다. 고품질의 백링크란 내가 게시한 콘텐츠와 관련된 콘텐츠로 구성되어 있으며, 이미 검색 엔진의 상위권에 랭크된 있는 권위 있는 사이트로부터 유입되는 링크라고 이해할 수 있다. 그러나 이와 반대로 웹사이트가 연결해주는 백링크가 도박이나 사행성 사이트처럼 낮은 퀄리티의 백링크가 대부분이라면 오히려 상위 랭킹 진입에 부정적 영향을 끼칠 우려도 있다.

앞서 살펴본 구글, 네이버 등 주요 검색 엔진의 검색 로직을 이해하고, 검색 엔진 최적화를 적절히 실행하면 이른바 최적화 사이트 혹은 최적화 블로그가 될 수 있을 것이다. 그렇다면 내 사이트나 블로그가 최적화되었다는 결과를 어떻게 알 수 있을까? 최적화 블로그나 사이트는 디지털 마케팅에 종사하는 사람들이 흔히 사용하는 용어지만 공식적으로 사용되는 학술적 용어는 아니다. 더욱이 검색 엔진들이 특정한 절차나 인증을 통하여 최적화 여부를 가려주지도 않는다. 가장 쉽게 자신의 사이트나 블로그가 최적화되어 있는지 확인하는 방법은 자신이 게시한 특정 콘텐츠의 전체 제목으로 포털 사이트에서 검색하였을 때, 자신이 올린 콘텐츠가 검색 결과의 최상위권 혹은 첫 페이지에 노출되는지의 여부이다. 일 예로 자신이 블로그에 게시한 콘텐츠의 제목과 동일한 검색어를 입력하여 검색하였을 경우 해당 글이 최상위에 노출되었다면 최적화 단계에 진입한 것으로 볼 수 있다.

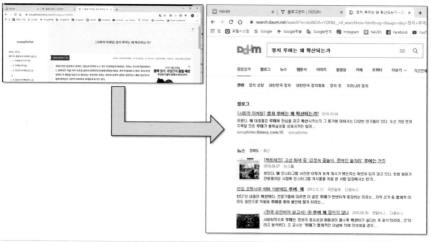

최적화 예시

기계적 최적화의 자동화

최적화 자동화 도구의 활용

: 복잡한 최적화 과정을 단순하게 운영하기 위해서 검색엔진 최적화를 위하여 개발된 소프트웨어 도구의 활용을 검토할 수 있다. 대표적 사례로 올인원 SEP 팩(All in One SEO Pack)이나 요스트(Yoast)를 사용할 수 있다. 요스트는 홈페이지 저작도구인 워드프레스(Wordpress) 기반에서 검색엔진 최적화를 자동화해주는 플러그인(plug-in)의 하나로서 무료 다운로드가 가능하며(srd.wordpress.org/plugins/wordpress-seo/#description), 작성하는 콘텐츠가 검색 엔진에 얼마나 최적화되어 있는지의 정도를 신호등 색상 표시로 사전에 점검하고 알려주는 방식으로 전반적인 사이트 최적화 개선에 도움을 준다. 개인과 기업이 운영하는 전 세계의 900만개 이상의 주요 사이트들에서 이용되고 있다. 다만 플러그인 사용 시는 사이트 접속 속도가 느려질 수 있으므로 웹 호스팅 사양이 낮은 경우에는 사용에 주의가 필요하다.

쇼핑 검색의 최적화

쇼핑 검색의 순위 결정

일반적인 사이트나 블로그의 최적화는 다르게 대형 포탈이 운영하는 쇼핑몰의 경우에는 보다 엄격하고 구체적인 최적화 기준이 적용될 수 있다. 특히 국내에서는 네이버와 같은 대형 검색 엔진 서비스들이 쇼핑 검색 등 온라인 유통에 직간접으로 영향력을 강화하고 있으며, 상품 몰, 광고, CRM, 결제 등 일반적인 전자상거래에 다양하게 적용할 수 있는 솔루션들을 일괄적으로 제공하면서 하나의 거대한 상거래 플랫폼으로 진화하고 있다. 그 결과 네이버 쇼핑 등에 입점한 자영업자나 기업의 숫자는 증가하고 있으며, 경쟁 역시 치열해지고 있어 쇼핑 검색의 최적화에 대한 욕구는 매우 크다.

네이버 쇼핑은 네이버에 의하여 기획, 제작된 플랫폼이며 네이버의 규칙이 완전히 적용되는 폐쇄적인 담장(walled garden)의 세계이다. 따라서 이들 검색 엔진 서비스 내에서 다른 경쟁자들보다 더 우월한 성과를 보이기 위해서는 쇼핑 검색의 최적화 기준을 이해하고 준수하여야만 한다. 네이버 쇼핑 검색은 광고주가 제공하는 기본적인 상품 정보와 자체적으로 수집하는 사용자 접속기록(log)을 종합적으로 평가하여 검색어 및 사용자 요구를 반영한 검색 결과를 제시한다. 특히 순위를 결정하는 과정에서 매크로 등을 이용한 악의적인 어뷰징 시도를 차단하기 위하여 어뷰징 필터링을 시행하는 등의 노력 역시 동시에 기울이고 있다. 쇼핑 검색에서 상품의 노출 순위를 결정하는 알고리즘은 크게 적합도, 인기도, 신뢰도의 세 가지로 구성되어 있다.

1) 적합도

: 사용자가 입력한 검색어가 상품 정보의 다양한 속성값 중에서 어떤 속성과 연관도가 높은지 판단하여 순위를 반영한다. 상품의 속성값은 상품명, 상품 카테고리명, 제조사 및 브랜드명 등을 의미한다. 일 예로 카테고리 적합성으로는 '청바지'를 입력한 경우 패션의류, 생활건강, 패션 잡화, 식품, 면세점 등 여러 카테고리에 걸쳐 검색이 가능하지만 가장 카테고리 유사도가 높다고 판단되는 패션의류에 우선적으로 노출된다. 브랜드명 적합성으로는 '리바

이스'를 입력한 경우 리바이스가 상품명으로 광고 설명에 기입되어 있는 것보다는 브랜드명으로 매칭되어 있는 것이 우선적으로 노출될 것이다.

2) 인기도

: 해당 상품이 가지는 클릭 수, 판매 실적, 구매평의 개수, 최신성 등 고유한 요소들을 고려하여 인기도가 결정된다. 이중 구매평의 개수는 카테고리별로 상대 지수화하여 환산된다. 또한 최신성은 상품이 등록된 일자를 고려하여 산출되며, 그 결과 최근의 신상품이 일시적으로 순위에 들어 고객의 선택을 받을 기회를 주도록 하는 역할을 한다.

3) 신뢰도

: 네이버 쇼핑 페널티, 혜택, 상품명 SEO, 이미지 SEO 등을 고려하여 이용자에게 신뢰를 주는 정도를 산출한다. 쇼핑 페널티는 배송이나 상품에 대한 만족도, 구매평, 어뷰징 이력 여부를 종합 판단하며, 추가로 쿠폰, 할인, 무료 배송, 무이자 할부 등의 고객 혜택이 있을 경우 부가적 점수를 추가하여 주는 구조이다. 상품명이나 이미지 SEO는 네이버가 제시하는 가이드라인을 위반한 경우에 페널티를 부과하게 된다.

쇼핑 검색 최적화(SEO) 가이드라인

각각의 쇼핑몰에서 판매하고 있는 상품들이 쇼핑 검색에서 잘 노출될 수 있도록 네이버 등 검색 엔진 서비스들은 최적화 가이드라인을 제시하고 있다. 각 가이드라인의 주요한 내용은 다음과 같다.

1) 상품명

: 상품명에 중복된 단어가 있으면 안되며, 상품과 관련없는 키워드나 할인 정보가 상품명에 포함되어서도 안된다. 간결하게 작성함이 원칙이다.

2) 브랜드 및 제조사

: 상품의 브랜드 및 제조사 이름은 반드시 기입하여야 한다.

3) 카테고리 매칭

: 상품이 해당하는 카테고리 정보를 정확하게 기입하여야 한다.

4) 이미지 해상도

: 상품 사진 등은 깨끗하고 선명한 이미지를 사용하여야 한다.

5) 판매실적 제공

: 상품 설명 시 판매 지수, 네이버페이 결제 지원 여부 등을 제공하여야 한다.

6) 구매평 제공

: 상품 구매 후기와 사용자 평점 정보를 이미지를 포함한 후기로 제공하여야 한다.

7) 상품명 SEO 준수

: 중복되는 단어의 사용, 지나치게 긴 상품명, 특수문자, 수식이나 혜택 등이 상품 설명이 아니라 상품명에 포함되어서는 안된다.

8) 이미지 SEO 준수

: 이미지에 텍스트, 워터마크, 도형 등을 포함해서는 안된다.

9) 쇼핑 페널티 관리

: 배송 및 상품 만족도 등 쇼핑몰 이용과 관련된 평가 정보를 제공하여야 한다. 다만 이들 평가 정보들은 네이버 페이를 결제 수단으로 제공하는 경우에는 자동으로 연동된다.

10) 혜택 정보 제공

: 쿠폰, 추가할인, 카드할인, 무료 배송, 무이자, 포인트 적립 등 혜택이 있을 경우 추가 점수를 받을 수 있다.

PART 07

디지털 광고의
집행

✏ 디지털 광고시장의 이해 ✏

디지털 광고시장

인터넷과 스마트폰으로 대변되는 디지털의 일상적인 활용은 광고시장의 지형도 빠르게 변화시키고 있다. 과거 TV, 라디오, 잡지, 신문 등 전통적인 4대 미디어 혹은 ATL 미디어 중심의 광고시장은 온라인과 모바일에 광고시장을 내어주면서 급격히 퇴색되고 있다. 이런 변화는 국내외 광고시장 관련 통계자료들이 증명하고 있다. 미국의 시장 조사 기관인 eMarketer의 조사에 의하면 미국 내 광고시장에서 모바일 광고와 인터넷 광고가 차지하는 비중은 2018년 각각 33.9%, 14.6%에서 2022년 47.9%, 14.2%까지 증가할 것으로 예상한다. 수년 내 미국의 광고시장은 모바일과 인터넷 같은 디지털 광고가 전체의 62.1%를 차지할 것이라는 전망이다.

국내 시장 역시 예외는 아니다. 한국방송광고진흥공사 등 업계의 추산에 의하면 인터넷과 모바일을 합한 국내 디지털 광고는 매년 두 자릿수의 건실한 성장세를 이어가고 있으며, 2019년에는 6조 원 이상의 거대 시장이 될 것으로 예측한다. 이런 디지털 광고시장의 약진은 전통적인 광고 미디어의 급격한 추락을 의미하기도 한다.

이에 따라 광고 기획사 시장에도 변화가 오고 있다. 제일기획, 오리콤 등 기존의 전통적인 종합광고대행사들이 디지털 광고에 대한 역량을 키워가기 위하여 인력과 노하우를 수혈하는 것과 별도로 태생부터 디지털 광고만을 전문으로 하는 디지털 광고대행사들도 빠르게 성장하고 있다. 일예로 KT 자회사로 운영되는 디지털 광고대행사인 플레이드(www.playd.com)는 데이터 기반의 종합적인 디지털 마케팅 서비스를 제공하고 있으며, 레뷰(biz.revu.net)는 블로그, 인스타그램, 페이스북 광고 등에 특화된 서비스를 제공하고 있다.

또한 관련 광고시장이 성장하면서 디지털 미디어의 시장에도 변화가 불어오고 있다. 네이버와 구글 같은 포털의 독과점 형태가 심화되고 있으며, 기업이 부담해야 하는 디지털 미디어 광고비 역시 매년 빠르게 상승하고 있다. 네이버가 공개한 광고료 자료에 따르면 포털의 초기 화면 상단에 상품 광고를 집행하는 비용은 과거 전통적인

ATL 미디어 비용과 비교해도 절대 적지 않다. 주로 시간대에 따라 다르게 책정되는데 2019년도 기준으로 인터넷 사용이 활발한 오전 10시부터 정오까지는 2시간 당 5천9백만 원, 오후 2시부터 4시까지는 6천2백만 원 수준에 이른다. 이는 기존 TV 등의 CPM과 비교해도 절대 저렴하지 않으며, 더는 디지털 광고가 저렴하기 때문에 사용하는 미디어가 아님을 보여준다.

디지털 광고의 발전

그러나 이런 전반적인 디지털 광고비용의 상승에도 불구하고 디지털 미디어는 여전히 매력적인 광고 미디어이다. 기술 혁신과 소셜 미디어의 서비스 확장에 기반을 둔 새로운 광고 기법과 틈새 미디어들이 계속 등장하고 있으며, 여전히 소규모 예산으로 집행 가능한 마이크로 광고 역시 강력한 힘을 발휘하고 있다. 최근에도 기계 학습에 기반을 둔 인공지능이나 비디오 커머스의 등장 등의 변화가 디지털 광고시장에 새로운 활력을 불어넣고 있다.

특히 인공지능의 본격화는 광고나 마케팅 자체를 자동화시키고 있다. 전통적으로 시장을 세분화하고 목표 시장을 선정하는 STP는 마케터의 고유한 영역이었으나 최근에는 이 분야에 기계학습이 빠르게 도입되고 있다. 실제 구글 애즈(Google Ads)에서는 광고를 집행할 때 옵션을 통하여 목표 고객의 선정을 인공지능의 판단에 맡길 수 있다. 모비스타(Mobvista) 같은 애드 테크 분야의 새로운 기술 벤처들은 기업의 축적한 고객 데이터를 기반으로 인공지능이 기계학습을 수행하고 있으며 광고 타깃팅과 집행의 정확도를 높이고 있다.

또한, 최근 사용이 증가하고 있는 퍼포먼스 지향적인 리마케팅(remarketing) 광고나 쿠키를 활용하여 사용자의 성향에 맞는 추천 광고를 다양한 기기를 통합하여 송출해주는 프로그래매틱(programmatic) 광고도 발달한 인공지능의 영향을 받고 있다. 이제 광고 목표 대상의 선정은 결국 마케터와 인공지능의 대결이 되고 있으며, 장기적으로는 인공지능의 의사 결정이 더 높은 퍼포먼스를 낼 것으로 예상한다.

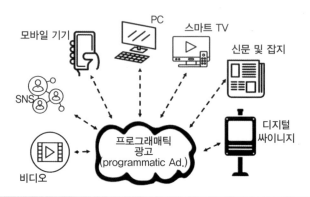

프로그래매틱 광고

광고시장의 중요한 트렌드 중 하나로 문자와 사진을 대체하는 비디오의 위력이 더욱 커지고 있다는 점도 주목할 만하다. 특히 유튜브를 중심으로 한 비디오 커머스나 비디오 콘텐츠 마케팅이 빠르게 성장하고 있다. 유튜브 외에 네이버의 'V Live', 페이스북의 'Watch', 'Lasso', 인스타그램의 'IGTV' 등 다양한 서비스들이 등장하며 동영상 광고 플랫폼 시장을 위한 경쟁 역시 더욱 가열되고 있다. 그 결과 많은 사람이 더는 TV를 보지 않거나 아예 TV 기기 자체의 구매를 포기하고 있으며 더 많은 시간을 소셜 미디어에 게재된 비디오를 보는데 할애하고 있다. Zenith사의 조사에 의하면 평균적으로 하루 67분 이상을 비디오 콘텐츠를 보기 위하여 사용하고 있으며, 온라인 비디오 시청 시간은 지속해서 증가하고 있다.

블록체인(blockchain)과 같은 새로운 기술이 애드테크에 접목되고 있다는 점도 흥미롭다. 블록체인은 데이터를 중앙집중식 서버가 아니라 분산 저장하는 기술을 바탕으로 데이터의 투명성과 보안성을 제공하는 기술이며, 가상 화폐, 지급 결제, 유통 거래 등으로 그 영향력을 넓혀가고 있다. 이러한 기술들이 추가로 광고 분야에 적용되면서 지적 재산권 관리나 광고관리에도 영향을 미칠 것으로 기대된다. 빠르게 변화하는 기술 속에서 광고 역시 많은 변화가 일어나고 있다.

디지털 광고의 분류

　디지털 광고는 광고가 게재되는 미디어나 광고의 형식 등이 매우 다양하다. 우선 미디어로 예를 들면 소셜 미디어, 검색 엔진, 유튜브, 앱 광고, 블로그 광고 등이 존재하며, 광고의 형식도 키워드 광고, 배너 광고, 동영상 등 다양하다. 같은 형태의 광고라고 하더라도 광고의 크기, 게재 위치, 동영상 재생 시간 등이 각각 다르기 때문에 광고를 일괄적으로 분류하는 것은 쉽지 않다.

　디지털 마케팅 현업에서 디지털 광고를 분류할 때 가장 빈번하게 사용되는 분류는 SA, DA, 그리고 NA로 나누는 것이다. SA는 search ad의 줄임말로 검색 광고를 의미하며 DA는 display ad, 즉 배너 광고를 의미한다. NA는 native ad를 의미하며 DA의 한 부류로 분류할 수 있지만, 배너 광고의 성과를 높이기 위하여 배너 광고와 달리 일반 콘텐츠와 거의 유사한 형태로 노출되는 배너 광고를 의미한다.

1) SA 광고

: 광고주가 사전에 유료로 구입한 검색 엔진의 특정 키워드에 대하여 사용자의 검색이 이루어졌을 경우에만 노출되는 광고이다. 기본적으로 광고주는 자사의 상품이나 서비스와 관련성이 높은 선별적 키워드만 등록하는 것이 일반적이며, 사용자 역시 능동적으로 자신의 관심 사항만을 검색하게 되므로 관련성이 매우 높은 목표 고객에게만 노출이 되는 광고이다. 그 결과 고객 퍼널 상에서 MOFU 혹은 더 구매 결정에 근접한 LOFU 단계에 있는 고객들을 설득하는 목적으로 유용한 광고이다. 즉, 타깃팅이 확고하게 이루어진 광고 형태이며, 고객 전환(conversion)을 통하여 매출이나 성과 달성에 유용한 광고이다.

2) DA 광고

: DA 광고는 사용자가 콘텐츠를 이용 중인 인터넷 미디어에 노출되는 배너 광고의 형태로 제공된다. DA 역시 광고 집행 전에 고객 아바타를 지정하고 고객의 데모그래픽 특성이나 라이프스타일 정보 등을 바탕으로 타깃별로 맞춤 광고를 내보내는 형태로 전개될 수 있다. 그러나 고객이 능동적으로 키워드를 검색하는 SA 광고와 달리 DA 광고에서는 고객이 수동적으로 노출된다. 이들 대부분은 광고에 관심이 없는 경우가 많아 노출되더라도 광고에 주목하

지 않는 경우가 많다. 설사 배너 광고를 클릭한 경우라도 구체적인 구매를 위한 노력의 일환이 아니라 단지 관심이나 흥미 때문에 클릭하는 경우이기 때문에 고객 퍼널 상의 TOFU 단계에 적합한 광고라고 볼 수 있다. DA는 고객 전환(conversion) 보다는 제품이나 브랜드의 단순 홍보 등에 보다 적합한 광고 기법이라고 할 수 있다.

3) NA 광고

: 일반적으로 DA 광고에 대한 고객의 관심은 낮은 편이며 사이트를 방문한 고객의 주된 목적은 콘텐츠를 이용하는 것이지 배너 광고를 보는 것이 아니다. 그 결과 일반적인 배너 광고에 대하여 고객들이 거부감을 표현하거나 회피할 수 있다. NA는 이런 배너 광고의 단점을 극복하고 성과를 높이기 위하여 일반 콘텐츠와 유사한 형태로 노출되는 광고이다. 보통 페이스북이나 인스타그램 등에서 일반 게시 포스팅과 구분하기 힘든 자연스러운 형태로 광고를 진행한다. 다만, 광고임을 알리기 위하여 보통 'sponsored'라는 작은 표식을 광고 내에 표시하여 구분될 뿐이다.

결국 디지털 마케팅 캠페인의 주된 목적인 단순한 브랜드나 제품의 홍보인지 혹은 구체적인 성과, 즉 퍼포먼스를 강화하는 것인지에 따라서 어떤 광고에 보다 집중할 것인가를 결정해야 할 것이다.

✏ 구글 애즈 시작하기 ✏

구글 애즈의 이해

구글 애즈(Google Ads)는 페이스북 광고와 함께 전 세계 디지털 마케팅 광고비 지출 총액의 90% 이상을 차지하고 있으며, 광고시장에서 급격하게 영향력이 향상하고 있는 유튜브 광고나 안드로이드 폰에서 진행되는 앱 광고 역시 구글 애즈 플랫폼의 일부분으로 제공된다. 그 결과 국내에서 디지털 광고를 집행하기 위해서는 네이버나 카카오 등 국내 광고 플랫폼 이외에 구글 애즈 및 페이스북 광고는 반드시 이해하여야 한다.

구글 애즈는 2018년 이전에는 구글 애드워즈(Adwords)라는 이름으로 운영된 바 있으며 명칭을 변경한 이후에 현재 가장 고도화된 종합적인 광고 플랫폼으로 성장하였다. 구글 애즈로 변경되면서 구글 검색 광고, 디스플레이 배너 광고, 유튜브 광고, 그리고 앱 광고 등 다양한 미디어 광고를 통합하였다. 본 장에서는 특히 가장 기본이 되는 구글 애즈의 광고 형태인 구글 디스플레이 네트워크(Google Display Network, 이하 GDN)를 중심으로 설명을 진행한다. GDN 광고와 유튜브나 앱 등 다른 광고의 진행 방식이나 절차는 거의 동일하기 때문에 GDN 광고 집행에 능숙해지면 다른 구글 애즈의 광고 유형도 손쉽게 이해할 수 있을 것이다.

구글 애즈 로고

구글 애즈의 특색

구글의 대표적 광고 유형인 GDN은 가장 고도화된 배너 광고로서, 다양한 미디어에 대한 접근성이 높고, 유효고객에 대한 뛰어난 타깃팅 능력, 그리고 정교한 리마케팅 (remarketing)이 가능하다는 장점이 있다. GDN은 다양한 미디어에 대한 접근성이 뛰어나다. 구글은 국내외 다수의 웹사이트나 인터넷 서비스들과 맺은 광고 지면 제휴를 통하여 광고를 제공하고 있다. 그 결과 구글의 주장에 따르면 100명 중 최소 92명은 구글의 광고 영역에 일상적으로 노출되고 있다고 한다. 페이스북이나 카카오톡 기반의 광고가 대부분 서비스 이용자에 국한되는 것에 비하여 큰 장점이다. 또한, 구글 애즈는 인공 지능 등 강력한 광고 기술(Ad tech)을 적용하고 있어서 다양한 고객 타깃팅 기술을 제공하고 있다. 그 외 구글 애널리틱스와 연동을 통하여 강력한 리마케팅을 실시할 수 있어서 관심 고객에 대한 지속적 트래킹과 고객 퍼널의 최종 단계까지의 고객 여정 관리가 가능하다.

구글 애즈의 입찰 시스템

일반적인 TV나 신문의 경우 광고를 게재할 수 있는 슬롯(slot: 광고가 가능한 시간 대나 지면)은 매우 한정적이다. 좋은 광고 시간대를 잡기 위하여 광고대행사 간 경쟁 이 늘 치열하다. 마찬가지로 GDN 광고가 게재되는 웹사이트의 지면도 한정적인 광 고 자원이며 좋은 위치에 광고를 싣기 위하여 광고주가 경쟁하는 것은 GDN에서도 마 찬가지다. 광고주간의 경쟁을 효율적으로 관리하기 위하여 구글 애즈에서는 광고 점 수라는 복합적 개념을 도입하였다. GDN에서는 광고 지면에 대한 경쟁 입찰을 통하 여 최고점수로 1등을 차지한 광고주만이 광고 게재가 가능하다.

예비 광고주간 순위를 결정하는 점수는 CPC(cost per click) 점수와 품질 평가점수 를 동시에 반영하여 결정되는 합산 점수의 구조를 채택하고 있는데, 광고 수익과 광 고 품질을 종합적으로 고려하는 이런 광고 입찰 로직은 네이버나 다른 포털 서비스도 거의 동일하게 운영하고 있다. 광고 점수는 CPC 상한가와 품질평가 점수를 곱하여 결 정된다. 아래 표처럼 총 4명의 광고주가 입찰에 참여하고 있는 상황이라면 CPC가 아 무리 높더라도 품질평가 점수가 낮다면 결국 탈락하게 된다. 본 사례에서는 최고의 CPC를 입찰한 광고주 B가 아니라 품질평가 점수와 CPC를 모두 고려한 종합점수가 높은 광고주 D가 광고를 낙찰받게 될 것이다.

구분	a. CPC 상한 입찰가	b. 품질평가점수 (10점 만점)	점수 (a*b)
광고주 A	180	5	900
광고주 B	300	2	600
광고주 C	130	8	1,040
광고주 D	150	8	1,200(낙찰자)

포탈 사업자의 수익에 직결되는 CPC만을 고려하지 않고 추가로 광고 품질 점수를 고려하는 이유는 광고 역시 콘텐츠의 중요한 일부분이며 광고에 대한 거부감이 사이 트 이탈 증가 등 부정적 영향을 미칠 수 있음을 고려하였기 때문이다. 이런 부정적인 광고의 효과를 최소화하기 위하여 품질평가 점수가 도입되었다. 품질평가 점수는 광 고의 품질을 결정하는 20가지 이상의 다양한 세부적인 항목들이 반영되어 결정되지

만, 크게는 네 가지 요인들이 절대적인 영향을 미친다. 즉, 이탈률, 랜딩 페이지의 접속 속도, CTR(click through rate), 기타 이미지 요소들이다.

우선 이탈률은 광고 문안의 관련성이나 진정성과 관련이 있다. 일례로 노트북을 50% 할인 초특가에 판매한다는 배너광고를 집행하였으나 실제 그 제품이 사이트에서 판매되고 있지 않다면 방문객의 이탈률이 증대할 것이다. 구글은 이를 품질평가 점수에 반영하기 때문에 광고 문구에서 제시한 동일 내용은 반드시 랜딩 페이지에서도 동일한 내용으로 제시되어야 한다. CTR은 광고의 노출 대비 클릭률이 높아야 함을 의미하며, 랜딩 페이지가 열리는 속도와 같은 기술적인 요소도 중요하다. 운영하는 웹페이지의 접속 속도는 구글 애널리틱스에서도 측정할 수 있다. 기타 이미지 요소는 배너 광고의 가독성이나 사진 등 이미지 품질을 평가한다.

이처럼 광고의 품질평가 점수를 높이기 위해서는 광고 메시지, 고품질 이미지 사진과 같은 콘텐츠적 요소와 더불어 페이지 로딩 속도를 줄이는 등 웹페이지 최적화와 관련된 기술적 요소들까지 종합적으로 고려되어야 한다. 품질평가 개선은 결과적으로 CPC 비용을 상쇄할 수 있으므로 광고비 절감과 광고 효과 증가를 동시에 충족시키는 방안이 됨을 명심하여야 한다.

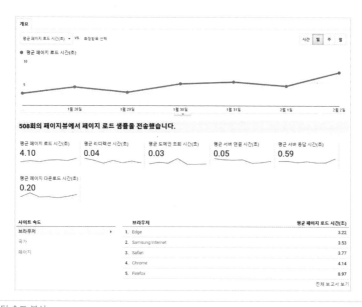

페이지 로딩 속도 분석

✎ 구글 애즈 실행하기 ✎

구글 애즈 실행을 위한 준비

구글 애즈의 대표적 광고의 하나인 GDN을 실행하기 위해서는 먼저 광고에 사용될 배너를 사전에 제작하거나 준비해 놓아야 한다. 배너 광고를 jpg, bmp 등 이미지 파일 포맷으로 준비하는 경우에는 간단한 포토샵 작업 등을 통하여 손쉽게 만들 수 있으며, 구글 애즈가 제공하는 안내를 따라 이미지 파일없이 순수한 텍스트만으로도 작성할 수 있다. 다만 이미지 파일로 배너 광고를 제작할 때는 몇 가지 고려사항이 있다. 배너 광고의 크기는 구글 애즈가 사전에 지정해 놓은 사이즈 규격을 반드시 지켜야 하며, 웹 페이지의 지면과 광고 지면을 명확하게 구분하기 위해서 배너의 배경색이 흰색이어서는 안 되는 등의 가이드라인을 준수하여야 한다. 광고 문구 자체가 간결한 것이 효과적이기도 하지만 배너 광고가 허용하는 글자 수에도 엄격한 제한이 있으므로 간결하고 직관적인 문구로 광고 내용을 축약하는 것은 필수적이다.

구글 애즈의 GDN은 반응형 디스플레이 광고를 기본으로 적용한다. 반응형 광고는 광고를 게재할 수 있는 공간에 맞도록 광고의 크기, 디자인, 형식을 자동으로 조정해 주는 기능을 제공한다. 보다 구체적으로는 스마트폰과 일반 PC 환경에 적합하도록 다양한 배너 광고 크기를 제안하고 있는데, 그중 보통 광고주들이 선호하는 배너 광고 사이즈는 이용 가능한 광고 지면의 대부분에 적용이 가능한 600*120, 600*500, 320*1200, 1450*180 사이즈의 배너이다.

배너 광고에 대한 광고 문구 결정, 디자인 기획과 제작이 완료된 이후에는 구글 애즈를 시작할 수 있다. 이를 위해서는 먼저 구글 애즈(ads.google.com)에 접속하여 회원 가입을 하여야 한다. 처음 접속한 화면은 일반용 구글 애즈 설정 화면을 보여준다. 이 화면을 통하여 광고 타입, 캠페인 명칭, 광고 지역, 사용 언어, 광고 예산 규모, 타깃 고객에 대하여 차례로 응답하고, 광고비 결제에 사용될 결제 수단을 차례로 등록하여야 한다. 시간대 설정의 기준이 되는 국가 등 지역 선택은 광고가 집행되는 시간 설정과 연계되므로 반드시 정확하게 입력하여야 한다. 설정이 종료되면 결제 계좌와 광고 관리에 필요한 계정(id)을 부여받는다.

구글 애즈의 일반 모드

처음 구글 애즈 화면에 일반 모드로 접속하였을 경우 아직 수행하고 있는 광고 캠페인이 없으므로 '새 캠페인' 작성하기가 시작된다. 새 캠페인은 광고 목표의 설정, 광고 제작, 광고 예산 설정의 순서로 진행된다.

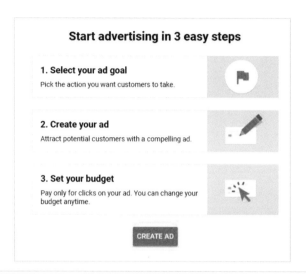

일반용 구글애즈 설정 화면

1) 광고 목표 설정

: 광고를 통하여 달성하고자 하는 목표는 크게 잠재고객의 연락처 확보, 웹사이트 성과, 오프라인 매장 방문 증대로 구분되어 제시된다. 연락처 확보는 리드(lead) 창출이 주된 목표이며, 웹사이트 성과는 방문자의 구매 창출이나 회원 가입 등 촉진을 목적으로 한다. 오프라인 매장의 경우 실제 매장을 방문할 수 있도록 유도하는 것을 목표로 한다. 이하부터는 가장 많이 선택하는 웹사이트 성과를 중심으로 이하 설명을 진행한다. 웹사이트 성과를 목표로 설정한 경우에는 구체적으로 자신의 사업과 상품에 대한 설명이 필요하다. 기업이나 브랜드명, 프로젝트 명칭과 연결된 랜딩 페이지 주소, 광고 국가와 지역을 차례로 설정하고 상품과 관련성이 높은 구글 검색어도 설정한다.

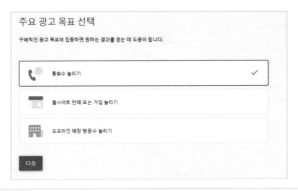

일반용 광고 목표 설정

2) 광고 제작

: 실제로 광고 문구의 작성 등을 통하여 광고를 제작한다. 광고 소재의 제작은 구글이 제시하는 품질평가 점수를 고려하여 작성하여야 한다. 헤드라인 제목은 세 개를 입력하여야 하며, 각 제목당 글자 수는 영문 30자(한글 기준 15자)로 제한되어 있다. 최대 영문 90자로 제한된 광고에 대한 부가 설명도 모두 작성을 마치면 화면 우측에 광고에 대한 미리 보기가 제공된다.

일반용 구글 애즈 광고 제작

3) 예산 설정

광고 집행에 필요한 예산을 설정하고 결제 수단을 저장하여야 한다. 예산을 수립하더라도 실제 광고 캠페인을 실행하기 전까지는 비용이 지급되지 않는다. 광고 예산은 1일 기준 평균 광고비를 입력하면 되고, 이를 기반으로 월 단위 광고료가 자동 산출된다. 책정된 광고비는 단지 일 평균 광고비에 대한 추정이며 실제 광고비 지출 수준은 월 총액의 한도 내에서 광고의 인기도에 따라 다소 변경될 수 있는 가변적인 금액이다. 이상으로 광고에 대한 간단한 설정이 완료되며 이후 광고 캠페인의 대시보드 역할을 하는 관리 화면에서 광고의 집행 여부, 광고 효과에 대한 측정, 광고비 집행 내용 등을 실시간 확인할 수 있다.

구글 애즈의 전문가 모드

처음 구글 애즈를 접한 이후 간단한 광고 캠페인을 진행하기 위해서는 일반 모드로도 가능하지만, 유튜브나 앱을 통한 광고를 진행하거나 더욱 세밀한 옵션을 조정하면서 광고 집행을 위해서는 전문가(professional) 모드로 진입하여야 한다. 전문가 모드는 새 캠페인 작성 화면의 하단에 있는 전문가 화면으로의 연결 링크를 클릭함으로서 변경되며, 캠페인 만들기와 확인 과정으로 구성되어 있다.

전문가용 구글 애즈 시작화면

1) 캠페인 만들기

: 캠페인을 생성하기 위한 전문가 모드의 첫 화면에는 더욱 상세한 새 캠페인 목표를 제시한다. 즉 판매, 리드, 웹사이트 트래픽, 제품 및 브랜드 구매 고려도, 브랜드 인지도 및 도달 범위, 앱 프로모션의 목표가 제시되며 이 밖에 직접 캠페인 목적의 설계도 가능하다. 어떤 캠페인 목적을 설정하는지는 후에 광고 입찰 전략에 연계되어 영향을 미치게 된다. 만일 브랜드 인지도 및 도달 범위를 목표로 선택한 경우에는 디스플레이 광고 혹은 동영상 광고 여부를 선택할 수 있다. 디스플레이 광고(GDN)는 구글이 제휴한 웹사이트에 광고를 게시하게 되며, 동영상 광고는 유튜브와 기타 동영상 사이트에 광고가 게재된다. 선택 이후에는 캠페인 이름 만들기, 국가와 도시 등 광고 지역의 설정, 언어 등을 설정할 수 있다. 지역 설정에 따라 시간 설정도 이루어지니 정확하게 광고대상 국가를 지정하여야 하며, 언어를 영어로 선택한 경우 외국인이 주로 방문하는 영문 사이트에도 광고가 게재되게 되니 주의가 필요하다.

2) 입찰 전략

: 이 단계에서 가장 중요한 부분은 입찰(bidding) 전략과 광고그룹 설정이다. 입찰 전략에서는 경쟁에 참여한 다른 광고주들을 이기고 내 광고를 게시하기 위한 나만의 전략을 수립하여야 한다. 입찰 전략은 추천을 선택하거나 직접 입찰 전략을 수립할 수도 있다. 추천 방식에서는 전 단계에서 선택한 캠페인 목표에 따라 각기 다른 중점 목표가 자동으로 제시된다. 본 사례에서는 캠페인 목표를 '브랜드 인지도 및 도달 범위'로 선택하였기 때문에 그에 적합한 중점 목표인 '조회 가능한 임프레션(viewable impression)'과 '전환'이 제시되었고 조회 가능한 임프레션을 선택할 경우의 경매 전략은 vCPM(viewable CPM: 광고가 50% 이상 시각적으로 노출된 경우에만 CPM 지급) 입찰 전략이 추천된다. 그러나 캠페인 목표가 '리드'였다면 다른 중점 목표와 입찰 전략이 제시될 것이다. 만일 구글 애즈 입찰에 익숙하다면 직접 입찰 전략을 수립하는 것도 가능하다.

이외 광고 순환의 최적화 여부, 광고비, 광고 요일, 일자, 시간 등 일정 조정, 광고 게시 시작일과 종료일, 성인 및 불법 사이트 등에 대한 제외 기능 등 다양한 설정을 조정할 수 있다. 광고 순환 최적화는 다양한 사이즈의 배너 광고 중 가장 효과가 높은 배너광고에 집행을 집중하는 것을 의미하며, 최적화 선택 시 비용 대비 효과성을 높일 수 있다. 광고 종료일을 별도 지정하지 않으면 계속 광고비가 지출되는 등 예산 관리가 어려울 수 있으므로 캠페인 종료일은 반드시 선택하는 것을 권한다.

3) 광고그룹 설정

: 광고그룹 설정은 광고를 누구에게 보여줄 것인가, 즉 목표가 되는 광고 시청자를 결정하는 것이며, 광고 시청자에 대한 시장 세분화와 타깃팅 기능을 제공한다. 광고그룹의 이름을 입력한 이후 자동 타깃팅 혹은 수동 타깃팅을 선택한다. 자동 타깃팅은 광고 게시자가 타깃에 대한 명확한 정보가 없는 경우 구글이 기계학습을 기반으로 자동으로 타깃을 확인하고 선정하여 준다. 반면 수동 타깃팅은 사전에 타깃 고객에 대한 프로파일이나 아바타가 있는 경우 이에 맞추어 관심사, 취미, 주요 검색 키워드에 기반을 둔 타깃팅이 가능하다. 일반적으로 광고 예산이 충분하고 비교적 장기간의 캠페인일 때에는 자동 타깃팅이 더 좋은 성과를 내는 경우가 많다. 그러나 마케터에게 익숙하거나 활동 경험이 많은 시장을 대상으로 진행되는 단기 캠페인의 경우에는 수동 타깃팅이 효과적이다. 이를 마지막으로 구글 애즈의 광고 설정은 종료된다.

네이버 광고

네이버 검색 광고

검색 엔진 기반의 포털 서비스 기업들은 벤치마킹을 통하여 경쟁사의 광고 전략을 끊임없이 벤치마킹하였고, 그 결과 네이버 광고(searchad.naver.com)는 앞서 살펴본 구글 애즈와 운영 원리나 실행 방안 등에서 유사하거 공유하고 있는 부분들이 많다. 구글 애즈와 마찬가지로 네이버 광고는 인공지능과 데이터를 이용한 정교한 타깃팅이 가능하고 광고 예산 수준에 따라 광고를 집행할 수 있으며, 광고 집행후 사후 효과 분석 기능을 제공한다. 네이버의 광고는 크게 검색 광고와 디스플레이 광고로 구분된다.

네이버의 검색 광고는 CPC를 기본적인 과금 방식으로 사용하고 있으며, 사이트 검색 광고, 쇼핑 검색 광고, 콘텐츠 검색 광고, 브랜드 검색, 지역 소상공인 광고, 클릭초이스 플러스, 클릭초이스 상품 광고 등 다양한 형태가 존재한다. 이중 가장 기본이 되는 광고 형태는 사이트 검색 광고, 클릭초이스 광고, 쇼핑 검색 광고이다.

네이버 검색 광고

네이버의 통합 검색 광고는 결과 화면의 다양한 영역에 텍스트와 사이트링크를 '파워링크'라는 형태로 노출시키는 기본형 광고이며, 쇼핑 검색 광고는 쇼핑 검색 결과 창에 쇼핑 탭에서 검색되는 상품과 관련된 광고 텍스트, 이미지를 노출하는 형태이다. 콘텐츠 검색 광고는 블로그나 카페의 콘텐츠 노출을 위한 광고이며, 브랜드 검색은 통합 검색 결과 상단에 특정 브랜드에 대한 정보와 이미지를 노출한다. 지역 소상공인 광고는 음식점, 생활편의, 학원 등 소상공인 업종에 특화된 배너광고이다. 클릭초이스 상품 광고는 특정한 키워드를 구매한 이후, 키워드별 사이트와 광고 정보를 노출하는 상품 정보 검색형 광고이며, 클릭초이스 플러스는 이를 모바일 페이지로 확대한 형태이다.

네이버 검색 광고는 구글 애즈와 유사한 자체 광고 가이드를 가지고 있으며, 가이드를 준수해야만 광고 집행이 가능하다. 광고가 집행되는 지면은 네이버의 파워링크, 비즈사이트와 같은 자체 공간은 물론이고, 네이버가 운영하는 지식iN, 네이버 블로그, 그리고 그 이외의 외부 제휴 사이트들에 동시 노출이 가능하며, 어떤 지면을 선택할지는 광고주의 선택이 가능하다. 이들 미디어 비클(vehicle)마다 노출 영역이나 타 광고와의 경쟁 노출 정도가 다소 다를 수 있으므로 광고주는 노출 지면에 대한 사전 계획이 필요하다.

검색 광고를 집행하기 위한 방법은 광고 유형에 따라서 차이가 있는데, 가장 대표적 광고 중 하나인 사이트 검색광고를 집행하기 해서는 사전에 관련 키워드의 구매가 필요하다. 기본적으로 광고 노출은 각각의 광고주들이 그 키워드에 얼마의 입찰 가격을 입력하였느냐에 다라 결정되는 입찰 경쟁방식으로 광고 노출 순서가 결정된다. 이때 중요한 점은 단지 CPC 입찰 가격만을 고려하여 경쟁 순위가 결정되는 것은 아니며 광고 품질 지수를 점수화하여 종합 합산한 점수로 순위가 계산된다는 점이다. 광고 품질 지수의 적용 방식은 구글 애즈와 동일하며, 품질 지수 값은 절대 값이 아니라 타 경쟁 광고주와 비교하여 결정되는 상대 값이다.

우선 사이트 검색 광고의 CPC 입찰가는 구매하려는 각각의 키워드별로 설정하여야 하며, 최소 70원에서 최대 10만 원까지 설정할 수 있다. 일 예로 노트북 판매

점이 검색 광고를 집행하려면 우선 어떤 키워드를 구매할지를 결정하고, 각 구매 키워드별 입찰가를 결정하여야 한다. 이 판매점은 '노트북', '랩톱', '업무용', '아카데미노트북' 처럼 상품과 관련된 4개의 키워드를 구매할 수 있으며, 각각의 입찰 가격은 200원, 110원, 250원, 300원처럼 설정할 수 있다. 만일 이 4개 키워드의 입찰에 성공하였다면 그 이후부터 고객들이 관련 키워드를 네이버에 검색할 경우 해당 판매점의 광고가 제시되며, 클릭 1회당 해당 광고비용이 지급되는 구조이다. CPC 광고비는 추후 정산되는 것이 아니라 자신의 광고 계정에 선불 형태로 미리 입금한 금액의 한도 내에서 집행된다. 네이버 광고의 입찰 전략과 과정은 구글 애즈와 상당 부분 유사한 절차를 거치고 있어 이를 참조할 수 있다.

네이버 검색 광고의 입찰 전략에는 어떤 키워드를 선택할지와 더불어 얼마의 CPC를 부담할 것인지, 그리고 광고의 품질 향상을 위한 노력이 모두 필요하다. 특히 키워드 선택의 경우 너무 인기가 높고 광범위한 키워드는 높은 CPC 단가와 다수의 검색 결과가 예상되므로 광고의 비용대비 효율성이 떨어질 우려가 있다. 잠재고객의 니즈와 특성을 명확히 이해하고 접근하는 키워드 개발 전략이 필요하다.

반면에 또 다른 대표적인 네이버 광고 중 하나인 쇼핑 검색 광고는 키워드당 입찰을 하는 것이 아니라 판매하고자 하는 상품 단위로 입찰이 진행된다. 최소 입찰가는 50원부터 시작된다. 상품 단위로 광고가 낙찰되면 해당 상품에 대한 다양한 하위 키워드들은 네이버가 자동적으로 추출하여 적용한다는 점도 큰 차이점이다. 즉, '꽃감'이라는 상품에 대하여 쇼핑 검색 광고를 낙찰받게 되면, 추석 선물, 자연산 꽃감, 명절 선물 등 관련 키워드는 네이버가 자동 추출하여 제시한다. 반면에 광고주가 선호하는 특정 키워드를 직접 선택하여 상품의 검색을 유도하는 것은 허용되지 않는다. 다만 특정 키워드가 마음에 들지 않을 경우에 한해서는 해당 키워드를 상품 설명에서 배제하는 것만은 가능하다.

네이버가 제공하는 다양한 유형의 검색 광고는 광고 관리자(searchad.naver.com) 화면에 접속한 이후 계정 만들기 → 캠페인 만들기 → 광고그룹 만들기 → 광고 소재(상품) 만들기 과정을 통하여 집행할 수 있다. 구체적인 집행방법은 구글 애즈와 거의 유사한 절차로 진행된다.

네이버 디스플레이 광고

디스플레이 광고는 주로 네이버 첫 화면의 배너 광고 형태로 진행되며, 타임 보드, 롤링 보드, 커플 보드, 주제판 광고로 분류된다. 타임 보드는 PC용 네이버 메인 화면의 상단에 고정 노출되는 광고로 높은 노출효과를 기대할 수 있는 프리미엄 광고이며, 날짜와 시간대를 선택하여 1시간 단위로 CPT 과금 형태로 집행하게 된다. 롤링 보드는 이용자들의 주목도가 높은 검색 엔진의 로그인 영역 하단에 위치하여 진행되며, 1주일 단위를 기본으로 노출 형태의 종류(예: 단순 이미지, 동영상, 동영상 확장, HD급 동영상 등)에 따라 각각 다른 CPM 방식으로 과금된다. 경우에 따라서는 커플 보드라는 광고 상품을 이용할 수 있으며, 이는 동 시간대에 타임보드와 롤링 보드를 한 광고주가 독점하는 방식이며 가장 비싼 디스플레이 광고 형태이다.

디스플레이 광고 및 롤링 광고

주제판 광고는 네이버가 제시하는 특정 주제 카테고리에 게재가 가능한 광고이며 주 단위 정액 금액(예: 1주당 500만원) 광고로 집행된다.

주제판 광고

유튜브와 인플루언서 광고

유튜브 광고 유형

유튜브는 다른 어느 미디어들보다 많은 다수의 인플루언서가 활발하게 활동하고 있으며 대중에게 미치는 영향력 역시 강력한 미디어이다. 유튜브를 통해 진행되는 기업의 광고 활동은 유튜브의 공식적인 광고 지면을 활용하는 직접 광고뿐만 아니라 인플루언서를 활용한 간접광고도 가능하다.

우선 직접적인 광고 활동은 유튜브가 제공하는 공식적인 광고 지면을 활용하여 광고를 전개하는 방식이다. 유튜브는 트루뷰 인스트림(TtrueView Instream), 트루뷰 디스커버리(TrueView Discovery), 아웃스트림(Outstream), 범퍼 애드(Bumper Ad), 마스트헤드(Masthead)와 같은 다양한 광고 지면을 광고주들에게 제공하고 있는데, 이 광고 지면을 구글 애즈를 통하여 확보한 후 광고를 송출하는 것이다. 창출된 광고 수익은 해당 광고가 게재되는 채널의 크리에이터와 배분하는 공유형 광고 수익모델을 가지고 있다. 총 광고 수익 중 45%의 수익은 구글에게 돌아가며 나머지 55%의 수익이 채널 크리에이터에게 돌아간다. 향후에도 유튜브는 크리에이터가 가져가는 수익을 지속적으로 확대시켜 나갈 계획으로 알려져 있다.

1) 트루뷰 인스트림

: 유튜브에서 가장 많이 사용되고 있는 광고 기법으로 콘텐츠 시작 전, 그리고 중간 부분에 노출되는 광고 형태다. 광고의 과금은 CPV(cost per view)로 운영되며, 정해진 광고 시간을 모두 보거나(예: 40초 광고는 40초 이상 시청 시에만 과금) 랜딩 페이지 URL을 클릭하는 등 CTA(call to action)가 이루어진 경우에만 비용이 발생한다.

2) 트루뷰 디스커버리

: 유튜브의 검색이나 사용자의 영상 페이지에서 추천 영상 형태로 제시되는 광고이다. 광고를 클릭하면 광고 단위 자체에서 동영상이 재생되는 것이 아니라 동영상을 시청할 수 있는 유튜브 보기 또는 해당 채널의 웹 페이지로 이동하여 광고를 시청하게 된다. 과금은 CPV 방식으로 운영되며, 시청자들이 직접 검색을 통하여 접근한다는 점에서 시청자의 관심사를 잘

반영하고 있으며, 광고의 성과는 상대적으로 높다는 장점이 있다.

3) 아웃스트림

: 구글 애즈가 관리하는 GDN(Google display network)의 제휴 동영상 파트너에게 노출되는 모바일 기기 전용 광고이다. 지면의 50% 이상이 2초 이상 노출 시 요금이 부과되는 vCPM(viewable CPM) 방식으로 광고비가 발생한다. 아웃스트림 광고를 사용하면 더 많은 잠재고객에게 동영상을 보여줌으로써 브랜드 인지도를 높이는 데 효과적이다.

4) 범퍼 애드

: 유튜브의 광고 미디어로서 장점이자 단점은 시청자 친화적인 '광고 건너뛰기(skip)' 기능이 제공된다는 점이다. 네이버 TV나 카카오 TV 등 경쟁 플랫폼의 경우 TV 광고 시청 기준과 유사하게 콘텐츠를 이용하기 위해서는 먼저 15초 이상 광고를 의무적으로 시청하여야만 한다. 그러나 이런 방식은 시청자의 외면을 받고 있으며 이에 유튜브는 단 5초만 시청한 이후에 광고 건너뛰기를 허용하고 있다. 이런 점은 지루한 광고에 싫증이 나고 광고 시청을 위해서 값비싼 데이터 요금을 지급해야 하는 시청자 처지에서는 환영받을 일일 것이다. 그러나 광고주 처지에서는 불만 요인이다. 이에 유튜브는 2016년부터 6초 이하의 광고 게재 방식인 범퍼 애드(Bumper Ad)라는 광고 방식을 도입하여 광고주의 불만에 대응하고 있다. 시청자 관점에서 짧은 광고는 충분히 허용할 수 있으며, 광고주 처지에서도 더 저렴한 비용과 간단한 제작이라는 장점이 있다. 제작도 비교적 손쉬워서 요일별, 상품별 다양한 버전의 범퍼 애드를 만들어서 시청자가 지루할 틈 없이 순환 형태로 광고를 게재하는 것도 가능해졌다.

5) 마스트헤드

: 가장 노출이 손쉬운 유튜브 메인 화면의 상단에 하루 24시간 노출이 보장된다. 짧은 시간 내에 대중에게 도달(reach) 극대화가 필요할 때 적합한 광고 지면이지만, 국내 기준으로 하루 광고비가 7,000만원 이상을 웃돌 정도로 비용 부담은 크다.

유튜브를 기반으로 실제적으로 광고를 집행하기 위해서는 구글의 종합적인 광고 플랫폼이 구글 애즈를 이용하여야 한다. 유튜브 광고를 위한 광고 설정과 광고 타깃팅 설정 등 상세 내용은 이전에 학습한 구글 애즈의 활용법과 같으니 이전의 내용을 참조하자.

유튜브 인플루언서 간접광고

직접 광고와 달리 인플루언서를 활용하거나 콘텐츠 내 PPL(product placement)을 이용하는 간접광고는 유튜브에 광고 매체 비용과 같은 직접적인 비용을 지급하지는 않는다. 그러나 광고의 정의가 '비용을 지불하는 광고주를 가지고 있는 상품, 서비스 또는 아이디어의 비대면적인 판촉활동' 임을 고려할 때, 보통 유튜브 채널을 이용한 인플루언서 마케팅이나 PPL 활동 역시 중요한 광고 활동 중 하나로 볼 수 있다. 특히 이런 간접광고는 기업이 상업적 목표를 드러내고 진행하는 직접 광고에 비하여 일반 소비자들로부터 더 큰 신뢰를 받을 수 있으며 광고에 대한 거부감을 줄여준다는 장점이 있다.

인플루언서들은 그들이 활동하는 주 영역이 있으며 자신의 상품과 동일한 카테고리 내에서 활동하는 인플루언서들을 확인하여야 한다. 활동 영역으로는 뷰티, 패션, 먹방, 게임, IT기기 리뷰, 요리, 베이킹, 여행, 음악, 동물, 스포츠, 영화, 부동산, 재테크, 정치/시사, 예술, 예능 등 다양하다. 또한, 인플루언서의 이용 비용은 그들의 영향력 지표인 구독자 수의 수준, 상품 노출 정도, 조회 수, 게시 기간 등의 수준에 따라 편차가 매우 크지만, 노출효과에 비하면 여전히 경제적, 효과적인 광고 수단이다. 보통 유튜브 인플루언서들의 추정 CPV는 30원~100원 이하에서 형성되고 있는데, 몇분에서 수십 분에 이르는 시청자 집중도가 높은 노골적인 상업적 콘텐츠를 이 정도의 비용으로 노출 시킬 수 있다는 것은 여전히 인플루언서 마케팅이 효율적임을 보여준다.

보통 인플루언서들은 구독자 수에 따라 메가 인플루언서(50만 구독자 이상)와 미드티어(mid-tier) 인플루언서(5만~50만 구독자), 나노 인플루언서(최소 1만 ~ 50만)로 구분된다. 정해진 규칙은 아니나 보통 상업적 활동에서 단기적인 효과를 보이기 위해서는 최소 나노 인플루언서 이상을 활용하는 것이 일반적이다. 나노 이하의 인플루언서들은 보통 체험단 마케팅의 형태로 이용할 수 있을 것이다.

최근에는 개인으로 활동하는 인플루언서들보다는 MCN(multi-channel network)과 같은 전문 인플루언서 매니지먼트 기업의 소속으로 활동 중인 경우가 증가하고 있으며, 이에 따라 실제적인 계약은 MCN을 통하여 진행되는 경우가 증가하고 있다. 그 결과 인플루언서들과의 협업은 점차 체계화되고 있으며, 광고 단가 역시 상승 추세이다. 참조로 일부 디지털 광고사(www.youha.info)나 인플루언서 평가 대행사(kr. noxinfluencer.com)들은 참조할 수 있는 인플루언서 추정 단가와 영향력 지표들을 제공하고 있다.

인플루언서 광고 단가(뷰티 분야)

그러나 상대적으로 인플루언서 마케팅에 대한 불만도 증가하고 있다. 예상보다 비싼 광고비 지출에도 불구하고 다른 디지털 광고 미디어들과는 다르게 실제 광고 효과를 객관적으로 검증하기 어렵다는 점이다. 또한, 일부 인플루언서들이 클릭 팜 등을 통하여 생성된 가짜 팔로워 구독자 계정을 대량으로 구매하여 자신의 영향력을 실제보다 부풀리거나, 자신의 이미지에 맞지 않는 부적합한 제품까지 광고에 나서면서 예전보다 광고 효과가 높지 않다는 의견이 증대하고 있다. 이로 인하여 많은 기업이 인플루언서에 의존하기보다는 실제 소비자들 대상의 체험단 마케팅이나 프로슈머 마케팅 등으로 다시 눈을 돌리기도 하고 있다. 결국, 인플루언서들이 광고 미디어로서 자신의 영향력을 기업과 소비자 모두에게 유지하기 위해서는 진정성을 가져야 할 것이다.

페이스북/인스타그램 광고

소셜 미디어 광고의 특성

소셜 미디어를 통한 광고는 일반적인 배너 광고나 검색 광고와는 근본적인 차이가 있다. 네이버나 구글의 온라인 광고는 그 내용이나 형식에서 일반적인 콘텐츠와는 확연하게 차이가 있으며, 사용자는 광고를 볼 것인지 말 것인지, 혹은 어떤 광고를 볼 것인가를 두고 고민하게 된다. 반면에 페이스북 광고나 인스타그램 광고는 일반적인 게시물과 거의 동일한 형태와 포맷으로 제공되고 있으며, 광고를 위한 별도의 지면이나 공간이 명확하게 구분되어 있지 않다. 사용자가 좋아요를 누르거나 친구 맺기를 통해 보여지는 게시물과 섞여서 광고가 보여지기 때문에 다른 기업의 브랜드나 상품 광고와 경쟁을 하는 것이 아니라 시청자가 좋아하는 게시물들과 관심 뺏기를 위한 경쟁을 하게된다. 이런 특성으로 인하여 페이스북이나 인스타그램을 통한 광고는 일방적인 상품 홍보보다는 사용자의 관심을 유도하기 위한 섬세한 크리에이티브 작업이 강조된다. 페이스북은 광고 크리에이티브를 보다 효과적으로 전달하기 위하여 메신저 광고, 캔버스 광고 등 다양한 광고 콘텐츠 양식들을 개발하여 배포하고 있다.

페이스북에서 광고의 주된 목표는 도달을 측정하며, 도달에는 유기적 도달과 광고를 통한 도달로 나누어진다. 광고를 통한 도달은 페이스북 플랫폼에 매체 비용을 지불하고 광고를 집행하는 방식이다. 반면에 유기적 도달은 게시물 콘텐츠가 재미있거나 독특하거나 콘텐츠의 매력이 큰 경우에 발생한다. 이 경우 사용자들은 댓글을 달거나 콘텐츠를 공유, 혹은 게시물 저장 등을 하는 등 다양한 상호작용이 발생하는데 이 상호작용을 통하여 콘텐츠가 확산되는 정도를 유기적 도달이라고 한다. 최근에는 페이스북이 광고 플랫폼을 강화하면서 광고 도달은 빠르게 증가하고 있지만 유기적 도달은 지속적으로 하락하고 있는 상황이다.

페이스북과 인스타그램 광고

페이스북 페이지와 인스타그램을 통하여 광고를 집행하게 되면 포스팅한 뉴스피드나 검색에서 더 많은 노출을 기대할 수 있고, 더 쉽게 많은 팔로워를 모을 수 있다. 또한, 광고 예산과 타깃 고객을 직접 설정하여 효과적인 타깃 마케팅 수단으로 활용할 수 있다. 인스타그램이 페이스북에 인수된 이후에 이 둘의 광고 집행 방식은 사실상 대동소이하다. 일 예로 인스타그램에서 집행한 광고는 인스타그램 내의 뉴스피드와 스토리, 관계사인 페이스북에도 게재된다.

페이스북은 기업용 페이지를 운영할 수 있고, 인스타그램은 하나의 계정을 사용 목적에 따라 개인 계정과 비지니스(프로페셔널) 계정 중 선택하여 사용할 수 있다. 광고를 집행하기 위해서는 인스타그램은 기업용(비즈니스 계정)으로 전환하여야 하며, 페이스북은 페이지의 관리자 권한이 있어야만 한다. 만일 관리자가 아니라면 관리자에게 요청하여 광고 집행에 필요한 관리자 권한을 부여 받아야 한다.

페이스북 페이지와 인스타그램의 광고는 홍보할 게시물을 선택하여 노출하는 방식으로 진행되며, 대상 고객을 자동으로 타깃팅 하거나 특정한 고객층을 세분 시장으로 선정하여 타깃팅 하는 방식으로 진행된다. 광고에는 보통 CTA(call to action) 버튼이 포함되어 있어 더 많은 정보를 원하는 이용자들에게 추가적인 정보를 제공하거나 타 사이트의 랜딩 페이지로 이동할 수 있다. 또한 브랜드 인지도 향상, 도달 향상, 트래픽 증대, 참여 유도, 앱 설치, 동영상 조회, 카타로그 조회, 매장 방문 등 집행하는 인스타그램 캠페인 종류에 따라서 광고 비용이 다르게 책정된다. 적정한 예산을 미리 설정하여 광고 집행이 가능함에 따라 기업이 큰 광고비 부담 없이 허용 가능한 범위 내에서 광고 집행이 가능하다.

인스타그램 광고 집행 절차

설명을 위하여 우선 인스타그램을 중심으로 광고를 집행하는 절차를 설명하고자 한다. 페이스북 페이지의 광고 집행도 사실상 인스타그램 광고 집행과 거의 동일하게 진행된다. 페이스북의 경우 광고 관리자를 실행하기 위해서는 먼저 관리자 사이트(business.facebook.com)에 접속한 후 비즈니스 관리자 계정을 생성하여야 한다.

1) 광고대상의 선택

: 일반적인 광고는 상품이나 서비스가 홍보 대상이 되지만, 인스타그램에서는 특정한 뉴스피드의 게시글이나 인스타그램 프로필, 혹은 특정한 랜딩 페이지가 전환(conversion)의 목표이자 광고의 주 대상이 된다. 우선 뉴스피드에서 홍보할 대상 포스팅을 선택한 후, 그 게시글 하단에 있는 '홍보하기'를 클릭한다.

2) 랜딩 페이지 및 행동 설정

: 광고를 통하여 최종적으로 방문객들을 유입시키고자 하는 페이지를 랜딩 페이지라고 하며, 랜딩 페이지는 구매, 구독, 회원 가입, 참여 등 특정 방문자 행동을 유도하기 위하여 만들어진 별도의 웹 페이지, 블로그 등이다. 인스타그램의 랜딩 페이지는 내 프로필, 내 웹사이트, 내 다이렉트 메시지의 세 가지가 있으며, 최종적인 전환 행동이 무엇인지에 따라 선택하면 된다. 특정한 랜딩 페이지 URL로의 고객 여정이 필요한 경우에는 내 웹사이트를 선택하면 된다. 추가로 '랜딩 페이지 더 알아보기'를 클릭하면 더욱 상세한 행동 유형을 선택적으로 설정할 수 있다. 페이스북 페이지는 다소 차이가 있으며 웹사이트 홍보하기, 페이지 홍보, 게시물 홍보, 메시지 보내기 버튼 홍보하기로 구성되어 있다.

3) 광고 타깃의 설정

: 광고를 누구에게 노출할 것인가에 대하여 지정하거나 선택할 수 있다. 자동 타깃팅, 혹은 직접 타깃 만들기 중 선택할 수 있다. 자동 타깃팅의 경우에는 인스타그램이 통계적 추론을 통하여 기존 자신의 인스타그램 팔로워를 분석하고 유사한 특성의 사람들을 자동으로 선택하여 준다. 반면에 맞춤 타깃 직접 만들기는 사전에 정한 고객 페르소나(아바타)에 근거하여 위치, 나이, 성별, 관심사 등 세부사항을 광고주가 직접 지정하여 운영할 수 있다. 혹은 고

객 연락처 등 리드 정보를 가지고 있는 경우에는 입력한 고객 DB만을 대상으로 광고가 제한적으로 집행된다. 직접 타깃을 만들어 사용한 이후에는 자동으로 만든 타깃이 저장되어 향후에 타깃의 재사용이 가능하다.

4) 예산 및 기간의 설정

: 예산 범위에 맞추어 예산을 설정할 수 있다. 예산의 크기에 따라 도달 가능한 사람의 수가 달라진다. 또한, 예산 범위나 광고 캠페인의 성격에 맞추어서 광고 기간을 설정할 수 있다.

5) 광고 검토 및 실시

: 일련의 과정이 종료된 후 미리보기를 통하여 최종 점검을 할 수 있으며, 이후 인스타그램은 페이스북의 광고 정책에 근거하여 광고의 적정성을 검사한다. 검토에는 통상 1시간 이상의 시간이 소요된다. 검토를 통과하면 광고, 홍보의 게재가 시작된다.

이제 여러분은 인스타그램과 페이스북 페이지 광고를 통하여 쉽고 빠르게 소셜 미디어를 집행할 수 있다. 광고로 보이는 포스팅은 'sponsored'라는 머리글이 붙어 일반 포스팅 뉴스피드와 구분되어 보인다.

PART 08

웹 애널리틱스의
이해

▶ 데이터 기반의 마케팅 관리

▶ 구글 애널리틱스(GA) 이해

▶ GA 계정 설정과 관리

데이터 기반의 마케팅 관리

데이터 기반 의사 결정

데이터에 의한 의사 결정보다는 직관이나 창의적인 아이디어가 더 중요하다고 생각하는 마케터가 여전히 적지 않다. 이들은 누구나 고대하는 혁신적 창조물인 '보랏빛 소(purple cow: 마케터인 세스 고딘(Seth Godin)이 경이로운 상품의 비유로 창조한 단어)'는 데이터로 찾아낼 수 있는 것이 아니라고 생각한다. 그러나 이런 주장들이 마케팅에 있어서 점차 증가하는 데이터 중심 사고의 중요성을 부인하는 것은 아니다. 특히 전통적인 마케팅에서 고객 데이터는 쉽게 접근할 수 없는 희소한 자원이었다. 고객 자료수집은 주로 간헐적인 설문조사와 마케팅 리서치, 값비싼 POS(point of sales) 시스템 구축, CRM(customer relationship management) 시스템의 도입 등 큰 노력과 시간을 들인 이후에야 가능하였으며, 수집 이후의 분석 과정 역시 다양한 통계 기법을 동원한 전문적 영역이었다. 마케터는 단지 이런 과정을 거친 이후에 요약된 보고서로 고객 데이터를 접하는 것이 고작이었다.

그러나 디지털 마케팅 시대로 진입한 이후, 고객 데이터는 의도된 단편적인 마케팅 활동이 아니라 일상적 활동이 되었다. 원하든 원하지 않든 웹사이트와 소셜 미디어를 방문한 고객의 데이터는 추가적인 투자 없이도 자동화된 관리 시스템을 통하여 실시간으로 축적되고 있다. 기업이 성과를 창출하기 위해서는 단순히 이런 데이터를 집계하는 것이 아니라 가치를 창출해낼 수 있어야 한다. 단순히 방문이나 유입의 통계를 확인하는 것에서 벗어나 심층적인 데이터 분석, 즉 데이터 애널리틱스(analytics)가 가능하여야 한다. 구글 애널리틱스나 인스타그램 인사이트 등 다양한 데이터 수집 및 분석 지원 도구를 통하여 마케팅 캠페인을 기획하고 투자수익률(ROI) 관점에서 기업의 퍼포먼스를 추적할 수 있어야 한다. 퍼포먼스 중심으로 관리를 전환함으로써 비효율적인 마케팅 관행을 개선하고 수행 중인 마케팅 전략의 타당성을 점검하고 수시로 개선하는 피드백 체제를 갖추어야 한다.

실제로 과거의 마케팅에서 대표적인 의사 결정 과정인 목표 고객의 수립과 타깃 마케팅을 살펴보자. 전통적인 마케팅 과정에서는 마케터의 직관, 혹은 잠재고객을 대상으로 한 설문조사 결과를 바탕으로 STP(segmentation, targeting, positioning) 계획을 사전에 수립하고 마케팅을 시행한다. 그러나, 시행한 이후에 진행된 마케팅 캠페인이 애초 STP 전략에 부합하게 진행되고 있는지를 캠페인 중간마다 수시로 확인하고 전략을 수정하는 것은 매우 어려운 일이었다. 이에 따라 전략의 성패는 캠페인이 종료된 이후의 사후 평가 과정에서 가능한 경우가 많았다. 만일 수시로 고객 반응을 실시간 점검하고 결과를 바탕으로 개선해 나갈 수 있다면, 마케팅 활동의 효율성은 크게 개선될 수 있을 것이다.

애널리틱스의 등장

이런 요구가 증대함에 따라 강력한 성능과 손쉬운 이용 방법을 갖춘 다양한 데이터 수집 및 분석 도구들이 등장하고 있다. 이런 애널리틱스 도구들은 크게 웹 트래픽의 분석 도구, 스마트폰 기반 유입에 특화된 앱 트래픽 분석, 해킹 등 외부 공격이나 부정적 사용자 행동에 특화된 부정행위 분석 도구로 구분되기도 한다. 또한, 페이스북 페이지나 인스타그램 프로페셔널 버전 등은 자체적으로 데이터를 분석하는 도구인 인사이트(Insight) 도구들을 제공하고 있다.

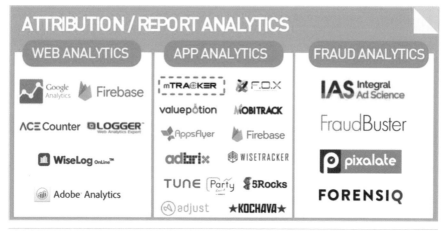

애널리틱스 도구

따라서 어떤 애널리틱스 도구를 사용할 것인가는 유입되는 고객 특성과 분석자의 목적에 따라 달라질 수 있을 것이다. 그럼에도 불구하고 웹과 앱 등 다양한 트래픽 분석을 지원할 수 있는 구글 애널리틱스는 다른 도구들과 병행해서라도 반드시 사용해야 하는 기초적인 애널리틱스 도구이다. 구글 애널리틱스(marketingplatform. google.com)는 구글의 검색 엔진에 기반을 두어 신뢰할 수 있는 데이터 수집 결과를 제공하며, 사용자 목적에 맞는 다양한 보고서의 제공, 유입 트래픽의 확인, 자동화된 캠페인 관리 등이 광범위한 기능을 제공한다.

또한, 구글 애즈(ads.google.com)와의 연동한 광고관리가 가능하고, 대부분의 블로그나 사이트의 추적이 가능하다. 무료로 사용할 수 있어 비용적 부담도 적다. 구글 애널리틱스와 유사한 기능을 제공하는 어도비 어낼리틱스의 경우 처리할 수 있는 월간 트래픽 처리 건수에 따라 가격이 달라지며, 수 억원 이상의 사용료를 매년 징수하고 있다. 이런 이유로 구글 애널리틱스는 디지털 마케팅의 표준적인 분석 도구로 자리 잡고 있으며, 일반적으로는 구글 애널리틱스를 기본 도구로 사용하면서 목적에 따라 다른 도구들을 추가로 활용하여 비교, 분석하는 형태로 이용하고 있다.

구글 애널리틱스의 이해

GA와 퍼포먼스 마케팅

구글 애널리틱스(Google Analytics, 이하 GA)는 가장 강력하고 널리 쓰이는 웹사이트 및 앱 이용에 관한 분석 및 통계 서비스이다. 자신이 운영하거나 분석하려는 사이트에 설치하면 GA는 사이트로 유입되거나 이탈되는 트래픽에 대한 데이터를 자동으로 수집하고, 마케팅 및 경영 의사 결정에 필요한 정보를 가공하여 보여준다. 최근 다양한 미디어와 기기를 활용하는 이용자 추세를 반영하여 일반적인 검색 엔진은 물론이고 소셜 미디어 방문자나 앱 이용자도 추적할 수 있다. GA는 무료 이용이 가능한 기본 버전과 더 많은 수의 트래픽 데이터와 추가적 기능 이용이 가능한 강력한 유료 프리미엄 서비스인 '애널리틱스 360'이 제공되고 있다. 무료 버전은 월 1,000만 건의 트래픽까지 지원되며 기능 역시 충분히 활용도가 높기 때문에 대부분 무료 버전으로도 충분히 마케팅 생산성을 높일 수 있다.

GA를 잘 활용할 경우 단지 사용 통계만을 제공할 뿐만 아니라 웹이나 앱 기반의 다양한 디지털 마케팅의 전환율이나 퍼포먼스를 높일 수 있다. GA를 통한 퍼포먼스 증대 방안은 다음과 같다.

1) 이탈 고객에 대한 모니터링

: GA가 산출하는 대표적인 측정항목중 하나인 이탈율(bounce rate)을 통하여 웹사이트나 콘텐츠가 제공하는 고객 경험을 파악하고, 개선 필요성을 환기할 수 있다. 방문자의 이탈은 해당 웹페이지에 찾고자하는 내용이 없거나 불충분한 경우에 발생하며, GA는 특정 웹페이지나 웹사이트의 이탈율을 측정할 수 있다.

2) 자연 검색의 측정과 이해

: 광고가 아니라 검색 등을 통하여 자연발생적으로 발생되는 트래픽과 전환율을 확인하고, 잠재고객의 특성이나 주요한 검색어들을 확인할 수 있다. 이런 정보들은 보다 효율적인 검색엔진 최적화(SEO)를 하는데 큰 도움이 된다.

3) 내부 검색 기반의 니즈 이해

: 사이트를 방문한 이후 방문자가 어떤 정보를 구체적으로 다시 검색하는지 내부 검색어를 통해서 확인할 수 있다. 이는 고객의 검색이나 방문 니즈에 기반하고 있으며, 내부 검색에 적합한 정보가 없는 경우 대부분의 방문자는 손쉽게 이탈하게 된다.

4) 페이지 접속 속도의 개선

: GA를 통하여 로딩 속도가 느린 페이지를 확인하고 개선할 수 있다. 느린 페이지 접속 속도는 단순히 방문자의 이탈을 가속화 시킬 뿐만 아니라, 검색엔진에게 저품질 사이트라는 신호를 주게되어 포털서비스의 검색 순위에서도 불리하다.

5) 사용자 행동의 분석

: 고객 퍼널의 구축과 분석을 통하여 사용자의 행동 방식을 분석할 수 있다. 특히 퍼널의 다음 단계로 이동할 때 이탈하는 고객들의 특성을 파악함으로서 이탈 방지에 필요한 대응 전략을 수립할 수 있다.

6) AB테스트를 통한 실험

: 다양한 광고 소재, 상이한 고객 세그먼트, 상황별 적합한 목표를 각각 가설로 설정하고 보다 성과가 높은 대안을 실험을 통하여 선택할 수 있다. AB테스트를 통하여 대규모 캠페인을 전개할 경우 발생가능한 시행 착오를 사전에 점검할 수 있다.

GA 작동원리

GA는 컴퓨터에 애플리케이션을 직접 설치하는 클라이언트(client) 방식이 아니라 클라우드(cloud) 방식으로 제공되는 서비스로서 별도 설치는 필요하지 않다. 그 대신 GA의 서비스 제공 웹사이트(analytics.google.com)에 접속하여 사용할 수 있다. 반드시 사전에 구글 계정이나 지메일(Gmail) 계정을 가지고 있어야 하며, 일부 사용 기능이 제한될 수 있는 인터넷 익스플로러보다는 구글 크롬(www.google.com)을 내려받아 설치하는 것을 권장한다.

구글은 또한 아직 자기 사이트를 가지고 있지 않거나 데이터가 충분히 축적되지 않은 GA 사용자의 훈련을 위하여 별도의 데모 계정(support.google.com/analytics)을 제공한다. 데모 계정의 데이터는 가상의 데이터가 아니라 실제로 축적된 거래 데이터이다. 데모 사이트는 구글이 직접 운영하는 공식 구글 기념품 판매 사이트(shop.googlemerchandisestore.com)에서 가져오는 실제 이용 데이터를 분석하게 해 준다. 다만 불특정 다수가 접속할 수 있는 특성을 고려하여 시스템 보호를 위하여 GA의 관리자 권한은 주어지지 않는다. 그 결과 데모 계정에서는 일부 기능은 제한하고 있다. 이에 본 실습 안내에서는 데모 사이트를 이용하여 GA에 대한 대부분의 설명을 제공하지만, 일부 기능은 직접 사용자가 자신의 웹사이트나 블로그를 운영한다는 전제하에 설명을 할 것이다.

GA는 구글이 보유한 GA 서버가 기업이 보유한 웹 서버로부터 데이터를 가져오는 클라우드 방식으로 데이터를 수집하고, GA 사용자는 개별 PC나 노트북의 웹 브라우저를 통하여 데이터를 분석하거나 보고서를 이용하는 구조로 운영된다. GA가 작동하는 아키텍처 원리를 간단히 살펴보면 다음과 같다. 우선 권한을 가진 디지털 마케터나 개발자는 GA를 사용하기 위하여 자사 기업의 웹 서버 관리자에게 GA의 관리자 메뉴에서 트랙킹 코드(tracking code, 혹은 픽셀(pixel)이라고도 불림)를 생성해서 기업이 운영하는 웹페이지에 삽입할 것을 요청하여야 한다. 트랙킹 코드는 웹서버에의 접근을 허용하는 간단한 몇 줄짜리 HTML 코드이다. 이 요청이 승낙되면 웹 서버 관리자는 GA에 접속하여 트랙킹 코드를 생성한 후, 이 트랙킹 코드를 자신이 운영하는 웹 사이트에 삽입한다. 이후 GA 서버는 비로소 기업의 웹 서버와 통신이 가능해지며 실시간으로 데이터를 축적하게 된다. GA 서버에 축적된 데이터는 마케터나 개발자가 보고서나 캠페인 설정 등의 형태로 이용 및 분석이 가능하다.

　고객 등 일반적인 웹사이트 방문자는 기업이 보유한 웹서버를 검색하거나 주소를 입력하여 이용하게 된다. 이때 해당 기업의 웹페이지에 트래킹 코드가 이미 설치되어 있다면 일반 방문자의 검색 요청이나 이용 정보는 웹 비콘(web beacon)이라는 HTML 파일에 묻어두는 1 픽셀짜리 투명한 GIF 포맷의 이미지 파일 형태로 GA 서버에 동시에 전달된다. 이를 활용하여 GA 서버는 매일 자정에 하루 동안 모은 데이터를 종합하는 파싱(parsing) 과정을 거치고, 이후 분석을 위한 데이터는 1일 단위로 계속 축적하게 된다.

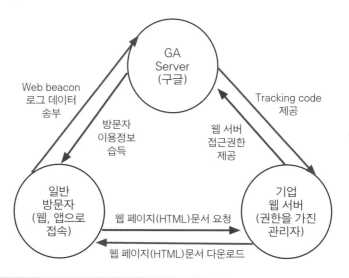

GA 아키텍처 작동원리

GA 제공 보고서

이런 과정을 통하여 데이터를 수집하고 분석한 GA는 그 결과를 보고서 형태로 제공한다. 보고서는 분석자가 목적에 따라 자유롭게 구성하는 것도 가능하지만, 더욱 직관적으로 의사 결정을 돕기 위하여 기본적으로 다섯 가지의 기본 보고서를 제공한다. 보고서는 많은 경우 열(column)과 줄(raw)을 가진 교차 표 형태로 결과를 제공한다. 이때 보고서 좌측에 상하의 줄 형태로 제공되는 항목을 측정 항목(dimension)이라고 하고, 보고서 상단에 좌우의 열 형태로 제공되는 항목을 측정 기준(matrix)이라고 부른다. 즉 보고서가 제공하는 교차 표는 측정 항목(줄, row) * 측정 항목(열, column)의 형태로 구성되어 있다. 각 보고서를 간략히 설명하면 다음과 같다.

1) 실시간(real-time) 보고서

: 현재 사이트에서 일어나고 있는 일들을 실시간 데이터로 제공한다. 현재 방문 중인 사용자의 수, 페이지 뷰(view) 수, 인기 추천자, 인기 페이지, 인기 키워드, 접속자의 위치에 대한 정보가 접속 시간을 기준으로 실시간 제공된다.

GA 실시간 보고서

2) 잠재고객(audience) 보고서

: 사이트의 방문객들에 대한 성별, 나이, 언어, 지역 등의 구체적인 인구통계 정보를 비롯하여 이들의 주요 관심사, 고객 가치, 재방문 여부, 접속에 사용한 기기나 운영체제 등에 대한 상세 정보를 제공한다.

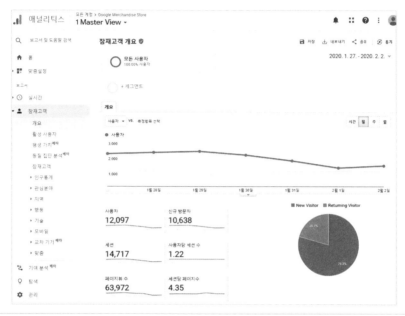

GA 잠재고객 보고서

3) 획득(acquisition) 보고서

: 획득 보고서는 사용자가 사이트에 어떻게 도달하였는지를 보여준다. 일 예로 사용자가 기업이 운영하는 랜딩 페이지에 도달하기 위하여 검색이나 소셜 미디어 등 어떤 채널을 그 이전에 방문하였는지, 또는 검색에 활용한 주요 키워드는 무엇이었는지와 같은 단순 고객 획득 정보와 특정한 광고 캠페인에 대한 사용자 반응으로 파악하는 고객 획득 정보를 제공한다. 배너 광고나 검색 광고 등 어떤 광고 캠페인이 고객 전환에 효과적이었는지 상세한 정보를 제공해줌으로써 퍼포먼스 마케팅의 기본인 ROI 측정에 필수적 정보를 제공한다.

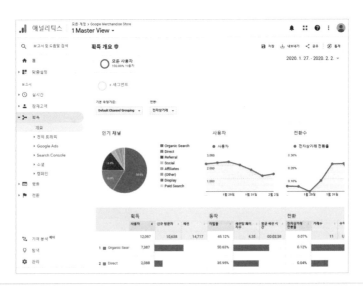

GA 획득 보고서

4) 행동(behavior) 보고서

: 방문 행동 보고서는 방문객들이 사이트나 랜딩 페이지 도착 후에 하는 행동들에 관한 정보를 제공한다. 즉, 고객의 유입 흐름, 페이지 뷰(view) 수, 페이지에 머문 시간, 세션 정보, 이탈률 등 고객이 직접 수행한 행동 데이터와 더불어 페이지 로드 시간, 페이지 다운로드 시간 등 기계적 행동 데이터도 같이 수집한다.

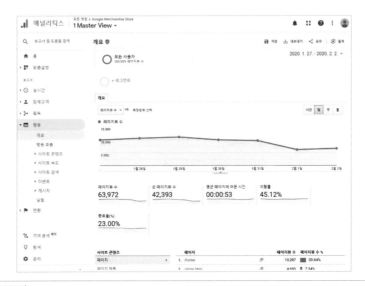

GA 행동 보고서

5) 전환(conversion) 보고서

: 전환 보고서는 기업이 사전에 선정한 최종적인 목표인 전환이 이루어졌는지를 평가하여 보여준다. 전환 목표는 캠페인 특성에 따라 서비스 구독(subscription), 콘텐츠 이용, 제품의 구매 등 다양하게 존재한다. 본 보고서의 하위 메뉴인 유입경로 시각화를 통하여 결제 행동이나 매출과 관련된 고객 퍼널(funnel)의 성과 분석도 가능하며, 마케팅 의사 결정에 필요한 캠페인 목표 설정이 가능하다.

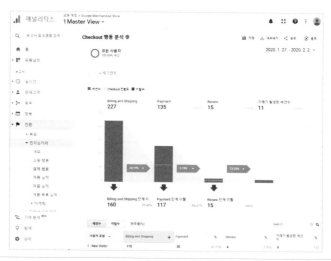

GA 전환 보고서

이상에서 제시한 보고서들은 GA가 사용자의 편의를 위하여 제공하는 핵심적인 보고서 템플릿이라고 보면 무방하다. 실제로 GA는 다양한 측정 항목(dimension) 정보를 이용하여 위에 설명한 것보다 더 상세하고 다양한 보고서를 제공하며, 사용자 필요에 따라 다양한 보고서를 자신의 입맛대로 커스토마이징하거나 대시보드(dashboard) 형태로 요약하여 운영하는 것도 가능하다. 일례로 일반 PC 혹은 모바일 기기로 접근하는 방문객들을 비교하여 분석하는 접속기기별 보고서 같은 형태로 보고서를 작성하는 것도 가능하다. GA가 제공하는 보고서의 측정 항목(dimension)과 측정 기준(metric)은 각각 120개 이상인 것으로 알려져 있다. 즉 이론적으로는 측정항목과 기준의 조합을 통하여 수십만 개 이상의 개별적인 보고서 작성이 가능하다. GA가 숙달된 중급자 이후의 단계에서는 자신의 필요에 가장 적합한 보고서(ad-hoc 보고서)를 선택적으로 작성하여 이용하게 될 것이다. 이러한 맞춤 보고서는 보고서의 '맞춤 설정' 메뉴를 통하여 이용할 수 있다.

맞춤 설정 보고서

　본 책에서는 GA를 직접 다루어보면서 주요 기능들을 습득할 것이다. 다른 프로그램들과 마찬가지로 GA 역시 문서화된 지식으로만 습득하는 것은 한계가 있으며, 직접 다양한 기능들을 동작시켜 보면서 몸으로 실습하는 것이 빠를 수 있다. 이를 위하여 구글은 충분한 데이터가 축적된 연습용 데모 계정을 누구에게나 제공하고 있으며, 데모 계정에서 대부분의 기능을 시험해 볼 수 있다. 다만 데이터의 무결성(integrity) 확보를 위하여 기본적인 설정에 관해서는 사용 권한을 제한하고 있으므로 본 과정에서는 분석 실습을 위해서는 구글이 제공하는 데모 계정, 그리고 설정과 관련된 실습을 위해서는 개인 사이트에 연동된 개인 계정을 교대로 사용하여 설명할 것이다. 혼동을 피하고 이해를 돕기 위하여 GA가 제공하는 데모 계정을 사용하는 경우와 자신이 직접 운영하는 사이트 계정을 사용하는 경우는 구분하여 설명할 것이다.

GA 계정 설정과 관리

GA 트랙킹 코드 및 계정 설정

GA를 설정하기 위해서는 우선 구글 계정이나 구글 이메일 계정을 가지고 있어야 한다. 안드로이드 기반의 스마트폰에서 앱 마켓을 이용하기 위해서는 구글 계정이 필수적이기 때문에 대부분 이미 구글 계정을 가지고 있을 것이다. 그러나 개인용 계정과 업무용 계정을 분리하여 사용하는 것을 권장하며, 이를 위하여 새로 업무용 구글 계정을 만드는 것이 필요하다.

GA를 통하여 웹사이트에 대한 정보를 획득하기 위해서는 트래킹 코드의 생성이 필요하다. [사용자 계정]을 만들기 위한 첫 단계로 GA 접속 후 '관리(admin)' 아이콘을 클릭하여 후 '관리자' 화면에 접속하여 '계정 만들기'를 클릭한다. 계정 만들기에서는 계정 설정 → 측정대상 (웹) 설정 → 속성 설정이 차례로 진행된다. 우선 계정 설정에서는 관리 목적으로 구분하기 위한 적절한 계정 이름을 임의로 설정한다. 그 이후에는 측정하고자 하는 대상이 웹사이트 인지 혹은 앱 등 응용프로그램인지를 선택하여야 한다. GA는 웹사이트 방문자 정보뿐만 아니라 앱 사이트 이용 정보의 수집도 가능하다. 목적에 맞게 설정한 이후에는 구체적인 웹사이트의 속성값을 설정한다. 이 속성값은 GA 서버와 웹사이트를 식별할 수 있도록 내 사이트의 URL 정보를 제공한다. 본 저자가 운영하는 정보 블로그 게시판(sooupforlee.tistory.com)이라면 아래와 같이 입력하고 적절한 업종과 국가, 시간대로 입력한다. 특히 기준 시간은 향후 광고 캠페인을 전개할 때 기준 시간이 되기 때문에 반드시 대한민국이나 마케팅하는 국가에 맞도록 조정하여야 한다.

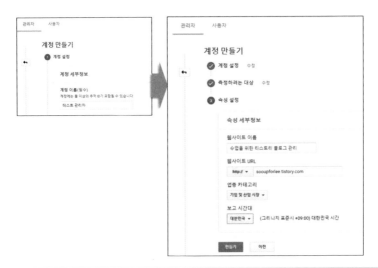

GA 계정 만들기

이런 과정을 완료하고 이후 GA 이용약관에 동의하면 GA는 추적 id와 더불어 HTML 코드로 작성된 트래킹 코드를 제공한다. 해당 트래킹 코드를 분석 대상 웹 페이지 HTML 프로그래밍의 〈head〉 태그 밑에 복사하여 붙여 넣거나, 혹은 추적 id를 입력하면 이후 모든 데이터는 GA 서버에 전송되게 된다. 추적 id는 일부 블로그 서비스나 앱에서 GA를 간편한 플러그인 서비스로 제공할 경우 사용이 가능하다. 아래는 GA가 제공하는 일반적인 트래킹 코드이다.

GA 추적 ID와 트래킹 코드

계정, 속성, 보기의 이해

다시 구글 계정을 이용하여 GA에 로그인한 후 GA의 화면 왼쪽 아래의 관리 메뉴를 먼저 확인한다. 관리 메뉴는 GA에서 핵심적인 구실을 하는데, 관리에서 GA 분석에 필요한 설정값들을 수정하면, 이는 이후 보고서에 반영되어 분석에 사용된다. 관리 메뉴에 들어가 보면 GA의 관리 메뉴는 계정(account) → 속성(property) → 보기(view)의 순서로 수직적으로 연결된 3단계 트리(tree) 구조로 구성된 것을 볼 수 있다.

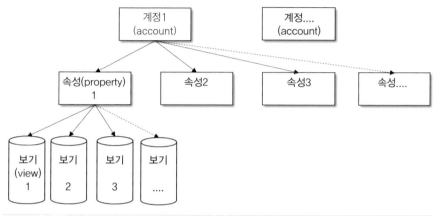

계정-속성-보기의 관계

사례로 설명하면 계정으로는 기업명인 '삼성전자'나 프로젝트명으로 '삼성 마케팅 스쿨'이라는 계정명을 가질 수 있다. 그 다음 단계로 삼성전자라는 하나의 계정은 PC용 웹페이지(예: www.samsung.com), 모바일용 웹페이지(예: m.samsung.com) 혹은 특정 브랜드를 위한 마이크로 사이트(예: www.galaxy11.co.kr) 등 한 개 이상의 속성을 가지고 있을 수 있다. 또한 www.samsung.com 이라는 하나의 속성은 원본 데이터 세트, 백업용 데이터 세트, 모바일만 모은 데이터 세트, 소셜 미디어로 유입된 데이터 세트 등 다수의 보기를 가질 수 있다.

실제로 GA 데모 계정의 경우에는 계정명은 'Demo account', 속성 명칭은 'Google merchadise store(shop.googlemerchandisestore.com)', 보기는 Master view, Test View, Raw Data View의 세 가지를 가지고 있다. 속성을 복수로 지정할 경우 다수의 웹이나 앱에서 나오는 데이터를 한 계정에서 모두 처리할 수 있다. 또한, 보기를 여러 데이터 세트로 구분함으로써 GA의 운영 혹은 다양한 실험의 진행 과정에서 데이터 원본이 손상되거나 변조될 가능성에 대비할 수 있게 하는 것이 목적이다. 이들 각각은 세부적인 설정이 가능하다.

1) 계정

: 기업 전체 또는 프로젝트 단위로서 분석 관리를 하기 위한 최상위 단위 그룹이며, 다른 사용자들에게 GA 사용 권한을 부여하거나 사이트가 속한 동일 업종 내 평균과 벤치마킹 비교를 할지 여부 등을 선택할 수 있다. 권한은 계정뿐만 아니라 속성이나 보기에서도 각각 부여할 수 있는데, 상위 단계에서 부여한 속성은 그 권한이 하위 단계에서도 상속된다. 즉, 계정에서 부여받은 권한은 속성이나 보기에서도 그대로 적용되지만, 반대로 보기에서 부여받은 권한은 그 윗 단계인 속성이나 계정에는 적용되지 않는다.

2) 속성

: 데이터 분석의 실제 대상이 되는 웹이나 모바일 앱 단위별로 추가하거나 설정하는 정보 그룹이다. 속성 단위에서 타인에 대한 사용 권한 부여나 세션(session) 시간에 대한 기준 설정도 가능하다. 특히 속성 설정에서는 광고 기능 중 '인구통계 및 관심 분야 보고서 사용' 메뉴를 활성화하고 해당 메뉴의 활성화 기능이 포함된 새로운 HTML 형식의 추가된 트래킹 코드(예: ga('require', 'displayfeatures');)를 받아서 웹사이트의 〈head〉에 삽입할 필요가 있다. 이 메뉴를 활성화하면 구글은 기업의 웹사이트를 방문한 방문객의 PC에 자동으로 쿠키(cookie) 파일을 설치하게 되고, 이를 이용하여 나이, 성별, 관심 분야 등 고객이 회원 가입 시 제공하지 않은 개인적인 인적 정보도 추정함으로써 더욱 세부적인 분석이 가능해진다.

3) 보기(view)

: 웹이나 앱 단위의 정보 그룹이 산출한 실제 데이터가 축적된 데이터베이스 단위이다. 보기 이름, 웹사이트 URL 주소를 변경할 수 있고 보기 단위에서 타인에 대한 사용 권한을 설정할 수 있다. 보기는 기본 값으로 '모든 데이터 보기'가 하나 생성되지만, 훈련 중인 신입 사원이나 외부 광고대행사 등 특정인에게 제한된 데이터 세트에만 접근 권한을 주거나 중국과 한국 등 지역적으로 나누어서 개별적으로 캠페인을 전개하는 등 보기를 분리할 필요가 다

수 생길 수 있다. 이처럼 발생할 필요 목적에 따라 전체 데이터의 복사본을 추가적인 보기(view)로 만들거나 제한된 데이터 보기(view)를 만듦으로써 GA 운영의 효율성과 원본 데이터의 보호가 가능하다. 이러한 다양한 목적을 가진 데이터를 담고 있는 보기는 보기의 보고 시간대를 한국, 미국 등으로 달리 설정하거나, 필터(filter)를 적용하여 만들 수 있다.

다만 새로 생성된 보기(view)의 데이터 축적은 보기를 만드는 그 순간을 시점으로 이루어지며 그 이전의 과거 데이터는 반영되지 않는다. 또한, 보기는 보고서를 볼 때 적용함으로써 작동한다. 보기 생성 기능은 원본 데이터베이스를 가공해야만 생성되기 때문에 불특정 다수가 동시에 이용하는 GA 데모 버전에서는 정책상 허용하지 않고 있으므로 자신의 사이트에 GA를 설정한 이후에야 활성화되는 것을 볼 수 있다. 그 이외에 기준 시간대(국가), 기준 통화 등에 대한 정보를 수정하거나 더는 필요가 없는 보기는 삭제할 수 있다.

보기(view)의 추가 만들기

사이트검색 기능의 추가 설정

보기(view)의 설정 중 눈여겨볼 것은 하위 메뉴 중 '사이트 검색(site search) 추적'이다. 이 기능을 활성화할 때는 일단 사이트에 유입된 방문객이 사이트 내에서 어떤 내용을 검색하는지 내부 검색어를 추가로 추적할 수 있다. 검색어는 크게 외부 검색어와 내부 검색어로 나누어진다. 외부 검색어는 구글이나 네이버 같은 검색엔진 서비스에서 키워드를 입력한 후 링크를 따라 들어오는 경우라면, 내부 검색어는 도달한 사이트가 자체적으로 제공하는 내부 콘텐츠 검색 기능을 통하여 이루어진다.

내부 검색어를 이용하여 사용자를 분석하기 위해서는 사이트 내부에서 검색 시 이용하는 검색어 매개 변수(query parameter)를 확인하여야 한다. 검색어 매개 변수는 검색어를 검색창에 입력하였을 때 웹 브라우저의 주소창에서 확인할 수 있다. 보통 URL 주소 내 검색어 앞에 매개변수 구분자가 표시된다. 일례로 청주대학교(www.cju.ac.kr)의 검색창에서 '축제'라는 단어를 검색하면 URL은 아래처럼 변경된다. 즉 'query=축제'이라는 부분을 확인할 수 있는데, 이 query가 매개변수 검색 구분자이다.

검색어 입력 시 URL 변화

이제 확인한 매개변수(query)를 입력하면 이제부터 방문객이 우리 사이트 내에서 어떤 정보를 주로 검색하고 이용하는지 내부 검색 키워드에 대한 추적과 검색을 할 수 있다.

사이트 검색 설정

사이트 검색 추적 ? 선택사항

[설정]

검색어 매개변수
쉼표를 사용하여 최대 5개 매개변수 구분(대소문자 구분 없음)

query

☐ URL에서 검색어 매개변수를 제거합니다. ?

검색어 매개변수의 설정

>PART 09

퍼포먼스 캠페인 관리

>>

목표 설정과 퍼널의 설계
데이터 기반의 세분화 마케팅
▶ 캠페인 관리와 AB 테스트
▶ GA 적용 실습

목표 설정과 퍼널의 설계

목표 관리와 ABC 보고서

디지털 마케팅을 진행할 때 수립하는 목표로는 양적인 목표와 질적인 목표가 있다. 우선 양적인 목표는 방문자의 유입 등 트래픽의 증가를 목표로 하며 방문자 수, 페이지 뷰, 이탈자의 수, 체류 시간 등을 포함한다. 반면에 질적인 목표는 직접적인 성과 달성을 목표로 하며, 방문자의 가입, 구독 증가, 구매 등 행동의 최종적인 전환(conversion)을 목표로 한다. 보통 디지털 마케팅에서는 양적 목표와 질적 목표를 모두 동시에 추구하지만, 어느 목표가 더 중요한지 아닌지는 기업이 활동하는 사업의 영역에 따라 달라질 수 있다.

일 예로 e커머스를 운영하는 기업의 궁극적 목표는 매출 증대이며, 관련 목표로서 결제, 구매 완료, 혹은 장바구니 담기 등 질적 목표의 중요성이 강조된다. 반면에 단지 브랜드 홍보를 목적으로 개설된 마이크로 사이트의 경우에는 아예 결제나 구매 기능이 웹사이트 없는 경우가 대부분이며 특정 웹사이트 페이지의 노출 수와 같은 양적 목표가 강조된다.

GA에서는 기본적으로 양적, 질적인 데이터 모두를 축적할 수 있으며 기업의 다양한 목표와 관련 의사 결정을 모두 지원할 수 있다. 이를 확인하기 위해서 이미 과거 데이터가 충분히 축적된 GA 데모 버전으로 사례를 들어보자. GA 보고서 중에서 획득 보고서를 선택한 후 하위 메뉴인 전체 트래픽 → 채널을 선택한다. 채널 보고서에서는 교차 표(cross table) 양식의 채널별 ABC 보고서(획득acquisition-동작behavior-전환conversion report)를 통하여 채널별 퍼포먼스를 보여준다. 교차 표의 각 줄은 방문자의 유입 채널이며, 각 열은 획득(acquisition), 동작(behavior), 전환(conversion)의 세부 항목들을 보여준다.

획득은 사용자, 신규 방문자, 세션(session: 웹 페이지나 앱을 이탈하지 않는 체류의 측정 단위로 방문을 의미) 개수에 대한 정보를 제공한다. 동작(행동)은 이탈률(bounce rate: 웹 페이지에 유입된 이후 아무것도 하지 않고 떠난 비율), 세션당 페이지 수, 평균 세션 시간을 제공한다. 전환은 목표 전환율, 목표 달성 횟수, 목표값을 보여준다. 이는 방문객들이 어떻게 사이트에 유입되며, 유입된 이후 어떤 행동을 하고, 궁극적으로 어떻게 성과와 연계되는지를 차례대로 보여준다. 본 보고서를 보면 가장 획득이 많은 채널은 자연 검색(organic search)이지만 자연검색은 전환율이 7.17%에 불과하여 성과에 미치는 영향은 미미함을 보여준다. 반면에 추천(referral)의 경우에는 획득에 미치는 효과는 3순위이지만, 일단 획득한 이후에 전환율은 23.7%에 달하고 있음을 보여준다.

Default Channel Grouping		획득			동작			전환 전체 목표		
		사용자	신규 방문자	세션	이탈률	세션당 페이지 수	평균 세션 시간	목표 전환율	목표 달성 횟수	목표값
		12,861 전체 대비 비율(%) 100.00% (12,861)	11,183 전체 대비 비율(%) 100.17% (11,171)	15,557 전체 대비 비율(%) 100.00% (15,557)	46.48% 평균 조회 46.48% (0.00%)	3.72 평균 조회 3.72 (0.00%)	00:02:44 평균 조회 00:02:44 (0.00%)	11.20% 평균 조회 11.20% (0.00%)	1,743 전체 대비 비율(%) 100.00% (1,743)	US$0.00 전체 대비 비율(%) 0.00% (US$0.00)
1.	Organic Search	6,982 (52.02%)	5,971 (53.39%)	7,993 (51.38%)	54.18%	3.14	00:02:13	7.17%	573 (32.87%)	US$0.00 (0.00%)
2.	Direct	2,096 (15.61%)	1,936 (17.31%)	2,428 (15.61%)	36.08%	4.35	00:03:32	14.00%	340 (19.51%)	US$0.00 (0.00%)
3.	Referral	1,911 (14.24%)	1,225 (10.95%)	2,331 (14.98%)	27.97%	5.37	00:04:07	23.72%	553 (31.73%)	US$0.00 (0.00%)
4.	Social	798 (5.95%)	765 (6.84%)	845 (5.43%)	64.97%	2.69	00:01:32	6.75%	57 (3.27%)	US$0.00 (0.00%)
5.	Paid Search	770 (5.74%)	578 (5.17%)	948 (6.09%)	31.33%	4.72	00:03:14	15.82%	150 (8.61%)	US$0.00 (0.00%)
6.	Affiliates	402 (2.99%)	363 (3.25%)	468 (3.01%)	60.47%	2.28	00:02:12	6.41%	30 (1.72%)	US$0.00 (0.00%)
7.	(Other)	344 (2.56%)	234 (2.09%)	401 (2.58%)	34.16%	4.22	00:02:43	9.48%	38 (2.18%)	US$0.00 (0.00%)
8.	Display	120 (0.89%)	111 (0.99%)	143 (0.92%)	74.13%	1.66	00:00:46	1.40%	2 (0.11%)	US$0.00 (0.00%)

채널별 ABC 보고서

GA의 목표(goal) 설정

GA를 퍼포먼스 중심으로 잘 이용하기 위해서는 기업이 필요한 목표를 직접 설정한 후 목표에 따른 관리를 집행하는 것이 필요할 것이다. 이를 위하여 GA는 최종적인 목표(goal) 설정은 물론이고, 최종 목표까지 고객의 단계별 여정을 인도하는데 필요한 고객 퍼널(funnel)의 설정을 지원한다. 목표 설정은 관리 → 보기(view) 만들기 → 목표에서 가능하다.

GA 데모 계정에서는 보기(view)의 생성 권한을 제한하고 있으므로 직접 운영하는 사이트의 계정을 중심으로 설명한다. 본인이 직접 운영하는 사이트의 GA 계정으로 접속하면 관리 → 보기(view) 만들기 → 목표가 활성화되어 있을 것이다. 목표 설정을 적용할 보기(view)를 클릭한 이후 '새 목표' 버튼을 다시 클릭한다. 그러면 목표 설정의 3가지 단계인 목표 설정 → 목표 설명 → 목표 세부 정보를 차례로 선택할 수 있다.

1) 목표 설정

: 사전에 GA가 제시하는 정형화된 템플릿을 선택하거나 직접 맞춤 설정을 할 수 있다. 템플릿에서는 수익 창출, 리드 획득, 문의받기, 참여 등에 적합한 목표 설정을 제공하나 크게 도움이 되는 부분은 아니므로 이를 무시하고 맞춤 설정을 선택한다.

2) 목표 설명

: 목표 설정에서는 목표 이름을 정한다. 목표 이름은 GA 관리자 본인이 인식하기에 편한 목표 이름을 선택한다. 그리고 유형을 선택하여야 한다. 유형에는 도착(destination), 시간(duration), 세션당 성과, 이벤트 등이 있다. 즉, 특정한 웹 페이지 URL에 도착하거나 지정한 시간 이상 특정 웹 페이지에 체류하는 것을 목표로 선정할 수 있으며, 대다수의 경우 도착이 목표가 된다. 도착이라는 목표 유형을 이해하고 적용하기 위해서는 웹페이지 이용 시 주소(URL)의 변화를 이해해야 한다. 일 예로 www.shop.com이라는 URL을 가진 어떤 쇼핑 사이트가 있다고 가정하자. 이 쇼핑 사이트는 각각의 웹 페이지별로 각기 다른 URL 주소를 갖는다. 예로 첫 화면(www.shop.com/main), 상품 소개(www.shop.com/product1), 장바구니(www.shop.com/basket), 결제(www.shop.com/pay), 후기 남기기(www.shop.com/voice)처럼 구성되어 있을 수 있다. 여기서 도착이라는 것은 목표를 어떤 페이

지에 도착하는 것으로 삼을 것인가를 결정하는 것이다. 만약에 결제를 최종 목표로 설정한다면 www.shop.com/pay가 도착 페이지가 될 것이다. 보통 / 이전의 주소는 이미 GA가 트래킹 코드를 입력하는 설정 단계에서 인식하고 있으므로 생략하고 /이하의 주소만 적는다.

GA 목표 설정

3) 목표 세부설정

: 목표 세부설정에서는 구체적으로 설정한 최종 목표를 선택한다. 본 예시에서는 결제를 최종 목표로 설정하였기 때문에 www.shop.com/pay에서 '/pay'를 최종 목표에 입력하여 주면 된다. 목표 설정 옵션으로는 같음(equals to), 시작 값(begins with), 정규식의 3가지가 있는데 보통 시작 값을 사용하는 것이 편리하다. 만일 같음을 선택한다면, 우리가 웹 페이지 제작 시 흔히 경험하게 되는 페이지 주소의 변형(예: www.shop.com/pay!123#qwert)에 대응할 수 없으나 시작 값은 /pay로 시작되는 모든 페이지를 도착 목표로 인식한다. 이제 '결제 획득'이라는 나만의 성과 목표를 설정하였다. 이제 새로 설정한 나만의 목표를 적용하기 위해서는 다시 획득의 ABC 보고서의 전환에서 내가 설정한 목표를 선택하면 된다. 그 이후에는 ABC 보고서가 설정 목표에 적합하게 다시 표를 작성하여 보여줄 것이다.

목표의 선택

GA 퍼널 설정

　목표 세부설정의 옵션을 통하여 고객 퍼널(funnel)을 추가로 설정할 수 있다. 퍼널은 고객의 최종 전환까지 이어지는 여정을 관리하는 것이므로, 다수의 중간 목표를 수립한다고 생각하면 된다. 본 사례에서 우리는 첫 화면 유입(/main), 상품 소개 (/product1), 장바구니 담기(/basket), 결제(/pay)로 이어지는 4단계의 고객 퍼널을 운영한다고 가정하자. 이때 목표 세부설정의 하단에서 '유입경로(funnel)'를 활성화한다. 그리고 4단계의 퍼널 단계를 만든 후, 각 퍼널 별 차례대로 해당하는 페이지 주소를 입력한다. 적용된 퍼널별 목표와 달성 수준은 전환 보고서의 목표 → 유입경로 시각화 메뉴 등을 통하여 손쉽게 확인할 수 있다.

고객 퍼널 설정

데이터 기반의 세분화 마케팅

GA를 활용한 시장 세분화

시장 세분화는 전체 고객의 집합인 매스(mass) 시장을 마케팅 자극이나 활동에 동질적인 반응을 보이는 소규모 집단으로 구분하여 분화하는 작업이다. 시장 세분화를 통하여 기업은 매력적인 잠재 시장의 존재와 시장 규모를 확인할 수 있고, 이 중에서 기업에 적합한 세분 시장을 타깃팅 함으로서 마케팅 활동을 전개한다. 세분화를 통하여 제한된 마케팅 자원과 예산 내에서 마케팅 활동의 효과성을 극대화할 수 있다. GA에서는 성과 확대를 목적으로 세분 시장을 구분할 수 있는 다양한 기준들을 제공한다. GA 기반의 세분화 전략을 사용함으로써 다양한 유입 고객 중 누가 전환이 가장 쉽게 이루어지는지, 그리고 이들을 집중적으로 공략할 수 있는 채널은 무엇인지를 확인하게 된다.

고객의 세분화 기준 정보를 바탕으로 한 심층적 이해를 위해서는 GA가 제공하는 좌측 메뉴의 잠재고객 → 인구통계를 선택한다. 방문자의 나이와 성별에 관한 기본적인 보고서를 이용할 수 있다. GA 데모 계정의 정보를 살펴보면 나이 및 성별 방문자 분포를 보여주고 있다. 각 도표의 오른쪽 위에는 '전체 사용자의 %' 정보가 제공되고 있는데, 이는 GA가 방문 고객에 대한 실제 정보가 있는 방문자의 비율이다. 즉 연령 정보의 통계를 산출할 때 응답자의 41.69%는 구글이 Gmail 등의 가입 정보를 바탕으로 정확한 값을 알고 제시하였지만, 그 나머지 58.31%는 통계적으로 추정한 값이라는 의미이다. 구글은 2008년 더블클릭(DoubleClick)이라는 인터넷 광고 전문기업을 인수한 바 있다. 더블클릭은 수집된 고객 데이터를 기반으로 자동화된 광고를 집행하는 전문기업이었으며 이후에도 구글은 지속적으로 고객 정보를 수집하여 왔으며, 전세계 인터넷 사용자 상당수의 개인 정보를 수집하는데 성공하였다. 이런 수집된 정보들이 GA나 구글애즈의 고객 분석에도 그대로 반영되고 있는 것이다.

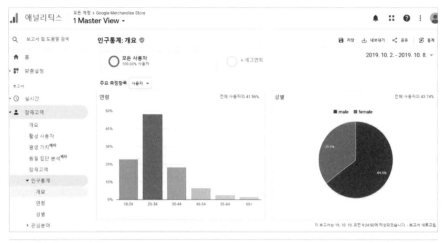

GA 잠재고객 보고서의 인구통계 개요

    고객을 이해하기 위해서 이들이 우리 사이트에 들어올 때 어떤 연관 검색어를 사용하는지, 그리고 사이트 내에 유입된 이후에는 어떤 검색어를 이용하여 정보를 찾는지를 확인할 필요가 있다. 네이버나 구글 등 검색 엔진을 통해 유입된 방문객이 사용한 검색 키워드를 확인하기 위해서는 유료 검색(paid search) 키워드와 자연 검색(organic search) 키워드를 확인하여야 한다. 유료 키워드는 네이버 파워링크 광고와 같은 유료검색 서비스를 통하여 들어온 경우이며, 자연 키워드는 일반 검색을 통하여 광고 없이 들어온 경우이다. 이를 확인하기 위해서는 획득 보고서의 캠페인 → 유료 키워드 순으로 들어오면 된다. 다만 외부 검색 검색어 중 자연검색 키워드는 검색 어뷰징을 우려한 구글이 대부분의 정보를 제공하지 않는 상태인 'not provided'인 점은 유의할 필요가 있다.

    또한, 일단 유입된 고객이 사이트 내에서 어떤 내부 키워드를 검색하는지 살펴보기 위해서는 행동 보고서의 사이트검색 → 검색어의 순으로 들어간 후 확인이 가능하다. 다만 내부 키워드는 보기 설정의 하위 메뉴 중 '사이트 검색(site search) 추적'을 사전에 미리 활성화한 경우에만 이용할 수 있다. 검색어 분석을 통하여 고객이 원하는 니즈(needs)나 구체적인 원츠(wants), 상품명 등을 이해하고 마케팅 전략이나 판매 활동에 반영할 수 있다. 만일 온라인 서점에 유입된 고객들이 검색어로 '디지털 마케팅'

을 자주 사용한다면 해당 책에 대한 재고 수준을 늘리고, 베스트셀러 추천이나 적극적인 마케팅 활동이 필요하다는 의미로 해석될 수 있을 것이다.

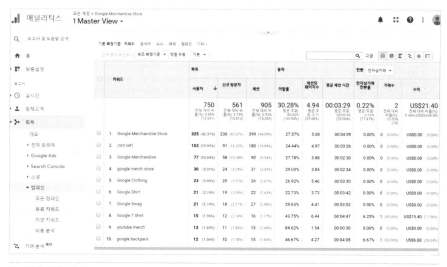

유료검색 키워드 분석

GA 시장세분화 보고서

시장 세분화를 위해서는 전체 보고서보다는 세분화 기준을 이용한 추가 보고서를 확인하는 것이 필요하다. 주요한 세분화 기준인 연령과 성별로 검색할 경우 연령 및 성별대로 세분화된 ABC 교차 표를 확인할 수 있다. 보다 구체적으로 독특한 세분 시장을 찾기 위해서 세분화의 투입 변수들을 추가할 있다. 이를 위해서는 설정된 전환 목표를 기준으로 설정한 후, 연령과 성별 이외에 다양한 변수들을 '보조측정 기준' 변수로 투입함으로써 복합 층을 가진 교차 표를 작성할 수 있다. 보조측정 기준변수는 연령, 성별 이외에 관심도 케테고리, 국가, 도시, 브라우저 종류, 언어, 검색어 검색 유형, 키워드, 휴대폰 브랜드, 통화코드, 방문 페이지, 매체 등 수십가지 중에서 세분화 목적에 따라 선택할 수 있다. 성별을 기준으로 연령대를 추가 투입한 교차 표의 예를 보면 65세 이상 남성이 전자상거래 전환률이 가장 높은 세분집단임을 확인할 수 있다. 전환 목표(goal)을 조정함으로서 각각이 목표 달성에 적합한 세분 시장의 확인 기능도 제공한다.

또한 GA가 제공하는 세그먼트(segment) 기능을 이용하여 새로운 고객 세분집단을 정의하여 사용할 수 있다. 새로운 세그먼트 정의는 주요 보고서 상단에 위치한 '세그먼트(+)' 버튼을 클릭하거나, 관리 메뉴의 보기 설정에서 세그먼트를 추가하여 적용할 수 있다. 세그먼트는 GA가 기본 값으로 제공하는 시스템 값을 사용하거나, 자신의 마케팅 목표에 적합하도록 기술사용자 연령, 성별, 언어, 관심사, 세션 시간, 전자상거래 과거 기록 등을 활용하여 직접 적용할 수 있다. 생성된 세그먼트는 이후 GA가 제공하는 다양한 보고서에 적용하는 방식으로 세분집단별 보고서 이용이 가능하다.

성별*연령을 활용한 교차 표

GA를 활용한 리마케팅 설정

특히 구글 애즈(Google Ads)를 이용하여 배너나 유튜브 광고를 시행하고 있다면, 구글 애즈 계정과 GA 계정을 연동한 리마케팅(remarketing)을 진행하여 퍼포먼스를 극대화 할 수 있다. 리마케팅은 게시된 콘텐츠에 관심을 보이거나 구매를 고려하는 등 긍정적 행동이나 전환에 관심을 보인 방문객들만을 타깃으로 다시 광고를 보내는 등 마케팅을 전개하는 활동이다. 즉 사용자의 방문행동의 트래킹을 바탕으로 집요한 광고 활동을 통하여 전환을 촉진하고자 한다. 리마케팅이 효과적인 경우는 다양하다. 일 예로 특정한 상품을 구매하기 위하여 장바구니까지 도달하였으나 경제적, 시간적 요인 혹은 단순 변심으로 구매를 지연한 고객은 처음 방문한 고객보다 상품을 구매할 가능성이 비교할 수 없을 정도로 크다. 이때 이들 장바구니 고객만을 대상으로 집중적인 광고를 보내거나, 약간의 추가적인 할인이나 사은품을 제공함으로써 손쉽게 구매 성과로 이어질 수 있다.

리마케팅을 진행하기 위해서는 우선 구글 애즈와 구글 GA가 동일 계정으로 가입되어 있어야 하며, 상호 연동이 되어있어야 한다. 연동을 위해서는 연습용 GA 데모 계정이 아니라 자신이 운영하는 GA 계정의 관리자 설정을 클릭한 후 속성 → 구글 애즈 연결에서 설정할 수 있다. 이후 GA의 설정 메뉴에서 속성 → 잠재고객 정의로 다시 이동하여 새로운 잠재고객을 지정하거나 추천 잠재고객을 선택하여 향후 리마케팅에 사용될 고객집단을 사전에 정의해야만 한다. 이후 리마케팅 고객집단은 구글 애즈에 자동으로 연동되게 된다.

연동된 고객집단은 구글 애즈 전문가 버전의 초기 화면인 '커스텀으로 새캠페인 만들기'를 선택한 이후에 광고그룹의 타깃 잠재고객 선택 → 비즈니스와 상호작용한 방식에서 리마케팅 고객집단을 선택함으로써 한층 더 정교한 타깃 광고의 집행이 가능해진다.

이와 같은 과정을 통하여 시장 세분화나 리마케팅을 진행할 때 주의할 점은 지나치게 전환율 등이 제시하는 숫자에만 매몰되어서는 안 된다는 점이다. 좋은 세분 시장은 시장 규모, 접근성, 차별성, 경쟁 정도 등의 기타 조건도 충분히 충족하여야 한다.

시장 규모는 기업이 목표 시장으로 삼을 만큼 수요와 잠재 고객이 풍부하게 존재하여야 한다는 점이다. 만일 전환율은 높지만, 그 세분 시장 안에 극소수의 고객만이 존재한다면 기업이 별도로 마케팅 캠페인을 전개하여 기대할 수 있는 수익은 제한될 것이다. 접근성은 실제 기업이 해당 세분 시장을 대상으로 마케팅 활동을 할 수 있는가의 문제이다. 일 예로 군인들이 특정한 브랜드의 주류를 선호한다고 하더라고 이들을 대상으로 마케팅 활동을 전개하는 것은 제약이 크다. 차별성은 그 세분 시장 안에서 우리 기업의 상품이 충분히 차별적 가치, 즉 품질이나 디자인, 성능 등에서 만족을 줄 수 있는지를 판단하여야 한다. 또한, 너무 많은 경쟁자의 수는 시장의 매력성을 떨어트릴 것이다. GA가 제공하는 세분 시장에 대한 정보는 의사 결정에 필요한 데이터를 제공하지만 이런 추가적인 고려 요인들에 관한 판단은 마케터의 몫이다.

캠페인 관리와 AB 테스트

GA를 활용한 마케팅 캠페인

익 창출이나 구독자 증가 등 구체적인 전환 목표를 가지고 디지털 마케팅 캠페인을 진행할 경우 다양한 미디어들을 동시에 홍보나 광고의 수단으로 이용할 수 있다. 실제로 전환을 촉진하는 최종 목표 페이지의 URL 주소는 하나지만, 이 URL 주소를 이용하여 네이버 포탈에 홍보하거나 페이스북 페이지나 블로그, 트위터 등에 게시하여 마케팅을 전개할 수 있다.

이런 경우 GA는 랜딩 페이지로 발생한 트래픽이 어느 미디어에서 유입된 것인지에 대하여 트래픽 소스를 통하여 확인할 수 있도록 도와준다. 실시간 보고서의 '트래픽 소스'에서는 이런 유입 소스에 관한 정보를 GA가 자동으로 분류하여 실시간으로 제공한다. 그러나 GA가 제공하는 트래픽 소스의 자동화된 분류 정보는 너무 광범위하거나 모호할 때도 있다. 자동화된 분류는 구글이 아닌 네이버 등 다른 검색 엔진이 진행하는 대부분의 CPC 광고나 이메일, 배너 광고, 온라인 팜플렛으로 부터 들어온 유입 트래픽에 대하여는 정확한 추적에 한계가 있다. QR코드를 활용한 잡지, 옥외 광고 등의 마케팅 활동이나 PDF 문서를 통한 링크 유입 등도 정확하게 파악하기 어렵다.

따라서 보다 정교한 캠페인을 진행하기 위해서는 구글이 직접 제공하지 않는 미디어들로부터도 보다 세분된 데이터를 얻을 필요가 있으며, 이를 위해서는 수작업을 통하여 매뉴얼로 캠페인 태그를 적용한다. 캠페인 태그는 배너 광고, 광고용 이메일, 검색 광고, PDF 문서로 된 팜플렛, 소셜 미디어 채널 등 거의 모든 유형의 링크(link)에 적용할 수 있으며, GA는 방문자 페이지에 캠페인 태그만 있다면 거의 모든 유형의 미디어들을 통한 방문 내용을 정확하게 구분해낼 수 있다. 또한, 랜딩 페이지 내에 유입된 이후 어떤 페이지들을 둘러보며, 어떤 행동을 하는지에 대한 정보도 세밀한 파악이 가능하다.

GA 캠페인 태그 활용

랜딩 페이지로 유입되는 트래픽이 소셜 미디어나 검색 엔진 등 다양한 소스로부터 발생한다면 적극적으로 캠페인 태그를 고려할 필요가 있다. 캠페인 태그는 UTM(urchin tracking module)를 의미하며, URL에 추적 모듈이 추가된 형태이다. 보통 URL에 추적 모듈인 UTM을 부착하기 위해서는 랜딩 페이지 URL 뒤에 ?를 추가하고 UTM 태그를 지정할 수 있다. 즉 광고 이벤트를 진행하는 가상의 기업인 zzz사의 랜딩 페이지의 주소가 'www.zzz.co.kr/promotion'이라면 캠페인 태그는 'www.zzz.co.kr/promotion?utm_....'과 같은 형태로 태그가 지정된다.

자주 사용되는 UTM 태그는 모든 UTM 태그에 적용되는 필수적인 태그와 선택적으로 적용 가능한 태그로 구분된다. 필수 태그인 utm_source, utm_medium, utm_campaign의 3가지를 모두 포함하지 않았으면 UTM태그가 작동하지 않는다. source는 트래픽이 어디에서 왔는가(where), medium은 트래픽이 어떻게 왔는가(how), 그리고 마지막으로 campaign은 마케팅 행사의 이름이 무엇(what)인가로 이해할 수 있다. 즉 네이버에서 디스플레이 광고를 통하여 크리스마스 세일을 하는 경우에는 'utm_source=네이버, utm_medium=디스플레이광고, utm_campaign=크리스마스 세일'처럼 이해할 수 있다. 이용 가능한 utm 태그의 종류는 총 5가지이며, 그 구분은 다음과 같다.

1) 캠페인 소스(utm_source)

: 캠페인 미디어 소스(예: 네이버, 구글, 다음, 페이스북 등) 식별에 사용되는 필수 태그이다.

2) 캠페인 미디어(utm_medium)

: 캠페인 채널(CPC, 배너광고, 카페, 뷰탭, 블로그 등) 구분에 사용되는 필수 태그이다.

3) 캠페인 명칭(utm_campaign)

: 현재 진행 중인 캠페인의 이름을 통한 식별(예: '블랙 프라이데이 세일 이벤트' 등)에 사용되는 필수 태그이다.

4) 캠페인 콘텐츠(utm_content)

: 필요할 때 선택적으로 사용되는 선택 태그이며, 2개 이상의 광고 집행 시 광고의 구분, AB 테스트 진행 목적으로 사용된다. 선택항목이다.

5) 캠페인 키워드(utm_term)

: 웹사이트 방문자가 외부 검색 시 사용한 특정 키워드를 추적하기 위한 목적으로 사용된다. 선택 항목이다.

이들 태그를 가지고 URL을 구성하는 사례를 들어보자. 우선 zzz라는 가상의 기업은 현재 온라인으로 회원모집을 하는 이벤트를 자사의 홈페이지에서 진행하고 있으며, 이 온라인 이벤트의 URL 주소는 'www.zzz.co.kr/promotion.html'이다. 이 이벤트 랜딩 페이지를 자사 홈페이지가 아닌 네이버 카페에 동시에 광고하고 난 후 얼마나 많은 사람이 네이버 카페를 통하여 유입되었는지 보고 싶어 한다. 이 경우 캠페인 명칭은 회원 가입(get member)이며, 캠페인 미디어는 카페, 캠페인 소스는 네이버가 된다. 카페에 게재된 광고에는 image01이라는 구분용 명칭을 부여하였다. 이런 경우 UTM 태그는 다음과 같이 구성될 수 있다. 각 utm의 명칭(예: utm_medium=cafe에서 cafe)은 정해진 규칙이 아니라 단지 구분을 위해 사용하는 명칭이므로, 분석자가 식별 가능하도록 적절한 이름을 부여하면 된다.

'http://www.zzz.co.kr/promotion.html?utm_campaign=get_member&utm_medium=cafe&utm_source=naver&utm_content=promotion_image01'

이처럼 구성된 UTM 링크 주소는 네이버 카페에 게재된 광고 이미지 혹은 이벤트를 설명하는 게시글 등에 연동시켜놓아야 한다. 즉, 네이버 카페의 이미지 광고를 클릭하면 위 링크가 활성화되면서 방문자의 랜딩 페이지가 zzz사의 홈페이지로 연결될 것이다. 동시에 구글 GA는 방문자의 유입경로가 네이버 카페를 통하였음을 정확하게 인지하고 기록하게 된다.

URL빌더를 이용한 태그 관리

이처럼 캠페인 태그에는 수작업을 통하여 UTM 관련 정보를 지정할 수 있다. 그러나 실제로 다양한 캠페인이 동시에 진행되거나 미디어 소스가 다수일 때에는 수작업의 효율성이 떨어지며, 혼동 등 오류가 발생할 수 있다. 따라서 보통 대량의 캠페인을 보다 편리하게 관리하기 위해서는 'URL Builder'(ga-dev-tools.appspot.com/campaign-URL-builder/)라는 구글이 제공하는 캠페인 UTM 관리 도구를 활용하기도 한다. 특히 다수의 캠페인을 동시다발적으로 진행하는 경우에는 URL 빌더 이외에 엑셀 매크로를 작성하여 활용하는 모습도 볼 수 있다.

또한, UTM 태그를 사용할 경우 일반적으로 URL 주소가 지나치게 길어지기 때문에 필요할 시 URL 단축서비스(예: c11.kr)들을 활용하여 정리해주는 작업이 필요할 수도 있다. 특히 UTM이 적용된 URL을 트위터 등 단문형 소셜 서비스에 제공할 경우에 URL 단축 서비스는 적극적으로 고려될 필요가 있다.

구글 URL 빌더

캠페인 태그를 적용하고 데이터가 축적된 이후에 실시간 보고서의 트래픽 소스를 확인하거나 획득 보고서의 캠페인 → 모든 캠페인을 차례로 확인하면 자신이 부여한 UTM 태그 정보를 기준으로 최적화된 캠페인 보고서가 제공되는 것을 확인할 수 있다. 캠페인 상단의 메뉴 탭을 클릭하면 차례로 캠페인, 소스, 매체, 그리고 소스/매체, 기타 utm_content의 적용 결과 순서별로 UTM이 적용된 결과 값을 확인할 수 있다. 즉 UTM 각각은 ABC 보고서 내의 차원(dimension) 정보로 제공된다.

기본 측정기준: 캠페인 소스 **매체** 소스/매체 기타 ▾							
보조 측정기준 ▾ 정렬 유형: 기본 ▾						Q 고급 ⊞ ◑ ☰	
매체 ?		획득			동작		
		사용자 ? ↓	신규 방문자 ?	세션 ?	이탈률 ?	세션당 페이지수 ?	평균 세션 시간 ?
		445 전체 대비 비율(%): 3.68% (12,097)	356 전체 대비 비율(%): 3.35% (10,638)	504 전체 대비 비율(%): 3.42% (14,717)	54.17% 평균 조회: 45.12% (20.06%)	3.40 평균 조회: 4.35 (-21.67%)	00:03:14 평균 조회: 00:02:58 (9.17%)
1. affiliate		367 (82.47%)	321 (90.17%)	411 (81.55%)	59.37%	2.45	00:03:02
2. cpc		78 (17.53%)	35 (9.83%)	93 (18.45%)	31.18%	7.63	00:04:07

각 UTM별 디멘션의 적용 예시

GA 기반의 AB 테스트 전개

추가로 utm_content 태그의 적용을 통하여 간단한 AB 테스트를 진행하고 마케팅 의사 결정의 효과성을 높일 수 있다. AB 테스트는 간혹 스플릿(split) 테스트라고 불리기도 하는데, 보통 동일한 디지털 채널을 대상으로 두 가지 이상의 마케팅 자극물로 나누어 제시한 후 어느 쪽이 더 효과적인지 파악하는 일종의 간단한 실험기법이다. 일 예로 칼라 콘텍트렌즈를 제조하는 기업의 경우에는 아이돌인 트와이스(A안), BTS(B안) 혹은 설현(C안)을 가상의 광고 모델로 설정한 세개의 독립적인 랜딩 페이지를 구축한 후 어느 페이지를 방문한 방문객이 더 많은 제품을 구매하는지 평가하는 형태로 사용될 수 있다. AB 테스트는 전통적으로 마케팅 실험에 사용해왔던 통계 분석 방법인 분산분석(ANOVA)에 비하여 통계적 유의성을 입증하기 어렵다는 제약이 있다. 그러나 간단하고 빠르게 실험을 시행하고 더 나은 대안을 선택할 수 있다는 장점을 기반으로 활용도가 증대하고 있다. 또한 구글이 제공하는 '구글 옵티마이즈(optimize.google.com)'와 같은 테스트 최적화 도구들을 활용하면 보다 손쉽게 AB 테스트, 다변수(multi-variate) 테스트, 리디렉션(redirection) 테스트 등을 설계하고 진행할 수 있다.

GA 적용 실습

연습의 필요성

8장과 9장에 걸쳐서 구글 어낼리틱스의 기초 운영과 적용 방안을 다루었다. GA의 실행 영역은 단순 지식이나 암기보다는 다양한 문제나 상황의 해결 능력에서 키워질 수 있다. 그러나 실제 현업에 종사하는 디지털 마케터가 아니고는 이런 기회를 갖기는 어렵다. 특히 배우는 과정에 있는 학생들께서는 이를 훈련하기 위한 방안으로 다양한 가상의 상황을 통하여 연습 문제를 풀어보기를 권한다. 아래 10개의 문제는 GA의 기본적 운영 능력을 확인하기 위하여 제시된 가상의 문제들로서 GA 운영에 필요한 기본 지식을 점검할 수 있을 것이다.

GA 연습 문제

1. 지난 9월 및 10월 2개월간 획득된 총 방문(세션) 수는 얼마인가?

2. 올해 9월 ~ 10월 2개월간 획득된 총 방문(세션) 수를 직전년도와 비교하는 그래프를 제시하라.

3. 내년은 10대에게 채널별 광고 전략을 어떻게 할지 고민하고 있다. 이를 위하여 전체 고객의 작년 10월과 재작년 10월 고객 연령대별 유입 채널을 비교 분석하는 ABC 보고서를 생산하라.

4. 귀하는 항공티켓을 경품으로 제공하고자 한다. 여러 매체 중에서 타깃 세그먼트(관심사가 '업무 출장여행')에게 가장 효과적인 광고 소스/매체는 무엇인지 최근 올해 상반기(1월 ~ 6월) 전체 데이터의 ABC 보고서를 기반으로 분석해라.

5. 지난 일주일간 구글 머천다이즈의 내부 검색을 통하여 가장 많이 검색하는 내부 검색어는 무엇인가?

6. 다양한 키워드 검색 광고를 시행하였다. 여름 휴가철(7월 1일 ~ 8월 20일) 검색광고 키워드 중에서 여성이 가장 많이 검색한 키워드는 남성과 어떻게 다른가?

7. 지난 일주일간 데이터를 기준으로 볼 때, 구글 머천다이즈 스토어 (shop. googlemerchandisestore.com)가 운영 중인 다양한 웹페이지 중에서 '평균 페이지 로드 시간'이 가장 오래 걸려서 웹페이지를 다시 만들어야 하는 페이지는 어디인가?

8. 맞춤 보고서기능을 통하여 측정 기준(dimension)으로는 날짜를, 측정 항목(metric)으로는 a. 세션, b. 이탈률 두 가지를 같이 보는 '1일 이상 데이타 점검표'를 만들어라. 이를 통하여 이번 달 들어 가장 이탈률이 높았던 날짜를 확인하라.

9. 지난 일주일간 데이터를 볼 때, 가장 많은 수량이 팔린 제품은 무엇이며 그 제품으로부 터 발생한 상품 수익은 얼마인가?

10. 최근 소비의 중심축인 Z세대의 세그먼트를 만들고 싶다. 연령 18-24세의 쇼핑이 주 된 관심사인 고객 집단을 만들고 주요 보고서에 적용하라

[11 ~ 15번] 자체 운영 중인 사이트에 GA 계정을 생성하여 접속한 후 문제 풀이할 것

11. 내가 운영하는 블로그는 이번에 기말고사를 대비하여 블로그의 특정한 콘텐츠를 중점 적으로 홍보하고 싶어한다(게시물은 하나를 임의 선정할 것). 이 콘텐츠의 성과를 확 인할 수 있는 새로운 '목표'를 설정하라.

12. 자신의 웹사이트의 추적 트래킹 코드와 트래킹 ID를 생성하라.

13. 광고 모델로 여성 혹은 남성 모델을 사용하려고 한다. 이를 기반으로 어느 모델이 더 효과적인지를 측정할 수 있는 CTA(call to action) 페이지 2개를 자신이 운영하는 소셜미디어 혹은 블로그 등에 우선 만들어라. 그리고 UTM과 URL 줄이기 도구 등 을 적용하여 실제 AB 테스트를 구현하고 다양한 보고서를 통하여 확인하라.

14. 미국시장에서 삼성전자 스마트폰의 영향력을 파악해보고 싶다. 미국 시장 기준으 로 제조사 브랜드가 Samsung인 기기로 접속한 경우의 데이터만 축적하는 새로운 보기(view)를 만들어라.

15. 화면에 주어진 가상의 웹페이지를 참조하여, 최소 3개의 단계를 갖는 퍼널을 단계별 목표로 설정하고, 시각화된 퍼널을 확인하라.

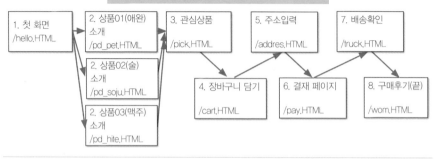

연습용 가상 웹사이트 구조

    본 연습 문제에 대한 간단한 해답은 저자가 운영하는 블로그의 예제 풀이 페이지 (sooupforlee.tistory.com/91)에서 확인할 수 있다.

GA 응용단계로의 이전

8장과 9장에서 다루었던 GA의 학습은 디지털 마케터가 갖추어야할 GA의 이해와 운영, 기본적인 레포트 분석, 마케팅 캠페인 분석에 필요한 태그 운영 등을 중심으로 진행되었다. 이상의 내용들은 직접 GA를 다루고 데이터를 분석하는 업무가 주 업무가 아닌 경우라도 디지털 마케터라면 반드시 이해하고 있어야 할 기본적인 기능들이다. 그러나 GA는 보다 다양한 기능과 잠재성을 가지고 있으며, 풍요로운 웹 데이터의 수집과 분석 기능을 제공하고 있다. 향후 웹 기반 데이터 분석에 관심이 있는 경우에는 보다 심화된 응용 방법을 추가적으로 배워나가기를 바란다. GA 응용을 위해서는 추가적으로 구글 태그 매니저, 구글 옵티마이즈, 구글 서베이, 구글 태그 관리자 등 통합된 구글 마케팅 플랫폼(marketingplatform.google.com)이 제공하는 추가적인 도구들을 활용할 필요가 있다. 이들 도구들을 통하여 보다 정교한 AB테스트 진행, 전자상거래 매출 등 성과 추적, 웹 스크롤 등 이벤트 추적, 정교화한 리마케팅 수행 등이 가능할 것이다.

PART 10

디지털 파트너십

- ▶ 디지털 마케팅 생태계의 이해
- ▶ MCN 에이전시
- ▶ 미디어 커머스 기업
- ▶ 기타 디지털 마케팅 자원

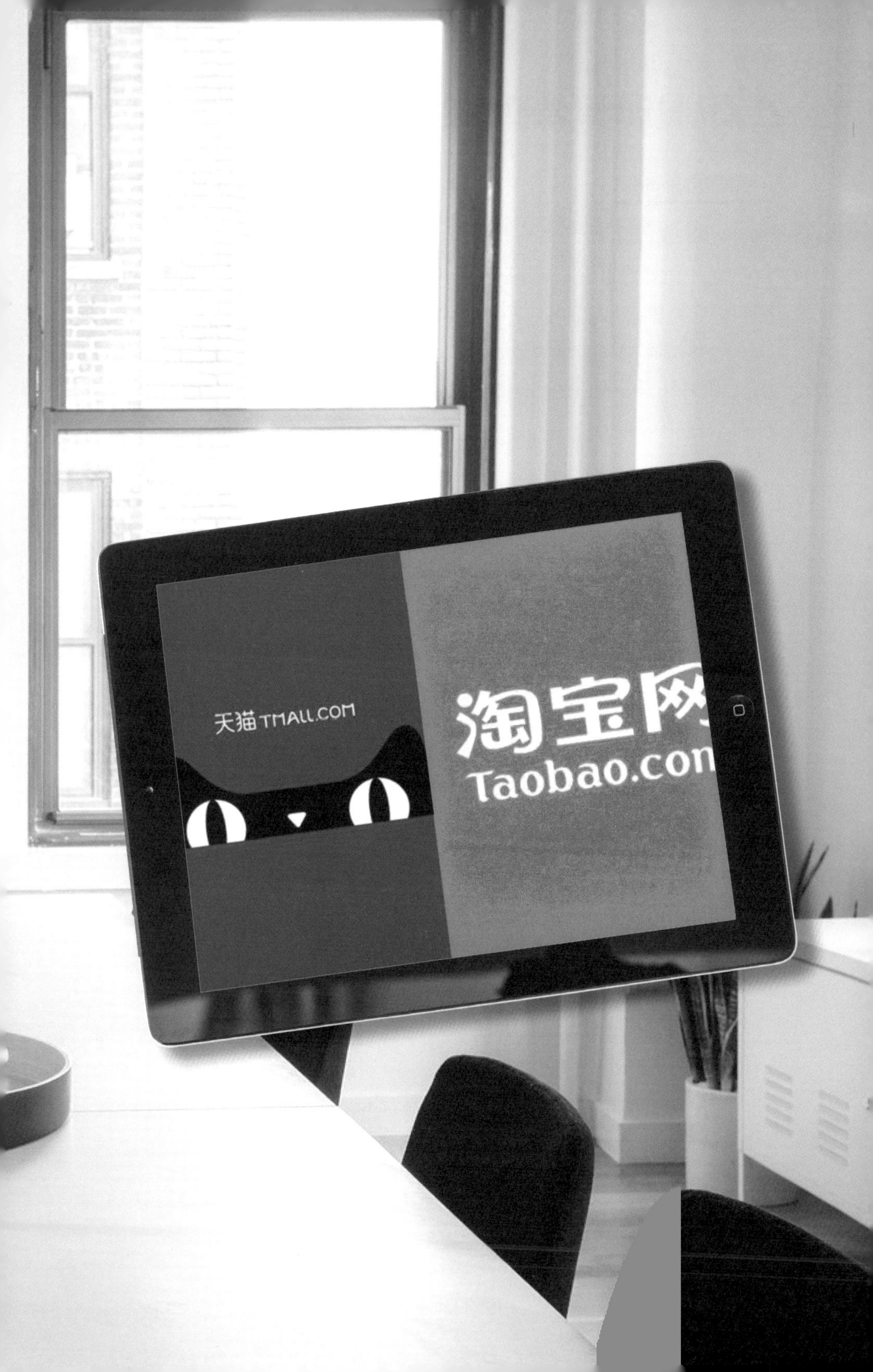

天猫 TMALL.COM
淘宝网
Taobao.com

디지털 마케팅 생태계의 이해

디지털 마케팅 생태계

새로운 디지털 미디어 등장과 끊임없는 정보기술의 혁신으로 디지털 마케팅은 이미 대부분의 기업 활동을 장악하였으며 인공지능(AI)과 개인화된 스마트폰 중심으로 전환하면서 더욱 정교하고 개인적인 마케팅 수단으로 진화하고 있다. 증가한 소셜 미디어와 관련 접속 기기의 다양화는 과거보다 비약적으로 많은 고객 접점들이 생겨나고 있음을 의미하며 이는 마케팅 환경이 복잡해지고 있음을 의미하기도 한다. 여전히 디지털 마케팅은 개화기 단계일 뿐이고 관련 분야의 산업이나 종사자 역시 증대하고 있음을 고려할 때, 디지털 마케팅 생태계는 역동적인 변화를 앞에 두고 있다. 다양한 디지털 마케팅 분야의 플레이어들을 이해하고 이 분야에서 개인의 역량을 극대화하는 방안을 모색해야 할 때이다.

자연환경에서 생태계가 다양한 동식물들이 상호작용하는 환경이라면, 디지털 마케팅의 생태계(ecosystem)는 '디지털 정보 기술을 기반으로 이용자들의 다양한 요구들을 충족시킴으로써 수익을 창출하기 위하여 노력하는 상호연결된 관련 기업과 서비스의 집합체'라고 할 수 있을 것이다. 디지털 마케팅 생태계의 특성으로는 참가자의 다양성과 역동성, 새로운 가치의 창출, 협력과 경쟁의 공존을 들 수 있다.

1) 생태계의 다양성과 역동성

: 현재 디지털 마케팅의 생태계에는 서로 다른 유형과 규모, 그리고 역할을 분담하고 있는 다수의 시장 참가자들이 군집하고 있으며 이들은 협력과 제휴, 참여 활동을 통하여 기존의 전통적 산업 규모를 능가하는 방식으로 새로운 시장을 창조하고 있다. 디지털 마케팅 생태계 참가자의 전문 영역은 콘텐츠 편집자, 브랜드 전문가, 광고관리자, 미디어 구매자, 검색 마케터, 인플루언서, 소셜 미디어 마케터, 다양한 커뮤니티의 관리자, 영상 제작자, 번역가, 웹 디자이너, 웹 개발자 데이터베이스 관리자, 데이터 애널리스트, 마케팅 리서처, 서버 관리자, 커머스 운영자 등 매우 다양하며 이들이 발휘할 수 있는 다채로움과 협력을 통한 집단 지성은 생태계 발전의 원동력이 되고 있다.

2) 가치 창출

: 새로운 ICT 기술과 창의적인 아이디어를 바탕으로 디지털 마케팅 생태계 참가자들은 고객과 사회가 필요로 하는 새로운 가치를 변혁적으로 창출하고 있다. 생태계 참여자 간의 광범위한 연결성을 기반으로 새로운 솔루션을 공급하고, 이를 통하여 새로운 사회적 가치를 창출하고 있다. 대표적인 사례가 '공유 경제'이다. 공유 경제는 일반적으로 잘 사용되지 않는 유휴 자원을 필요한 수요자가 빌려 쓸 수 있도록 플랫폼을 구축하고, 플랫폼상에서의 거래를 촉진하는 새로운 디지털 비즈니스 유형이다. 빈방을 공유하는 AirB&B나 차량 공유 서비스인 Grab은 플랫폼 기반의 공유 경제를 통하여 성장한 대표적인 사례이다.

차량공유용 그랩 앱

3) 협력과 경쟁의 공존

: 과거 전통적인 마케팅 환경이 상대방의 몰락을 전제로 전개되는 총력적인 소모전이었다면, 디지털 마케팅 생태계에서는 협력과 경쟁 모두 경쟁의 수단으로 활용한다. 경쟁은 기업 운영의 기본 속성으로 여전히 진행되고 있지만, 성공을 위한 유일한 방안은 아니다. 생태계 참가자들은 공유 가치나 공동의 목표를 기반으로 협력을 통한 기회가 존재하고 있음을 잘 인지하고 있으며, 기업 간 존재하는 경계는 느슨하다. 협력은 단순히 디지털 기업 간의 협력에 국한되지 않으며, 전통적인 산업과의 협업도 증대하고 있다. 중국 알리바바 그룹의 온라인 쇼핑몰인 티몰 스토어(텐마오 · 天猫)는 '신소매 혁명'을 진행하고 있으며, 중국 전역에 있는

600만개 이상의 소규모 소매점(구멍가게)들에게 공급망과 매장 관리에 필요한 운영 시스템을 제공함으로서 동네 상권을 편의점 등 유통 자본으로부터 보호하는데 일조하고 있다.

타오바오 쇼핑몰의 변신

    이와 같은 특성을 바탕으로 디지털 마케팅 생태계의 존재는 마케팅 활동의 참여자인 소비자와 기업 모두에게 효익을 제공할 수 있다. 우선 고객에게 제공하는 효익은 증대된 편리성과 새로운 가치의 창출이다. 디지털 마케팅 환경하에서 사용자들은 다양한 제품과 서비스에 관한 정보를 손쉽게 접하고 구매할 수 있으며, 자신의 사용 경험을 타인과 자유롭게 교환할 수 있다. 이러한 과정을 통해서 고객의 선택권과 영향력은 확대되며 기업의 마케팅 활동 과정에 직접 참여하는 프로슈머로서의 위치를 공고히 할 수 있다. 기업 역시 많은 효익을 기대할 수 있다. 디지털 마케팅 생태계에 참여함으로써 기업은 다양한 제휴 네트워크를 구축하고, 영속성 강화에 도움이 되는 경쟁력 확보가 가능하다. 아직 디지털 마케팅 기반으로 전환하지 않은 경쟁자들과 비교할 때 디지털 생태계 참여로 인한 반사 이익은 지대하다. 마케팅의 효율성을 강화하여 더 많은 신규 고객을 더 효율적인 비용과 방법으로 유치할 수 있으며, 축적된 데이터를 기반으로 새로운 비즈니스 기회를 창출한다. 또한, 디지털과 소셜 미디어를 활용한 지속적인 상호작용은 고객과의 관계를 공고히 하는 바탕이 되고 있다. 향후 논의는 디지털 마케팅 생태계의 주요 참가자들에 대하여 살펴보고자 한다.

MCN 에이전시

MCN의 등장

유튜브, 아프리카TV 등 동영상 플랫폼이 TV, 잡지 등 기존 미디어를 본격 대체하기 시작하면서 MCN(multi-channel network)라는 새로운 기업 형태가 등장하였다. 이들 MCN 기업은 기존 연예 업계의 매니지먼트 회사인 JYP나 SM과 유사한 역할을 수행한다. 즉, 1인 크리에이터의 제작 기획 및 마케팅, 수익 관련 업무를 도우며, 동영상 플랫폼과 크리에이터의 경제적인 가치 창출을 극대화하기 위하여 본격적인 매니지먼트 역할을 수행하는 기업이다. 국내에는 이미 적어도 1만 명 이상의 본격적인 크리에이터들이 활동하고 있으며, 이들의 활동을 지원하기 위한 MCN 기업 역시 100여 곳 이상인 것으로 알려져 있다.

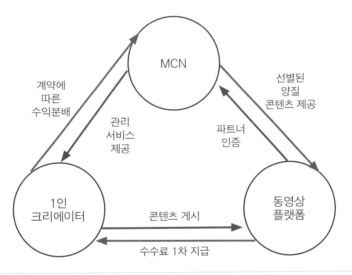

MCN의 비즈니스 모델

이러한 MCN 사업 모델의 필요성은 이미 2000년대 초반부터 대두되었다. 그 이전의 과거에는 방송은 막대한 자본 투입이 필요한 분야였다. 높은 제작 비용과 특히 한정된 채널에의 접근성으로 인하여 전통적인 방송은 주로 영화 제작사, 방송사 등 소수에 의하여 독점되었다. 그러나 개방형 동영상 플랫폼이 본격화하고, 스마트폰, 디지털카메라 등과 같은 저가 장비로 제작된 UCC의 완성도나 기술적 수준이 향상되면서 동영상의 제작 및 방송은 일상적인 일이 되었고, 영상 시장의 진입 장벽은 급격하게 허물어지게 되었다. 그러나 이 당시의 UCC는 직접적인 수익을 창출하기보다는 취미나 교육의 제한적 목적으로만 이용되었다.

이런 시장에 일대 패러다임 변화를 가져온 것은 유튜브의 사업 모델 확장이다. 2006년 구글에 인수된 이후 유튜브는 구글의 광고 플랫폼인 구글 애즈(Google Ads)를 도입하였고, 유튜브 콘텐츠에 광고를 삽입하여 본격적인 수익 창출이 가능하게 되었다. 이후 유튜브는 2007년 파트너 프로그램을 도입하여 광고 수익의 일정 비율을 콘텐츠 제작 및 게시자인 크리에이터에게도 지급하기 시작하였고 1인 크리에이터가 본격적인 황금알을 낳는 거위로 비추어지기 시작하였다. 1인 크리에이터의 수익이 증가하면 할수록 이들은 자신이 가진 제한적인 시간 자원을 극대화하여 양질의 콘텐츠 생산에 집중하고 다른 부가적 업무들은 타인에게 위탁하는 것이 효과적이라는 점을 깨달았다. 이런 니즈를 해결하기 위하여 초장기의 1인 크리에이터들은 자신을 도와줄 수 있는 스태프들을 확보하여 팀 단위로 운영되기 시작하였고, 이후 본격적인 매니지먼트 회사인 MCN이 등장하게 되었다.

그 결과 국내 MCN들은 2013년부터 본격적으로 등장하기 시작하였다. 현재 100여 개가 넘는 치열한 MCN 기업들이 활동중이며 다이아 TV(Digital Influencer & Artist TV), 트레저헌터, 샌드박스네트워크, 아프리카 TV 등 대형 MCN들이 시장을 주도하고 있다. 다이아 TV(diatv.cjenm.com)는 콘텐츠 분야의 대기업인 CJ E&M이 설립한 국내 최초의 MCN 기업이며, 먹방으로 유명한 '벤쯔', 게임방송으로 유명한 '대도서관' 등 게임, 음악, 뷰티, 푸드, 다이어트 등 다양한 분야의 600개 이상의 크리에이터 팀들과 파트너십을 형성하고 있다. 트레저헌터(www.treasurehunter.co.kr)는 아프리카 TV로 유명한 '이브', 게임 방송의 '양띵' 등을 보유하고 있으며, 주로 엔터테인먼트 분야에 강점이 있다. 샌드박스네트워크(www.sandbox.co.kr)는 '도티', '잠뜰', '장삐쭈'와 같은 260여 개의 크리에이터 팀들이 게임, 퀴즈, 먹방, 예능, 일상 등의 분야에서 활동하고 있다. 국내 다수 크리에이터의 산실 역할을 하였던 아프리카 TV는 2014년부터 파트너 BJ 제도를 신설하였고, 파트너들에게 별풍선 이외에 아프리카TV의 동영상 광고 수익을 분배해주면서 다른 MCN과 마찬가지로 저작권 관리, 유튜브 교육 등의 기능을 제공하고 있다.

사업소개 세상 즐거움을 창조하는 DIA TV를 소개합니다.

ASIA'S NO.1
CREATOR GROUP

CJ ENM이 운영하는 대한민국
최대 온라인 콘텐츠 제작자 네트워크

DIA TV는 K-Culture에 기반을 둔 Premium Global Content
Creator Network입니다.

2013년 7월 첫 사업을 시작한 이래 게임, 음악, 뷰티, 푸드,
다이어트 등 다양한 분야의 콘텐츠 제작자들과 파트너십을 맺고
있으며, 전 세계를 무대로 콘텐츠의 가치를 인정받고, 정당한
권리를 보장받는 건전한 콘텐츠 생태계를 만들고자 합니다.

DIA TV는 Creator가 중심이 되어 문화적 가치 확대와 글로벌 가치
창출, 기술 혁신 선도를 바탕으로 사회와 경제적 가치를 공유할 수
있는 문화 콘텐츠의 미래 사업이 될 것입니다.

다이아TV

MCN 사업 모형

MCN의 사업 모형은 제공하는 서비스 특성에 따라 다양하게 분류할 수 있다. 이들은 때에 따라서는 크리에이터를 육성하는 기획사가 되기도 하며, 기업과 크리에이터를 연결하는 중개자이기도 하다. 때로는 자체 기획한 콘텐츠를 제작하는 제작자의 역할도 수행한다. 대형화된 MCN의 경우 이런 제반 기능을 모두 수행하고 있으며, 일부 중소 규모의 MCN들은 중개자 역할에 특화하기도 한다.

1) 기획사 모형

: 개인 크리에이터를 발굴하여 육성 및 지원하고, 성공할 수 있도록 종합적인 관리를 제공한다.

2) 중개자 모형

: 개인 크리에이터와 이들의 콘텐츠를 필요로 하는 기업과 광고주에 연결해준다.

3) 제작자 모형

: 실제 크리에이터들을 활용하여 콘텐츠를 기획, 제작하고, 이 과정에 필요한 투자를 유치한다.

최근에는 신규 경쟁자들이 진입하면서 국내 MCN 기업 간의 경쟁은 향후 더욱 치열해질 전망이다. 특히 유튜브가 자체적으로 크리에이터들의 활동을 지원하기 위한 추가 서비스들을 확장하고 있거나 생존 위기에 처한 기존의 방송사 등 미디어들이 관련 시장에 뛰어들고 있는 것도 한 위협요인이다. 이들 방송자들은 과거 축적하였던 콘텐츠를 유튜브 상영 시간에 적합하게 짧게 편집한 후 자막을 넣는 리퍼포징(repurposing) 방식으로 콘텐츠를 유통하기도 하고, 유튜브 전용 콘텐츠를 별도로 제작하기도 한다. 실제로 교육 방송을 제공하던 EBS는 자이언트펭TV 채널을 운영하는 유튜버 '펭수'를 적극적으로 육성한 바 있으며, JTBC나 채널A 같은 종합편성채널의 경우 웹드라마나 웹예능 등 유튜브에 친근한 포맷의 다양한 디지털 콘텐츠를 선보이고 있다. 개그맨이나 배우 등 연예인들 역시 팬들과의 친밀한 소통과 수익 증대를 위하여 경쟁적으로 유튜브에 뛰어들고 있는 것도 주목할만한 현상이다.

JTBC 웹드라마

또한, MCN이 거대화되면서 MCN과 소속 크리에이터 간의 분쟁도 증가하고 있다. 그러나 이런 잠재적 위협에도 불구하고 크리에이터의 핵심 역량 강화의 필요성과 동영상 플랫폼 환경의 변화는 향후 MCN의 중요성과 더불어 이에 대한 크리에이터들의 의존성을 증대시킬 것이다.

미디어 커머스 기업

미디어 커머스의 등장

10대와 20대를 넘어 전 연령층으로 확대되는 소셜 미디어와 유튜브의 절대적인 영향력은 기존의 전통적인 유통, 그리고 탈중개화로 개화한 e커머스에 이어 미디어 커머스(media commerce)의 시대를 열고 있다. 미디어 커머스란 미디어 콘텐츠와 전자상거래가 결합한 형태를 의미하며, 소셜 미디어나 비디오 플랫폼을 활용하여 제품의 영상과 이미지를 시청한 후 구매와 연결하는 새로운 융복합 유통 비즈니스이다. 유튜브 등 동영상 채널을 활용하여 제품의 기획, 콘텐츠 개발, 판매를 진행하는 v커머스 역시 미디어 커머스의 일종이다.

일견 미디어 커머스가 기존 시장의 판도를 바꾸어왔던 온라인 혹은 모바일 유통과 유사해 보이지만 근본적인 차이도 존재한다. 우선 기존의 온라인 유통 시장은 오프라인 유통 업체가 온라인으로 진출하는 옴니(omni) 전략의 산물이거나 태생부터 온라인 기반을 갖춘 e커머스 업체중 하나인 경우가 대부분이었다. 그러나 미디어 커머스는 콘텐츠와 소셜 미디어, 그리고 콘텐츠 제작자인 크리에이터에 대한 이해도가 높은 디지털 마케팅 기업, 대표적인 예로 MCN(multi channel network)과 같은 기업들이 사업의 주체이다.

미디어 커머스 쇼 2019

이들 미디어 커머스 기업들은 소셜 미디어와 앱을 이용하는 새로운 고객들의 구매 동기, 라이프스타일, 소비자 행동에 대한 높은 이해를 바탕으로 제품과 관련된 다양한 상업적 콘텐츠를 제작하고, SNS 플랫폼을 통하여 광고를 집행한다. 그리고 최근 진화 중인 퍼포먼스 마케팅과 빅데이터 분석 기법들을 통하여 데이터 기반의 고객 타깃팅, 광고 캠페인의 성과 극대화, 고객 전환을 추구하고, 이런 성과를 바탕으로 백화점, 팝업 스토어, 마트, 기타 소매상 등 실제 오프라인 매장으로까지 직접 진출하여 실제 고객을 대상으로 상품 판매와 실제 매출의 책임까지 담당하는 비즈니스 모델이다. 소셜 미디어 마케팅과 실제 유통 마케팅까지 모두 포괄적으로 진행하기 때문에 성공적인 미디어 커머스 기업이 되기 위해서는 다양한 전문 인력의 참여가 필수적이다. 기본적인 기획 능력을 갖춘 전통적 마케터, 미디어 커머스 내에는 좋은 제품을 개발하고, 선별하여 매입할 수 있는 상품기획자(MD)와 제품 디자이너, 소셜 미디어 및 유튜브 콘텐츠 기획자, 제품 생산 및 물류 담당, 고객 만족을 담당할 CS 담당, 디지털 마케팅을 지원할 퍼포먼스 마케터 등 다양한 구성원이 필요하며, 이들을 통하여 제품 기획의 초기 단계부터 제품 개발, 광고 및 홍보, 시장 개척, 현장 마케팅, 성과 분석의 마케팅 전 사이클이 진행된다. 미디어 커머스 기업들은 제품과 콘텐츠를 결합하고, 스토리를 결합하여 고객의 입맛에 맞는 제품을 찾아 소개하는 제공하는 일종의 큐레이션(curation) 형태의 서비스를 제공한다.

미디어 커머스의 영향력 강화

제품이나 광고, 혹은 유통 일부분을 분업 형태로 분담하였던 과거의 마케팅 체인이 소셜 미디어라는 매개체를 중심으로 하나로 통합된 형태가 미디어 커머스의 특징이다. 이로 인하여 미디어 커머스의 본질을 이해할 수는 있어도 실제로 성과를 낼 수 있는 역량을 갖추기는 쉽지 않은 일이다. 실제로 2017년 미디어 커머스 초창기에 등장한 기업인 '아샤(http://www.achatsgroup.co.kr)'는 생활용품 전문브랜드 '셀로몬', 에너지 드링크 '네버다이', 건강기능식품 '비오트릿' 등 3가지 전문브랜드를 보유하고 있으며, 이들 브랜드의 마케팅 전 과정을 운영하고 있다.

최근 다양한 미디어 커머스 기업들이 등장하였고, 이들의 성공사례는 오프라인, 온라인에 이은 새로운 유통 기업의 형태로 주목받고 있다. 맛집 전문 블로거였던 여인호 대표는 SNS 활동을 통하여 구축된 인맥을 바탕으로 '옥토끼 프로젝트'를 설립하고 직접 요식분야의 상품과 매장을 관리하고 있다. 그의 작품 중 하나는 분식집 체인인 '고잉 메리'에서 출시한 '요괴라면', 갤럭시표 신 모델 출시에 맞추어 개발한 '갤럭시 라면'이다. 최근 10대와 20대의 취향과 유행 트렌드를 읽고 이들이 좋아할 만한 제품의 기획과 판매를 통하여 새로운 유통 플랫폼을 구축하고 있다. 또 다른 미디어 커머스 기업인 '양유'는 '티라미슈 크림떡', '인생떡' 등 전통적 떡 기반의 새로운 디저트 상품을 판매하는 '청년 떡집'을 기획하고 제품 생산과 브랜딩, 판매를 진행하고 있다.

요괴 라면

이상의 사례에서 살펴본 미디어 커머스 기업의 핵심적인 경쟁력은 상상력과 브랜딩 능력, 그리고 고객의 행동을 유도할 수 있는 콘텐츠 구성력으로 이해될 수 있다. 기본적으로 미디어 커머스는 특징적인 상징이나 비디오 제작을 통하여 상품의 특징과 장점을 전달해야 하므로 제품 기획을 글이 아닌 영상으로 이미지화할 수 있는 능력이 성패를 가른다. 제품을 효과적으로 비쥬얼로 제시할 수 있는 창의성이 요구되는 이유이다. 또한, 미디어 커머스를 통해 판매되는 제품 대부분이 자체적인 마케팅 능력이 약한 중소기업의 제품의 제품이거나 미디어 커머스가 자체 개발한 PB(private brand) 제품임을 고려할 때, 삼성이나 LG 같은 유명 기업이 갖는 후광 효과를 기대하기 어렵다.

이런 단점을 극복하기 위하여 미디어 커머스 업체들은 기발하고 호기심을 끄는 브랜딩 작업을 통하여 무명 브랜드의 약점을 상쇄시키고 차별화하는 것이 보통이다. 그리고 단순 홍보나 브랜드 인지도 향상이 목표가 아니라 매출 창출을 지향하기 때문에 구성되는 콘텐츠는 고객의 직접적인 참여나 구매를 이끌어 내는 힘을 갖추어야 한다. 이를 위하여 미디어 커머스의 콘텐츠들은 유튜브 세대의 특성을 고려하여 짧고, 임팩트 있는 콘텐츠로 고객의 몰입을 유도하여야 한다.

아직은 미디어 커머스의 초기로서 밝은 미래만이 있는 것은 아니라는 우려도 존재한다. 몇몇 단편적인 성공사례나 미디어 커머스 기업의 펀딩 사례 등은 있지만 지속적인 성공사례까지는 아직 제시하고 있지 못하고 있기 때문이다. 그러나 새로운 분야인 만큼 큰 우려와 더불어 더 많은 기회와 기대가 존재하는 것도 사실이다.

기타 디지털 마케팅 자원들

생태계와 자원의 활용

실제로 디지털 마케팅을 시작하고 운영하기 위해서는 다양한 유무형의 자원들이 필요하다. 이미 주류 시장에 진입하여 안정적인 수익원을 확보한 기업들의 처지에서는 자원 확보가 큰 어려움은 아니나 스타트업이나 1인 기업, 신생 기업들에는 큰 진입 장벽이 될 수 있다. 본 장에서는 처음 디지털 마케팅을 시작할 때 필요한 관련 자원을 디지털 마케팅 생태계로부터 확보하는 방안에 관하여 정리한다.

1) 웹사이트 개발과 운영

: 실제 작동하는 랜딩 페이지 등 웹사이트를 구축하기 위해서는 콘텐츠를 담은 웹페이지 개발, 그리고 개발된 웹 페이지를 서버에 저장하여 사용자들이 액세스하게 해주는 웹사이트 호스팅 작업이 필요하다. 인터넷 초창기에 웹 페이지 개발은 사용자가 HTML이라는 프로그래밍 언어를 이해하고, 사이트의 주요한 구성 요소를 모두 관여하여 개발해야 하는 험난한 작업이었다. 지금은 CMS(content management system)라는 간편한 도구를 통하여 프로그래밍 언어를 몰라도 누구나 손쉽게 웹 페이지를 개발하고 이용할 수 있게 되었다. 전 세계적으로 가장 유명하고 많이 사용되는 관련 CMS는 워드프레스(wordpress.org)이다. 오픈 소스 기반의 무료 플랫폼인 워드프레스는 주요 기능이 모듈화되어 있으며 검색 엔진 친화적인 특성을 가지고 있으며, 사용자가 다양한 방식으로 맞춤화할 수 있는 유연성을 가지고 있다.

그 외 네이버가 제공하는 모두(www.modoo.at)는 CMS의 기본 기능에 간편한 제작 템플릿의 제공, 결제 등의 모듈을 사용할 수 있다는 장점이 있으며, 윅스(ko.wix.com) 등 새로운 플랫폼 역시 유용하게 사용할 수 있다. 웹 호스팅은 네이버 등 포털 서비스가 부가 서비스로 지원해주기도 하지만 더 빠른 접속 속도, 안정성 개선, 독립적 운영을 위하여 직접 웹 서버를 설치하거나 임대하는 방식으로 운영된다.

네이버 모두

2) 장비와 시설

: 동영상을 제작하는 등 디지털 마케팅을 진행하기 위해서는 영상 촬영, 조명, 블루스크린, 편집 등 기본적인 장비와 공간의 사용이 필요하다. 비교적 간단한 장비만으로도 가볍게 시작할 수 있지만, 고품질 장비의 성능이 콘텐츠 품질에도 큰 영향을 미치기 때문에 장비에 대한 투자는 꾸준히 진행되어야 한다. 그러나 투자 여력이 없는 초보 콘텐츠 제작자나 1인 크리에이터의 경우 필요 장비를 모두 갖추고 시작하는 것은 어려운 일이다. 이런 경우에는 장비를 직접 구매하기보다는 임대나 리스를 통하여 활용하는 것을 권장한다. 일반적인 장비에 대한 평가와는 별도로 개별적인 취향이나 콘텐츠의 특성도 장비 선택에 영향을 미칠 수 있으므로 구매를 결정하기 전에 사용해볼 필요성은 크다.

장비를 임대하는 사업자는 다수 있지만 가장 저렴하게 장비를 임대하여 사용할 수 있는 방법은 각 지역에 있는 창조경제혁신센터(ccei.creativekorea.or.kr)나 콘텐츠코리아랩(venture.ckl.or.kr) 등 정부나 지자체가 설립한 창업 육성기관의 장비 대여 서비스를 이용하는 것이다. 창작 공간, 촬영 스튜디오, 음향 스튜디오, 편집 스튜디오, 세미나실 등 공간은 물론이고 고가의 디지털카메라, 음향 장비, 조명, 블루스크린, 편집용 PC 등을 저렴한 가격 혹은 무상으로 이용할 수 있다. 이들은 보통 주중은 물론이고 주말까지 이용할 수 있다.

충북 콘텐츠코리아랩의 제공 공간

3) 업무 공간

: 디지털 마케팅 생태계에서는 협업이 바탕이 되는 업무가 자주 진행된다. 이를 위하여 단기간 필요한 협업 공간을 확보할 필요가 있으며 이런 목적에 부합하는 공간을 제공하는 다양한 기업들이 존재한다. 가장 유명한 상업적인 공간을 제공하는 기업으로는 위워크(WeWork)나 패스트파이브(Fastfive) 등이 있다. 이들은 전국의 주요 대도시에 지점을 두고 있으며 일반적으로 벤처나 스타트업 운영에 최적인 공간, 시설, 입지조건을 갖추고 있다. 최소 1인부터 100인에 해당하는 인력을 수용할 수 있으나 대부분 월 단위 계약으로 이용할 수 있어 단기적 이용은 적합하지 않다.

하루 혹은 단 몇 시간의 협업을 위한 공간으로는 토즈(www.toz.co.kr) 등 시간 단위로 이용이 가능한 모임 공간을 이용하는 것이 편리하다. 또한, 주요 KTX 및 SRT 역사(www.letskorail.com), 그리고 일부 지하철역들도 부대 서비스의 하나로 모임 공간의 대여 서비스를 운영하고 있는데, 전국 단위의 협업을 하는 경우 시간 효율성을 높여주는 대안이 된다. 공간 대여의 비용이 부담되면 콘텐츠 코리아랩, 창조경제센터, 혹은 각 대학의 창업센터 등에서 무료로 공간을 대여하는 예도 많으니 주변의 공간을 미리 확인할 필요가 있다.

KTX 역사 내 공유 공간

4) 인적 자원

: 협업에 필요한 전문 인력을 상근 인력으로 고용하고 확보하는 것은 처음 사업을 시작할 때 어려운 일이다. 사업이 어느 정도 궤도에 이른 이후에도 단기적인 필요 때문에 특정 분야의 전문가를 확보할 필요성은 수시로 발생한다. 이런 단기적인 인력 수요의 필요성을 매칭하는 서비스들로는 크몽(kmong.com)이 대표적이다. 크몽은 프리랜서 마켓으로서 디자인, 프로그래밍, 콘텐츠 제작, 마케팅, 통번역, 기획, 컨설팅 등 다양한 분야의 전문가 풀을 운영하고 있다. 이들은 자신의 경험과 노하우를 바탕으로 기업의 단기적인 수요에 적합한 솔루션을 제공하고 있다.

다만 이런 인력 매칭 서비스에 참여하고 있는 참가자들이 대부분 프리랜서라기보다는 업무 종료 이후의 유휴 시간이나 주말을 이용하여 작업을 진행하고 있으므로 수요자가 요구하는 스케줄 관리의 문제가 발생할 수 있으며, 또 이와 별도로 기존 상근 직장에서 획득한 경험과 노하우를 사용하는 부분에 있어서는 업무의 적법성에 대한 우려도 완전히 지울 수는 없다. 장기적으로는 필요한 인력 및 전문 분야를 확인하고 인재를 확보하기 위한 노력을 끊임없이 기울여야 할 것이다.

크몽이 제공하는 매칭 서비스

찾아보기

1판 1쇄 인쇄 2020년 3월 1일
1판 1쇄 발행 2020년 3월 5일

———

지 은 이 이원준
발 행 인 이미옥
발 행 처 디지털북스
정   가 15,000원
등 록 일 1999년 9월 3일
등록번호 220-90-18139
주   소 (03979) 서울 마포구 성미산로 23길 72 (연남동)
전화번호 (02) 447-3157~8
팩스번호 (02) 447-3159

———

ISBN 978-89-6088-299-7 (03320)
D-20-5

DIGITAL BOOKS
디지털북스